阅读成就思想……

Read to Achieve

财富人生系列

价值投资

从格雷厄姆到巴菲特的头号投资法则

经典珍藏版

【美】布鲁斯·C. N. 格林沃尔德（Bruce C. N. Greenwald）
贾德·卡恩（Judd Kahn）
保罗·D. 索金（Paul D. Sonkin）
迈克尔·范·拜玛（Michael van Biema）◎著

草 沐◎译 陈 艳◎审译

格雷厄姆和多德价值投资理念传承者的扛鼎之作

VALUE INVESTING

FROM GRAHAM TO BUFFETT AND BEYOND

中国人民大学出版社
·北京·

图书在版编目（CIP）数据

价值投资 ：从格雷厄姆到巴菲特的头号投资法则 ：经典珍藏版 / （美）布鲁斯·C. N. 格林沃尔德 (Bruce C. N.Greenwald) 等著 ；草沐译. -- 北京 ：中国人民大学出版社，2020.7

书名原文：Value Investing:From Graham to Buffett and Beyond

ISBN 978-7-300-25415-9

Ⅰ. ①价… Ⅱ. ①布… ②草… Ⅲ. ①投资－基本知识 Ⅳ. ①F830.59

中国版本图书馆CIP数据核字(2018)第006335号

价值投资：从格雷厄姆到巴菲特的头号投资法则（经典珍藏版）

［美］ 布鲁斯·C. N. 格林沃尔德 贾德·卡恩 保罗·D. 索金 迈克尔·范·拜玛 著

草沐 译

陈艳 审译

Jiazhi Touzi: Cong Geleiemu Dao Bafeite de Touhao Touzi Faze (Jingdian Zhencangban)

出版发行	中国人民大学出版社		
社　　址	北京中关村大街 31 号	**邮政编码**	100080
电　　话	010-62511242（总编室）		010-62511770（质管部）
	010-82501766（邮购部）		010-62514148（门市部）
	010-62515195（发行公司）		010-62515275（盗版举报）
网　　址	http://www.crup.com.cn		
经　　销	新华书店		
印　　刷	天津中印联印务有限公司		
规　　格	170mm × 230mm　16 开本	**版　　次**	2020 年 7 月第 1 版
印　　张	15.5　插页 1	**印　　次**	2023 年 3 月第 5 次印刷
字　　数	250 000	**定　　价**	69.00 元

/ 本书赞誉 /

《价值投资》是所有价值投资门徒的必读书。1934年，格雷厄姆和多德创立了基本面证券分析。格林沃尔德巩固了这一方法的价值，并进一步发展，最终将其带入了21世纪。

马里奥·J. 加贝利（Mario J.Gabelli），加贝利资产管理公司董事长

《价值投资》这本书绝对值得你花时间阅读……它堪与格雷厄姆1950年代的经典著作《证券分析》相媲美。我认为《价值投资》更好一些。

罗伯特·巴克尔（Robert Barker），摘自《商业周刊》（*Business Week*）

格林沃尔德是麻省理工学院的博士，也是一位深深着迷于价值投资的经济学家。他更新并拓展了格雷厄姆的理念，他的夏季研讨班受到了从知名基金经理到那些无法进入格林沃尔德课堂的哥伦比亚大学MBA学生的欢迎。现在有了一种更便宜的方式……格林沃尔德有望超越格雷厄姆。

保罗·斯特姆（Paul Sturm），*Smart Money* 杂志

格林沃尔德的书既是对价值投资的积极守护，也是一本价值投资指导手册，在书中可以一瞥像沃伦·巴菲特和马里奥·J. 加贝利这样的专业人士是如何践行价值投资原则的。

乔治·曼尼斯（George Mannes），TheStreet.com 网负责人

对于任何想从全新视角分析公司和投资的人来说，《价值投资》都是必读书。

帕特·多尔西（Pat Dorsey），晨星公司（Morningstar）负责人

/ 前　言 / 价值投资的意义

我们从 1999 年 2 月开始撰写本书的第一版，当时，美国历史上最长的牛市几乎已经进入第 17 个年头。几乎所有有经验的价值投资者都认为，股价已经高到了离谱的程度。那时，艾伦·格林斯潘（Alan Greenspan）发表“非理性繁荣”的演讲已经两年有余。非理性繁荣的主要受害者是基金经理，他们因为较差的相对业绩而失去了工作。1999 年春天，《机构投资者》（*Institutional Investor*）杂志发表了题为《价值投资：它能死灰复燃吗》（*Value Investing: Can It Rise from the Ashes*）的封面文章。《纽约时报》题为《是什么在扼杀价值管理人》（*What's Killing the Value Managers*）的报道甚至更尖锐。它们给出的答案是，与成长型基金的管理人相比，价值管理人的业绩更糟糕，因为在过去 12 个月里，成长型基金的管理人已经以很大的差距打败了他们的价值兄弟。

投资博弈中有这样一句老话：没有树能够一直长到天空。2000 年春天，股价达到了顶峰，然后就开始了不稳定的、旷日持久且严重的下跌。在 2000 年 4 月至 2002 年底这段时期，代表美国大公司的标准普尔 500 指数下跌了 40% 以上；涵盖了大多数“新经济”公司（人们认为这些公司能够引领美国走向永久繁荣）的纳斯达克综合指数下跌了 70%；就连包括 30 家大部分是“旧经济”公司的老牌道琼斯工业股票平均价格指数也下跌了 23% 以上。在 2000 年、2001 年和 2002 年，20 世纪 90 年代的增长势头已经颠倒过来了。价值投资后来居上，相对好于成长股投资。1995 年初，投资一只大盘股成长型基金的 1 美元在 2002 年底值 1.97 美元，而若是投资一只大盘股价值型基金，它将价值 1.77 美元。那些坚持到底的价值投资者获得了回报，至少是在相对的基础上（如图 A–1 所示）。

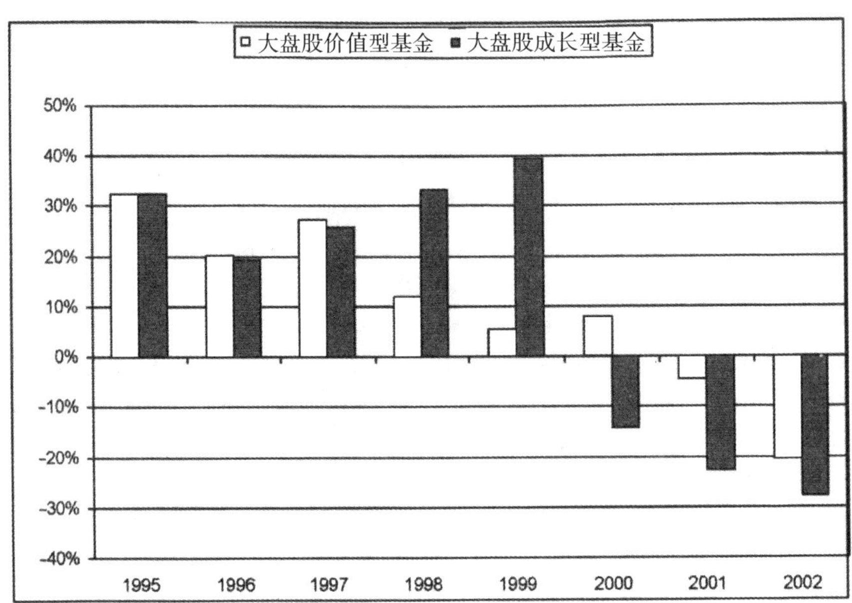

资料来源：来自晨星公司的数据。

图 A–1　趋势的逆转

这种趋势的逆转恢复了价值投资与回报之间（与其他投资方法截然不同）的历史关系。在 1995—2000 年春天那五年之前的所有时期内，价值投资整体上跑赢了市场，尤其是跑赢了成长型投资。美国以及世界其他市场都表现出这样的优越性。就像泡沫市场的消亡一样，价值投资具有长期优越性并非偶然。当那些在 20 世纪 90 年代后期构成了估值理由的流行词语（比如先发优势、吸引眼球、秘籍、数字 DNA，以及蔑视所有旧规则的新经济）被置于竞争性市场经济中时，几乎变得毫无意义。相比之下，价值投资者重视真实资产和当前收益，并且以怀疑的态度对待有利可图的增长前景，这一态度是根植于对经济活力的理解之上的。

以下两个价值投资发挥作用的例子应当能够解释清楚不同估值方法的差异。第一个例子具有普遍性：我们如何评估互联网对于新兴互联网公司和业内原有企业的价值？新经济的支持者们强调互联网对生产率的潜在影响，他们谈论的是当世界几乎触手可及的时候，人们如何完成更多的工作。

但是生产率与盈利能力不是一回事，真正决定股价的是利润。如果所有企业有相同的机会接入互联网（它们确实做到了，这是互联网的吸引力），那么它们的生产率都将提高，并且每家企业的成本都会降低。在一个竞争性的经济体中，这意味着价格也将降低。对于消费者来说这是一件好事，但对企业利润却没有什么帮助。只有那些有着独特能力的企业以及那些在其充分利用互联网时拥有竞争优势的公司才会获得超额利润。如今，买家借助互联网能够快速且廉价地获得信息，这又使公司陷入了价格和产品功能上的额外竞争中。例如，搭乘飞机的旅行者可以很容易地搜索到售价更低的机票、更舒适的线路以及更多的奖励。竞争加剧几乎总是会令价格降得更低。互联网可能既是生产率的朋友，也是盈利能力的灾难。那些理解竞争加剧的经济意义的价值投资者对互联网热潮采取了回避的态度。

价值方法的第二个例子是具体的。安然公司是这个时代的典型代表，该公司利用人们的狂热来获利，直至破产。安然公司的高管发布不实的财务信息，有些信息极具误导性，有些则完全是虚假的。但即使是这些旨在使该公司的业绩看起来良好的虚假报告，描绘的也是一家并不比平均结果好的公司。在 2001 年破产之前，安然公司的资本回报率为 6%，其股本回报率仅为 11%。尽管这些数字看起来再平常不过了，但是投资者似乎已经被使徒保罗在《希伯来书》中所描述的那种“信”蒙蔽了双眼，保罗称这种“信”是“所望之事的实底，未见之事的确据”。人们似乎希望安然公司能够垄断某些使用复杂金融工具和新经济商品（比如带宽）交易的新奇市场。但是我们太了解这类市场了，不相信这类市场能够被垄断。亨特兄弟在 20 世纪 80 年代初期试图垄断白银市场时证明了这一点，他们付出了巨大的代价。即便是高盛这样的公司有着远比安然公司丰厚的利润，它们也以相对较低的倍数交易，从而再次说明了没有什么是可以被垄断榨取的。在安然公司的不法行为败露之前，价值投资者对安然梦也并不买账。

本书致力于培养出更多的价值投资者。价值投资方法不只是随时间的推移可带来丰厚的回报，已被广泛应用的价值投资者的行为准则还有助于金融市场和更广义的经济体免受泡沫市场荒谬性的有害影响。回想一下，泡沫对市场的影响是显而易见的。在市场上涨时，投资者对于他们的预期回报会变得太过自信。资金涌入（对泡沫的部分定义），价格上涨至更离谱的水平。达到某一点时，空气开始被从泡沫中挤出。股价下跌，一些投资者，包括养老金计划和其他机构持有者，会损失很多钱。许多权益投资者焦头烂额，并且永久退出了股票市场，新的投资者取代他们的位置要花费数年时间。因此，泡沫对市场产生的后果就是野蛮地回报胜利者和惩罚失败者。

泡沫市场对整体经济的影响可能更持久、更反常。以下是上一次泡沫的一些重要影响。

- 由于能够从股票发行和借贷中获得资金（泡沫市场使之成为可能），人们过度投资于电信和相关行业。结果导致产能和设备过剩，使得那些已经存活下来的企业的收益减少。
- 那些赚了钱却用其高价股票进行愚蠢的收购或者将其产能提高至超过对未来合理预期的公司大举扩张，导致最终破产或者濒临破产。安然、环球电信公司、阿德菲亚通信公司、世通公司等公司的破产对市场是一场打击，而朗讯、思科、康宁、北电、美国在线－时代华纳以及其他幸存者的市值下降使人们的投资组合遭受了更大的损失。其中一些公司受损严重，前途堪忧。
- 企业高管、董事会成员、审计师、投资银行家、证券分析师和其他市场参与者存在着不称职、不诚实和欺诈行为。他们夸大收入，修饰利润，隐瞒债务，所有这些都是为了使公司的财务状况看起来比实际更好。高管获得的回报是更高的股价，这就使他们能够将他们的股权期权转变成真金白银。与这些公司做生意的审计机构和金融公司获得的回报是有利可图的咨询合同和承销费用。这种欺骗行为使大部分投资者对金融市场的诚信和公平失去了信心，而且他们在未来参与金融市场的可能性会降低。监管者没能完成他们的工作。泡沫市场使许多人忘记了股市的风险性，而泡沫的破灭使许多人夸大了股市的风险性，推迟了股市复苏。

竞争性市场经济始终面临着商业周期。新经济的拥护者们兜售的一种所谓“灵丹妙药”就是“这次情况会不同”。现代信息技术将赋予企业控制存货、调整风险暴露，以及避免重蹈之前周期的覆辙的能力。其结果是，新经济及其培育的失控市场本身就是过度行为。像所有的周期一样，下跌的过程充满痛苦。下一次狂热到来时，对价值投资原则更广泛的认可可能会减轻一些痛苦。

/ 第一版前言 /

人们通常认为是本杰明·格雷厄姆在一个一直充满了投机、内幕交易和其他行为（往好了说是不健全，往坏了说是完全见不得人）的投资世界中建立了证券分析原则。1934 年，他与戴维·多德（David Dodd）合著的《证券分析》（*Security Analysis*）一书的出版标志着一种职业的兴起。格雷厄姆在 1949 年出版的《聪明的投资者》（*The Intelligent Investor*）一书中为专业人士和感兴趣的外行详细介绍了他的理念和技巧。这两本书都再版多次，有初版、经典版等版本，但纯粹主义者认为在该书的第五版中格雷厄姆的东西已经所剩无几了。纽约证券分析师协会（New York Society of Security Analysts）是格雷厄姆创立的协会之一，该协会称格雷厄姆"之于投资正如欧几里得之于几何学，以及达尔文之于进化论一样重要"。尽管这种褒奖可能超出了格雷厄姆本人对自己的评价，但是他对投资的重要性是毋庸置疑的。

格雷厄姆不只是将投资置于一种理性的基础上，他还在自己的学生和追随者的头脑中刻下了对现在所谓的"价值投资"的强烈偏好。最简单地说就是，价值投资者寻求以低廉的价格买入一种证券，即人们常说的以"50 美分买下一美元的东西"。正如本书将证实的那样，价值投资的内容远不止这些。不过，尽管自 20 世纪 20 年代以来投资界发生了种种变化，但格雷厄姆开创的投资方法今天仍然至关重要。我们要做的是，以他及其继承者的成果为基础，将过去三四十年中价值投资方面取得的进步纳入本书。

从 1928 年开始，格雷厄姆开始在他的母校哥伦比亚大学教授证券分析课程。

他与戴维·多德撰写的那本书就是从这门课程中发展出来的。在格雷厄姆和多德之后，哥伦比亚大学的这门课程由不同的人讲授，最后传到了罗杰·默里（Roger Murray）手中，他是《证券分析》第五版的作者之一。1978 年默里退休后，这门课程和这一传统就从哥伦比亚大学正式的学术课程中消失了。然而，在大学校门之外，价值投资的精神在实践型投资者的世界中仍然活跃，这主要归功于沃伦·巴菲特。在阅读了《聪明的投资者》一书后，巴菲特于 1950 年学习了格雷厄姆和多德最初的课程。他在度蜜月的时候阅读了第一版《证券分析》。巴菲特与格雷厄姆的其他一些学生［比如沃尔特·施洛斯（Walter Schloss）］一起，创造了持续投资成功的记录，吸引了人们对价值投资的持续关注。

包括与罗杰·默里一起上这门课的马里奥·J. 加贝利在内的几代学生不断地改进和延伸着基本的价值投资方法。1992 年，加贝利说服默里，为加贝利自己的分析师们开设了有关价值投资的一系列讲座，这与他们正式的 MBA 课程没有任何相似之处。作为新任的赫尔布伦资产管理和金融学教授（Heilbrunn Professor of Asset Management and Finance），我出于好奇上了这些课。像我之前几代投资者一样，我被格雷厄姆的方法中令人信服的逻辑所折服。因此，1993 年，我强迫罗杰·默里跟我一起重新修订了价值投资课程。这门课程持续吸引了大量 MBA 和专业学生，这也是本书创作的出发点。

另一方面，在 20 世纪五六十年代，此前接受过经济学或者统计学培训的一些学者中出现了一种新的投资分析方法。他们创造的这些成果有时候被称为“现代投资理论”。准确来说，它们对投资者有以下几个不可避免的影响：

- 市场是有效率的，投资者不可能跑赢大盘，只是偶然如此；
- 通过单个证券对整体投资组合回报波动性的贡献来衡量风险，而不是像通常那样将风险作资本的永久损失；
- 投资者的最佳投资策略就是买入大量的证券，形成指数，并将该指数投资组合与相应的、或多或少的无风险资产（比如现金）结合起来，从而获得理想的风险水平。

有一些投资专业人士始终不认同这个理论，尤其是当他们的生计是以该理论不正确或他们的客户不相信该理论为基础的时候。在过去 20 年中，许多学术研究开始挑战市场有效假说。在这些研究中，价值投资的机械变量理论（比如低市盈率、低市净率）和动量投资的一些变量（比如，股价上涨前买入股票，并在下跌前卖出）已经超越了指数理论。这些研究就算没有破坏掉有效市场的正统观念，至少也使其黯然失色，并提升了格雷厄姆的价值投资理论的价值。

除了从纯粹的统计学方面对现代投资理论提出挑战之外，一组建立在心理学研究基础上的被命名为“行为金融学”的研究成果，对将投资者看作像没有情感的计算机一样行事的理念提出了质疑。事实上，像其他人一样，投资者对世界上发生的事件也有着某些强烈的偏见。新的信息不能只是被吸收，还要被理解，但并不是所有的理解都是理性的。人们强烈地偏向于更重视最近的新闻（不论它是好是坏）。那些高增长率的公司的股票很快触顶，那些令人失望的公司的股票也是如此。这些关于过度反应的发现证实了自格雷厄姆以来价值投资者秉持的一个信念：从长期来看，公司和股价的表现通常都将回归均值。《证券分析》第一版的扉页上引用了贺拉斯的《诗艺》（*Ars Poetica*）中的一句话：“现在已然衰朽者，将来可能重放异彩；现在备受青睐者，将来却可能日渐衰朽。”如果说价值投资者存有偏见，那么贺拉斯看到了这一点。现代学术研究再次将金融市场行为理论推向了格雷厄姆和多德的方向。

更令人吃惊的是，格雷厄姆和多德对公司估值方法的洞见也预见了该领域近期的发展。大多数投资方法的核心是估值，这种技术可以评估一家公司的真实价值或者内在价值。大多数投资者想购买那些真实价值尚未反映在当前股价中的证券。人们普遍认为，一家公司的价值是该公司在存续期间为投资者产生的现金流的现值之和。然而，在很多情形下，该方法依赖于估算公司遥远的未来的现金流，这远远超出了最有预见性的分析师的能力。格雷厄姆之后的价值投资者总是更喜欢“一鸟在手”（即银行里的现金或者某些近似的等价物），而不是对未来财富的乐观预测。因此，比起依赖那些必须对遥远的未来事件和状况做出假设的技术，价值投资者更喜欢先考察一家公司的资产，再考察该公司当前的盈利能力，以便评估该公司的内在价值。只有在个别情况下，他们才愿意考虑潜在增长的价值。

这种对成长性的怀疑并非源于对未来的偏见，而是源于一种认知，即在很多情况下，成长性根本不值多少钱。在竞争激烈的市场经济中，对于大多数公司而言，为成长追加的资本会把成长性价值都耗尽。对于投资者而言，有利可图的成长能够产生超过这些追加资本的回报。正如我们将在本书中详细讨论的，回报高于正常的公司一般都有进入壁垒，否则竞争对手很快就会进入这些市场，并且压低超额利润。只有在受保护的特许经营权之内的成长才有价值。很少有公司能够将业务拓展至特许经营权范围之外并仍然保持盈利。因此，当价值投资者试图为成长估值时，他们最关注的是一家公司的战略地位，并试图评估当前特许经营权的可持续性。此时，要有怀疑的态度，那些主张特许经营权会持续下去的人有责任举证说明。格雷厄姆和多德的方法主张对一家公司的战略地位进行评估，并认为这是所有估值的核心，这一观点目前被成熟的投资者普遍接受。

价值投资（首先评估资产，然后评估当前的盈利能力，最后评估其潜在成长价值）的另一个优势是看中最可靠权威的信息。资产价值取决于公司当前状况的有形方面。盈利能力估值就是公司当前盈利的收益。确定一块土地当前的市场价格或者一个部门当前的盈利能力，这比预测市场规模、一家公司在这个市场中的份额、该公司的利润率及其在未来 5 年甚至 20 年的资金成本要容易很多。虽然未来确实很重要，但更重要的是我们要将今天确信的东西与关于明天不确信的预测区分开，这正是格雷厄姆和多德投资理论的优势之一。这样做可以使投资者看出一家公司的资产价值与其当前盈利能力价值（EPV）的差异。该公司一旦露出管理不善的迹象，一些价值投资者就会感到不安，他们会积极鼓励管理层采取行动改善状况、卖出公司，或者干脆放弃。

格雷厄姆喜欢“净流动资产价值法”（net-nets），即以显著低于该公司流动资产减去其全部负债的价格而买到的股票。谁不愿意这样做呢？但是在当代投资界，“净流动资产价值法”只是鲜有的例外了。现代价值投资者不得不创建新方法来发现资产并进行估值，以使他们能够超越现金、应收账款和存货，基于当前的资产价值（而非未来收益和现金流）做出投资决策。

在 20 世纪最后几年，价值投资者似乎成了一个濒临灭亡的物种。基于各种数字技术、生物技术的“新经济”被认为培育了有无限销售和收入增长前景的公司。现在看来，这些前提中显然至少有一些是错误的。我们没必要回顾那些不可思议的首次公开募股（IPOs）的历史，那些股票基于无人可见却被承诺在四五年后实现的收益，以 20 美元的价格上市，然后猛涨至 120 美元，最后波动或者重新回到低点。新经济假说最狂热的支持者认为，经济学的一些基本原理（比如竞争对手将被吸引到有利可图的行业，并最终迫使利润率降至正常范围的理论）已经被否定了。

这种学术环境，再加上股市连续三四年一直处于牛市中，且涨幅明显，对价值投资者很不友好。即使是那些长期业绩记录堪称传奇的人，也落后于那些了解新经济，或者更可能预测到其他投资者对新经济前景反应的人。在20世纪90年代（以及这个世纪）结束时，那些将当前市场水平看作郁金香狂热重现的人与那些将当前市场水平视为通向道琼斯指数36 000点的垫脚石的人之间仍存在激烈的争论。上述争论早已停止，因为千禧年提醒投资者，上涨的股票不可能永远上涨，至少就目前而言是这样的。和大多数价值投资者一样，我们并不是特别相信有关市场的预测，也包括我们自己的预测。但是我们坚信，经济规律并未被否定，在市场经济中，如果缺少进入壁垒，竞争最终会抑制利润。在这个具备历史上大部分经济特征的世界中，一本关于格雷厄姆和多德投资理论的书绝不会过时。

本书献给那些对投资感兴趣的人，比如周末偶尔阅读《巴伦周刊》（*Barrons*）或者类似读物的读者，以及帮助其他人管理财富的专业人士。对于我们的读者，我们只是假设他们愿意追随某种观点并愿意用一些财务表格和图表来检验。本书有些观点我们会反复提及，因为重复一下比回去翻原来出现过的内容要方便。尽管对于有经验的基金管理人和学者来说，本书的很多内容相当熟悉，但我们相信，书中的新理念和对现有理论的新应用会让所有人满意。

布鲁斯·C.N. 格林沃尔德

目 录

第二部分 | 价值的三个来源 23

目 录

第一部分

价值投资的精要

第 1 章

Value Investing: From Graham to Buffett and Beyond

什么是价值投资

价值投资是什么

本杰明·格雷厄姆和戴维·多德最初是基于金融市场的三个关键特征来定义价值投资的。

1. 金融证券的价格会受到重大且反复无常的波动的影响。格雷厄姆将在任何时刻决定证券价格的非个人因素称为“市场先生”。他每天都会出面买进和卖出任何金融资产。他是一个奇怪的家伙，容易受到各种无法预测的情绪波动的影响，这些情绪波动影响着他愿意以什么样的价格做生意。
2. 尽管金融资产的市场价格会有剧烈波动，但是其中许多金融资产具有相对稳定的基础经济价值，勤奋且自律的投资者能够合理准确地衡量这些经济价值。换句话说，证券的内在价值是一回事，而它当前的交易价格则是另一回事。尽管价值和价格在某一天可能是相同的，但是它们常常不一样。
3. 在证券的市场价格显著低于计算所得的内在价值时买进这些证券，后期将获得丰厚的回报。格雷厄姆将价值与价格之间的差称为“安全边际”；理想情况下，这个差额应当达到基本价值的 1/2 左右，并且不低于 1/3。他想花 50 美分的价格购买价值 1 美元的证券，最终的收获将很大，更重要的是很安全。

从这三个假设开始，价值投资的核心流程将变得非常简单。价值投资者会先评估一种金融证券的基础价值，并将其与市场先生提供的当前价格进行比较。如果价格低于价值，并有足够的安全边际，价值投资者就会买进该证券。我们可以将该准则视为格雷厄姆和多德价值投资理论的核心理念。它们的合理衍生理论（每个人都可以加入自己的特色）在对这个流程中一些步骤的处理上会有所不同：

- 选择要估值的证券；
- 评估它们的基础价值；
- 计算每只证券需要的适当的安全边际；
- 确定每只证券的购买量，还有投资组合的构建以及对投资多样化程度的选择；
- 确定何时卖出证券。

这些可不是微不足道的决定。寻找售价低于其内在价值的证券是一回事，而找到它们则完全是另一回事。正是由于后来的价值投资者们已经找到了不同的方法，才使得在格雷厄姆和多德首次出版《证券分析》一书以来的六七十年中，价值投资在任何市场状况下，始终是一门至关重要的学科。本书的后半部分介绍了一些主流的价值投资者。

价值投资不是什么

任何理性的投资者都不会承认他们寻找的是那些卖价高于其潜在价值的证券。人们都在寻求低买高卖。① 真正的价值投资者实际上是非常罕见的，那么如何区分真正的价值投资者与其他证券交易者呢?

显然，"技术"分析师或者技术人员（如图 1–1 所示）不属于价值投资者。技术人员回避任何类型的基本面分析。他们不关注一家公司的资产负债表或者损益表、业务范围、产品市场的特征或者其他任何类型的基础投资者都关切的信息。他们不在乎它的经济价值。相反，他们关注的是交易数据，即证券的价格波动和成交量数据。他们相信，这些波动反映了该证券不同时期的供求关系，他们可以通过分析这种波动推导出该证券未来的价格走势。他们会通过构建图表来展示这些信息，而且他们会仔细查看图表，以寻找那些能预示价格走势，从而使他们能够做出有利可图的交易的信号。例如，动量投资者会推断当前的价格趋势并买进那些价格正在上涨的证券，因为他们预期这些证券将继续走高。有时候，他们会将证券的当日价格与过去 30 日均线、90 日均线、150 日均线或者其他均线进行比较。向上或者向

① 本书中，我们将把讨论限制在投资的"多头"头寸一边，而忽略那些"空头"（卖出而不持有）的投资者，他们认为证券的价格高于其基本价值。格雷厄姆在其职业生涯的某些时刻用做空来对冲自己已经建立的其他头寸，而现在可能存在真正的价值投资者积极运用做空证券的情形。然而，大体上，价值投资被认为是发现基本价值并廉价买进。

下越过这条趋势线，可能显示方向的变化。当然他们打算低买高卖，但是这里的“低”和“高”指的是该证券过去和未来的价格，它们与其基础价值无关。对技术投资者来说，市场先生是唯一的游戏规则。这也是一场适于交易的游戏，即在非常短的时间内买进和卖出。很少有交易者会忽略技术信息。

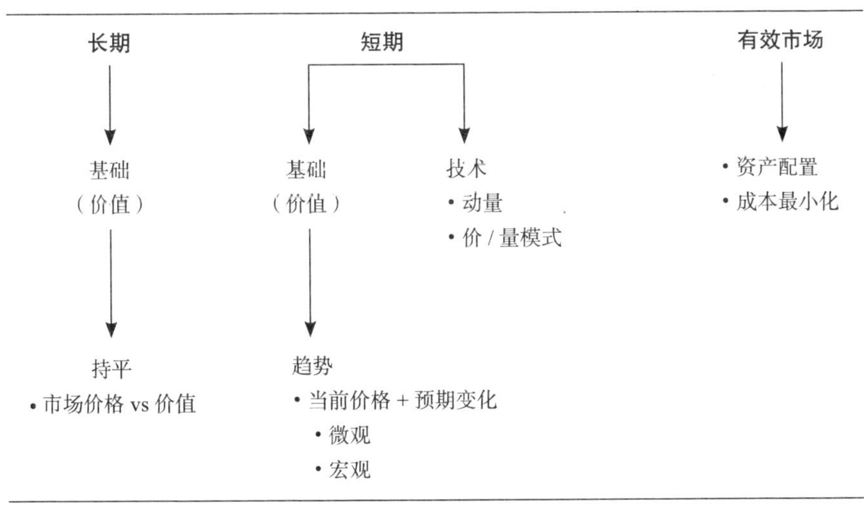

图 1–1　投资方法

即使回头看那些自认为是基础投资者的人（他们关心自己购买的证券所属公司的真实经济状况），格雷厄姆和多德型的价值投资者也只是少数。

我们可以将基础投资者分为两类：一类是关注宏观经济问题的投资者；一类是关注特定证券的微观经济状况的投资者。宏观基础投资者关注的是那些影响整个或者至少在大范围内影响证券领域的经济因素，比如通货膨胀率、利率、汇率、失业率、国民经济增长率乃至国际经济增长率。他们密切关注美联储等政策制定者的行动，以及投资者和消费者的情绪。他们运用自己的信息预测广泛的经济趋势，然后预测哪类证券（或者甚至是个别事件）最可能受到这些趋势的影响。他们的方法往往被称为自上而下法，即从整体经济开始，再向下到具体的公司和证券。与其他投资者一样，他们希望自己能够出色预测，先于整个市场意识到正在发生的一切并采取行动，从而实现低买高卖。一般来说，他们不直接计算单个证券或者特定类别的证券的价值，尽管宏观基础投资方法经常需要计算。尽管有一些著名的、成功的宏观价值投资者，但是格雷厄姆和多德投资理论中的大多数价值投资者都是微观基础投资者。

即使在微观基础投资者（他们分析公司的经济基础面，并逐一研究证券）群体内，格雷厄姆和多德型价值投资者仍然是少数。一种更普遍的微观基础投资法是将股票或其他证券的当前价格作为出发点。这些投资者研究该证券的历史，关注该证券的价格是如何随着影响较大的经济因素的变化而波动的，这些经济因素包括收入、行业状况、新产品推出、生产技术改进、管理层变动、需求增长、财务杠杆的变化、新工厂和设备投资、收购其他公司，以及对业务线的剥离等，要考察的东西太多了。然后，他们主要依靠公司和业界消息人士以及常识，来预测这份清单中的关键变量可能会如何变化。

大多数预测聚焦于公司的盈利情况。证券价格包含了市场对于未来收益的整体预测。如果这些投资者发现他们对未来收益和其他重要变量的估值超出了市场预期，那么他们就会买进这些证券。他们认为当有关收益和其他事项的新信息发布时，他们的预测就会生效，市场将会推高这些证券的价格。他们基于对未来的认知而低价买进证券，并打算高价卖出。

尽管这种方法与价值投资法关注的都是经济基本面和特定证券，但是它们的区别很大。第一，这种方法聚焦于预期的价格变化，而不是与基础价值相关的价格水平。人们同样可以将这种分析应用于预计盈利为 10 倍、20 倍或者 50 倍的股票交易。价值投资者不会认为这些情况是相同的。第二，这种方法并没有考虑到可识别的安全边际，以保护投资免受市场先生反复无常行为的影响，毕竟人们知道市场先生会在有好消息时压低股价。因此，尽管格雷厄姆和多德价值投资法是最常见的一种微观基础投资方法，但是并非所有的，甚至并非大多数微观基础投资者都是价值投资者。

价值投资的每一种替代方案都能够创造一个成功的投资记录，前提是要谨慎和勤奋地实践。统计学家的研究越来越多地证明，证券价格和成交量确实可以追踪到一致的、可识别的模式（短期内呈正序列相关，长期则回归均值）。成功的技术投资者是有的。宏观经济变量可以被精确地预测出来，而且它们将以一种系统的、可识别的方式影响证券市场。也有成功的宏观基础投资者。从理论上讲（有时在实践中），那些积极主动地从公司和行业获取信息并率先找出市场趋势的分析师应当获得高于平均水平的投资回报。

然而，重要的是要记住，证券交易是一个零和博弈。每一个买家都对应一个卖家，而未来将证明他们中的一方决策错误。实际上，在付出的努力和花费方面，相比那些采用消极、被动策略（买入一只能代表所有证券的市场指标股）的投资者，约 70% 的主动型专业投资者的表现更糟糕。我们承认消极管理也能实现有效管理，而无须认同市场先生提供的证券价格是对其基本价值的最佳预测这一观点。

价值投资有用吗

作为一种优秀的投资方法，价值投资既有理论依据，也有事实依据。我们通过对现代价值投资程序的详细讨论来讲述这一理论。我们认为，与其他大多数流行的方法相比，价值投资方法可靠地应用了经济学和统计学知识。但是投资和其他接触性运动一样，结果是对理论的最佳证明。事实证明，价值投资策略是有效的。长期来看，价值投资策略比重点选择法和整体市场法有更好的投资收益。

这种优势可以从三方面得到证明。首先证明这种优势的是一系列机械选择测试。这些测试如下所示。

1. 选取某一全球性交易所的所有股票，例如纽约证券交易所或者计算机统计数据库中的。
2. 运用一定的价值指标，比如市净率或市盈率，将这些股票分组（1/10 组、1/5 组、1/4 组）；那些有着低市净率或低市盈率的证券组合就是价值投资组合。
3. 记录起始日（通常是一年中的第一个交易日）的证券价格。
4. 持有这些投资组合一段时间，通常为一年。
5. 记录年底时的证券价格。
6. 将支付的股息加到价格变化中，计算这一年内每个投资组合的总回报。
7. 比较每个投资组合的总回报。

许多研究都已经采用了这种方法的不同形式。几乎所有结果都显示，在各个时期的各类市场中，价值投资组合的回报率高于整个市场的平均回报率。自 20 世纪 20 年代以来，低市净率投资组合每年都会跑赢市场 3~5 个百分点或者更高，而低市盈率投资组合也是如此。相比之下，高价股（高市净率和高市盈率）构成的投资组合则表现不佳。一些研究人员将这些投资组合称为“魅力投资组合”。它们的定价如此之高主要是因为这些公司最近的销售和盈利快速增长。不幸的是，在构建投资组合时，所有这些成功以及对更多成功的预期已经体现在股价上了。

通过对股票的机械选择所产生的投资组合，看起来确实很像一位勤奋的价值投资者一只接一只地分析股票后所构建的投资组合，尤其像早期应用价值投资法得到的投资组合。但是价值投资法与机械法（基于显示股价高低的统计准则选股的计算机程序）并不是一回事。对内在价值的计算更复杂，通常要求对公司和行业经济状况有更详细的了解，远超过简单的财务比率所披露的信息。尽管如此，由机械法产生的价值投资组合的惊人成功提醒我们，一个积极的价值投资策略应该具备什么样的高标准。70% 积极主动的专业基金管理者的业绩会低于市场平均水平。想想在过去几十年中，每年超出市场表现 3~5 个百分点是多么难得的事情啊。

因此，令人欣慰的是，一些大型投资机构，比如奥本海默（Oppenheimer and Company）和崔第布朗（Tweedy，Browne）已经采用了格雷厄姆和多德投资理论精髓中的系统性价值策略，实现了可以与机选价值投资组合媲美并超出市场整体表现的业绩。① 这些机构的业绩再次证明了价值投资能产生更高回报率的理论。机选研究是对历史数据的选择规则做检验，与机选研究不同，这些机构已经为真实的客户带来了真实的回报。价值投资在实验室里有效，在现实世界中同样有效。

最后，那些被沃伦·巴菲特称为“格雷厄姆和多德斯维尔（Doddsville）的超级投资者”的基金经理也再次证明了该理论的有效性。在很大程度上，格雷厄姆和多德传统价值投资理念的追随者长期明显跑赢市场。②

超额利润是对额外风险的回报吗

机选投资组合、以价值为投资导向的机构以及格雷厄姆和多德型个人投资者之所以都能获得更高的回报，可能是由于这些投资组合的风险高于整个市场。如果真是这样，那么他们的超额回报将只是因为他们承担了额外的风险而应得的回报。金融理论家不仅强调更高的回报是对更高风险的回报，而且认为除了承担额外的风

① 从 1975 年至 2000 年，标准普尔 500 指数每年的总回报是 16.1%，远高于其创立以来的平均水平。同一时期，奥本海默资本大盘股价值综合指数每年的回报是 17.4%；崔第布朗的普通股投资组合每年盈利 20.4%。

② 我们在本书第二部分介绍了一些价值投资者，并提供了他们的长期业绩。自从巴菲特写了文章，多年来他们的投资回报一直有着卓越的表现，甚至在历史上最大的牛市时期亦如此。

险，没有别的办法可以超过市场的平均回报。

这种观点的问题在于，当我们计算价值投资者组合的标准学术风险评估指标（无论是年收益波动率，还是现代金融理论所定义的 β 系数）时，其结果通常都低于整个市场的整体水平。此外，当用其他风险评估指标时，比如一只股票的价格会因该公司的相关坏消息下跌多少、熊市期间股价下跌的程度或者仅仅是经历的最大损失，价值投资组合的风险已经被证明低于市场整体风险。这些评估指标更接近我们通常对风险的理解，更适合价值投资者——他们将价格波动视为买进或卖出的机会，而不是对证券内在价值的精确估计。

完全按照统计分析确定的机选价值投资组合的年平均回报率、三年持有期的回报率、平均五年持有期的回报率都更高。它们在经济衰退期间的表现也不俗；在股市整体表现最糟糕的那几个月里，它们的表现也格外出众。即使是机械地应用价值投资法，该方法也能成为一个好助手。

作为应对风险的另一种方法，我们可以参考沃伦·巴菲特关于他如何购买华盛顿邮报公司大量股权的描述。当时是 1973 年年末，经济、股票市场和国民情绪都很糟糕，当然，价值投资者也萎靡不振。华盛顿邮报公司的市值已经降至 8000 万美元。当时，整个公司本可以被以不低于 4 亿美元的价格出售给 10 位买家中的任何一个。显然，市场先生的情绪很糟糕。于是，巴菲特问，如果股票的市值再度下跌，从 8000 万美元降至 4000 万美元，会导致购买该股票的风险变大吗？根据现代投资理论，答案是肯定的，因为这会增加价格的波动性。巴菲特则认为，根本不会，因为这会提高本来已经很大的安全边际，并降低购买的风险——他从一开始就认为风险根本不存在。安全边际作为风险计算尺度，与证券价格的波动性完全不同。要运用安全边际，你必须承认内在价值的存在，并相信自己评估内在价值的能力。

发现价值

物理宇宙也许正在扩张，但其扩张速度可能并不比证券和其他投资工具（比如金融衍生产品和共同基金等）的世界扩张得更快。为了避免迷失在巨大的投资空间中，价值投资者依靠一个“三阶段法”来指导自己的工作：

1. 搜索策略，用以确定潜在的价值投资领域；
2. 定价方法，可以识别不同形式下的价值且灵活有效，确保投资者免受过度兴奋和其他错觉的影响；
3. 构建投资组合的策略，能够降低风险并审核个股选择。

后面我们将会仔细探讨其中每一步。价值投资是一门知识学科，但是成功更多的是与性格气质相关，而非智力。第一，价值投资者必须意识到自己的能力有限。你必须知道你知道什么，并能够区分一般能力和天生的理解力。大多数价值投资者都是特定行业或者处理特定情况（比如破产解决方案等）的专家。并非所有看起来便宜的股票的价值都高于其价格。你必须能区分被低估的股票和廉价股票。即使是最富学识的投资者也只在自己的能力范围之内表现得更好。

第二，价值投资需要耐心。你必须等待市场先生给你提供便宜货。幸运的是，在获得便宜货之前，没有人强迫你采取行动。用沃伦·巴菲特的话来说就是，投资就像没有挥棒动作的打球。你可以在所有投球中任意选择，直到找到你喜欢的为止。然后你挥杆（采取行动），如果你已经明智地进行了分析，那么你就很可能成功。有哪位大联盟击球手不愿意根据这些规则打球呢？在买进证券之后，你必须保持耐心。即使你对这只证券内在价值的判断是正确的，通常让市场的其他参与者改变看法也需要时间。毕竟，你买下它是因为它不受欢迎。市场估价不会一夜间就改变，价值投资者需要耐心等候。

耐心静等并不意味着什么都不做。当价值投资者找不到符合双重标准（即在他/她的能力范围之内且价格低到有足够大的安全边际）的证券时，价值投资者会怎样做？在沃伦·巴菲特职业生涯的某一刻，他曾将其管理的资金返还给了有限合伙人，理由是市场证券价格如此之高，他找不到投资的地方。他确实说服威廉·鲁安（William Ruane）成立了一只共同基金，以接纳那些想要继续投资的人。但是大多数基金经理都不愿意放弃自己管理的基金。价值投资者通常将资金临时投放到货币市场或者其他安全的投资中，这一直都是常规策略。险此之外，还有其他的常规选择。例如，一位机构投资经理的业绩是通过与基准组合，如标准普尔500指数进行比较来判断的，他应当选择该基准作为自己的默认投资组合，并且买进那些符合自己价值标准的股票。当我们探讨投资组合结构和多样化策略时，会更进一步探讨这个问题。

本书的其余部分

在第 2 章中，我们介绍了适合价值投资者的搜索策略。正如寻找石油、黄金或者其他一些宝贵资源的地质学家绘制模型，指明在哪些区域钻探更可能得到回报一样，价值投资者也能识别出高投资回报机遇。我们解释了为什么某些类型的证券更可能被市场低估，以及如何识别这些证券。

我们在第 3 章中探讨了估值。我们考察了估值的标准方法，即现金流折现法，并找出了这种方法在应用中的缺陷。然后，我们给出了由格雷厄姆和多德提出的一些替代方法。第一种方法是对公司的资产进行估值，从财务报表开始调整某些资产，以反映其真正的经济价值，即以当前价格重置这些资产的成本。最符合条件的是目前售价低于其偿还所有负债后的剩余资产（即现金、应收账款和存货）重置成本的股票。这些股票就是按本杰明·格雷厄姆著名的“净流动资产价值法”找到的股票，在大萧条时期比现在更容易找到它们，现在偶尔也能找到。

计算公司内在价值的第二种方法是考察公司在若干年内的收入情况，并估算公司在一个经济周期内平均应当赚多少钱。这个数字应当符合资产内在（重置）价值的市场平均回报。当收入反复超出这一常规水平时，公司的盈利能力可能使公司的内在价值高于其调整后的净值。这种情况并不常见，但多于按照格雷厄姆的“净流动资产价值法”得到的情况。最后，对那些拥有可持续竞争优势的少量公司而言，公司的增长前景在估值中也需要考虑进去。

在第 4 章中，我们对此进行了详细的讨论，并提供了一个例子，说明如何基于资产的重置成本对公司进行估值。而第 5 章中提出了一种分析盈利能力的方法。一家公司要想基于可持续性产生超过其调整后净值的平均回报率，就必须拥有一项特许经营权（franchise）——一种特殊的、排他的竞争优势。我们解释了这些竞争优势背后的经济意义以及如何确认这种特质，并展示了如何基于特质对证券进行估值。我们将在第 6 章中用这种分析法分析一家拥有特许经营权的公司。

在第 7 章中，我们讨论了估值中最不可信的要素：增长的价值。华尔街喜欢增长，公司也喜欢增长，这是天作之合。管理者获得了认可和权力；他们可以胜任更多的职位，并能够快速升职；预算增加；企业增长动力强劲。增长意味着层次的提升。问题是，在补偿了增长所需要的额外资本之后必须有剩余资金，从这个意义上说，大部分增长都无利可图。唯一有利可图的增长是通过特许经营权实现的增长。这是很难实现的，作为一门学科，价值投资试图引导投资者不要为特许经营权外的增长或者为从未实现的特许经营权增长付钱。对于那些决心购买成长性证券以及愿意为成长性付钱的人来说，能从这一章中学到将成长性投资置于价值评估框架之内的方法，从而避免利润警报无休止地长鸣。另外，在本章中，我们还讲述了英特尔作为一家公司和一个潜在投资对象的历史。

在第 8 章中，我们展示了价值投资者如何构建投资组合，以降低高出单个证券安全边际的风险。有时候，市场先生很高兴，为自己拥有的一切都定了高价。价值投资者必须能够说出“不”，并且等到市场先生醒悟过来；或者更好的情况是，等到他的脾气变坏、变消极，以至于愿意低价卖掉任何东西。与此同时，每位价值投资者都要为那些尚未找到有价值项目的基金留有默认头寸。默认头寸取决于衡量投资者的标准以及变化的情况。我们提出了一些可选的默认策略。

在本书的第三部分，我们研究了八位价值投资者的独特方法。其中几位家喻户晓，其他几位则仅仅是在价值投资奉行者中比较有名。对于他们大部分人，我们都提供了一两个实际案例来具体展示他们如何将理论付诸实践。我们认为价值投资是一门名副其实的理论学科，它与经济和金融理论密切相关。但是，价值投资也是一种实际的投资方法，这种观点已获得市场的验证。

第 2 章

Value Investing: From Graham to Buffett and Beyond

寻找价值：临渊捕鱼

投资领域选择众多，任何谨慎的投资者在开始分析之前，都需要挖取有限的一部分作为分析对象。我们要忽略投资领域中政府和联邦机构的债务问题、州和市政债券、银行储蓄账户和存单、货币、商品、收藏品、直接投资（整个企业的所有权）、金融衍生品、共同基金以及非股票或者公司债券的任何事物，这样可以简化问题。尽管有些价值投资者会购买债券、可转换债券以及其他类型的证券，但在本书中，我们的重点是如何选择股权投资。我们的估值方法是指评估企业的方法，与汇率、商品或者其他提到的大多数投资无关。公司证券可能仅仅是投资领域的一小部分，但其数量之多足以让投资者只能忙于找到以低于内在价值出售的证券。而且，对于那些有耐心的投资者来说，能够找到足够的价值使搜索变得很值得。

发现价值的方法

在第 1 章中，我们提到了大量的研究，这些研究运用机械法选股，以测试各种投资方式。这种研究方法运用一个或者若干个变量对股票进行分级，然后将这些分级的股票划分为规模相等的组，并对比这些组（现在被称作投资组合）在一年或者更长时间内的投资回报。作为一个整体，这些研究被令人信服地展示出，那些价值级别高的股票投资组合整体上跑赢了市场，并且也跑赢了那些魅力排名高的投资组合。但是这份报告不能说明全部，我们还需要理解为什么价值战胜了魅力，这样我们才能够自信地根据自己的喜好调整机械法。

让我们来看看股票是依据哪些变量被分级和排序的，变量通常有三类。

第一类是基础变量。它们仅指公司的业绩，而不是该业绩与公司股价之间的关系。在研究中经常运用以下基础变量对股票进行分类：

- 股本回报率（ROE）或者总资本回报率；
- 一年及多年的每股收益的增长率；
- 销售增长率；
- 资产增长率；
- 利润率。

在这些变量上得分高的公司都是成功的公司，人人都想拥有它们的股票。唯一的问题是，当运用这些变量创建投资组合时，通常是那些股本回报率低或者利润率较低的公司为投资者带来了较高的回报。用米歇尔·克莱曼（Michelle Clayman）的话说就是，“寻求不幸”是比“寻求卓越”更好的投资准则。

第二类变量只关注股票的价格变化，而不参考任何基础数据。我们现在身处技术投资的世界，技术投资关注的是动能。最常用的指标是相对优势，即股票相对于组合中所有其他股票的价格表现。选择上一年表现最佳的股票构成的投资组合，是在赌优势股票表现将继续超越其他股票，这种选择的确带来了回报。从 1952 年至 1994 年，基于相对优势所选择的前 50 只股票以平均每年 3.7% 的优势跑赢整个市场。这证实了那些箴言：“不要与趋势斗争。”“趋势是你的朋友。”以及“卖出跑输的马，让跑赢的马继续跑下去。”

动能很快就会消失。当基于过去三年而不仅仅是过去一年的价格变化选择股票时，结果就不同了；原来表现较差的现在表现较好；那些涨得高的掉了下来；那些遭受压制的开始上涨。我们见证了自然界和文化中发现的现象——回归平均。平均而言，高个子父母的孩子的身高并没有超过他们的父母；如果超过了的话，美国职业篮球联赛（NBA）的中锋就不会像现在一样能拿高薪了。如果股票市场之前的赢家继续跑赢，它们的市值将飙升，远远超过可能支撑其股价的基础价值。投资史中不乏狂热现象，但这些狂热最终都会崩盘。

最后，第三类也是人们最常用的变量是那些确实将股票的价格与公司的基本信息联系起来的变量，即市盈率、股价与现金流量之比、股价与账面价值之比、股价与销售额之比或者股价与股利之比。在所有这些情形下，价值股（股价相对于其他任何一个变量都较低的股票）会跑赢魅力股。不论是按照收益、现金流、销售额、净资产还是股利来衡量，这些比率是对同样的基本情况的不同写照：投资者愿意为公司未来的成功支付多少钱。投资者想要支付的越少，这只股票（而不是公司本身）的前景就越好。

还有另一个与公司有关的因素已经对投资者持有股票的回报率产生了重大的影响，那就是市场。这个变量并不完全符合我们已经确定的三类变量，即纯粹基础变量、纯粹价格走势变量，或者市场价格与某些基础变量（如销售额、收益等）的比值这一变量。我们可以将市值视为流通股票数量乘以当前的股价，当前的股价本身等于每股账面价值乘以市净率。我们同样可以简单采用销售额或者收益率来计算（我们必须给其中每项加上未偿还债务）。但是市值的关键在于，它是一个重要的独立于价值导向型比率的说明性因素。即使在市净率类似的情况下，以市值来衡量的话，小公司的股票表现也好于大公司的。规模很重要，大多数时候，公司规模越小，其股票越好，但并非总是如此。有时候，比如目前，大公司股票就比小公司股票表现好。但是从我们对公司基础价值和股价 60 多年的详细记录来看，投资于较小的公司总是能得到回报。

价值异常

随着时间的推移，来自价值股的高额回报构成了一种价值异常。一旦投资者知道低价股票业绩好于高价股票，他们就会抬高低价股的价格，消除低价股的优越性。只有差异持续存在，才能成为价值异常。事实证明，低价股票表现好于高价股票，对此有两种不同的解释。一种是试图解释它，另一种是试图通过解释消除这种现象。我们将从后者开始。后者本质上是捍卫市场有效假说，认为超额回报仅仅是因为价值投资组合比高价投资组合或者整个市场承担的风险更多。因为该理论认为，额外的风险的确应当产生额外的回报，一旦把风险考虑在内，异常就会消失，超常业绩也无从谈起。然而，正如我们在第 1 章指出的那样，数据显示，价值股的表现更好，风险更低，因此额外风险带来超额利润的观点显然解释不通价值异常。

第二种理论试图解释为什么在那些想要跑赢市场平均水平的聪明且精力充沛的投资者看来，价值异常可能持续存在。简而言之，是因为偏见。无论是个人投资者还是机构投资者都会受到系统性偏见的影响，这种偏见使他们更多地投资赢家（有很好的故事和光明未来的潜在成长型公司），而非输家（那些业绩糟糕、不知名和不受欢迎的公司）。这些偏见决定了投资回报。那些有魅力的公司可能确实表现得很好，但其股价已经反映了其极好的业绩。那些令人乏味的公司可能确实步履缓慢，但其股价预期它们将一路跌跌撞撞，陷入困境。它们所需要做的就是回到正常状态，这会使投资者感到意外。

是什么导致了这些偏见呢？为了回答这个问题，我们需要了解投资决策是如何做出的以及是由谁做出的。尽管机构掌握着大多数投资资金，但是它们并不做投资决策；投资决策是由为机构工作的个人做出的。这些人有自己的利益和操作程序，其中一些可能与其所在机构的利益和操作程序并不一致。他们也有各自无法控制的心理因素。另一方面，机构的投资政策通常由权威层授权制定，旨在约束目前的投资经理的决策。因此，考虑以下三种不同的经济实体的心理偏见是有意义的，它们会影响投资决策：（1）机构；（2）在机构中追求自己需要和利益的机构经理；（3）为自己（或作为他人代理）投资的个人。这些人的观点都会受到心理倾向的影响。

对于机构而言，投资偏见通常是由政策或者规模导致的。我们会先探讨政策。通过章程、公开的投资政策或者立法干预等方式，许多机构投资基金被禁止持有某些类型的股票。从事被认为对社会不负责任的业务（无论是出于环境、健康还是制度有关的原因）的公司的股票都被禁止购买。如果许多基金所采取的政策迫使它们回避购买同一类的股票，那么对这些股票的正常需求可能会显著降低。除非有足够多的不受此类政策约束的基金（比如只购买烟草公司或者制造有缺陷的婴儿汽车座椅的公司的股票）存在，用当前收益或者增长前景来衡量，这些“肮脏公司”的股票可能被永远低估。只有改变投资政策，改变公司的社会行为，或者对公司业务进行重组，才能消除这种偏见，促使这类股票升值。只要这些禁令不变，这些股票就可能永远处于低迷状态。

规模偏见的问题更重要，也更有趣。许多基金无法投资于小公司，也许是因为它们的委托人不允许这样做，也许更常见的原因是它们有太多的资金要管理，而小公司无法吸收足够的资金。如果一家多元化投资公司（大多数是共同基金）有 50 亿美元要投资，想要拥有 100 家公司的股票，那么它需要在每家公司平均购买大约 5000 万美元的股票。由于该基金不想且不被允许持有任何一家公司 10% 以上的股票，这就将投资范围限制在了市值达到 5 亿美元的公司。尽管基金规模、合适公司的市值股权比例限制等不同，但是公司规模的影响持续存在。许多基金根本无法购买小公司的股票。其结果是，在其他所有因素相同的情况下，小公司的股票比大公司的股票便宜。在必须保持稳定的“其他因素”中，增长前景是最重要的。小公司通常有机会比大公司增长得更快，因为大公司已经控制了业已发展良好的行业的主要市场份额。

要想进入大基金接受的投资范围，小公司唯一需要做的事情就是增长。随着公司收入和收益的增长，还有大量的其他投资者希望提高该公司的股价。在某些时候，上一年市值为 5000 万美元的小微企业会在下一年成为市值达 1.5 亿美元的小公司。再过几年，它的市值可能达到 5 亿美元。随着该公司的成熟，它变得有资格被更多的基金购买，其价格的折扣也更少了。它不再是一个机会，而是已经获得了成功。但是这个周期是一个不断更新的周期，新的小微企业迅速成长，会取代它的位置。在大基金看来，小规模公司的股票总是可以被低价买到的。

衡量小市值公司投资价值的标准方法是将标准普尔 500 指数中的公司的市盈率与小市值指数（比如所罗门美邦新兴增长指数）的市盈率进行比较。这个比率随着时间的变化而变化，但是总体而言，小市值股票指数的市盈率更高，说明它们的增长前景更可观。1983 年，就在美国历史上持续时间最长的牛市刚开始不久，小市值公司的市盈率达到了顶峰，为标准普尔 500 指数市盈率的 2.3 倍，这标志着小公司超常业绩的终结。截至 1998 年年底，这个比率已大幅降至 1∶1 左右。正如我们可能猜测的那样，大公司的股票已经在相当长的时间里跑赢了小公司的股票。小公司和大公司股票的相对机制的起起落落并没有否定以下的观点：即小市值股票一直被低估，导致它们的表现比市值大的股票的表现要好。由于小市值股票不为大部分投资者所接受，因此在它们变得强大之前往往都很便宜。

规模偏见会影响股票表现的一个显著例子是企业分拆。有时候，一家公司会发行新公司的股票并将其分配给现有股东来关闭一个部门或者其他不想要的业务单元。这家分拆公司的股票现在独立交易。在大多数情况下，新公司都是小公司，尤其是与刚将其分离出来的大公司相比。那些持有“巨头公司”股票的基金现在发现自己持有市值 5000 万美元的“新生”公司的股票。这些基金可能对新业务知之甚少，但有一件事它们能够确定，即这家公司的规模不够大，不值得它们花太多的时间去了解。因为公司的规模太小，根本不在它们的购买范围。这些基金会在市场上卖出或抛售这些股票，并把钱装进口袋里。对于那些不受公司规模问题限制的投资者而言，分拆是一次绝佳的机会。因为许多股票的出售原因与该公司的前景无关，必然会出现“珍宝”被大基金抛弃的情形。小公司的股票尽管或许是个“珍宝”，但对于大基金而言，就是个麻烦。普通小公司的股票会被大基金忽视，因公司分拆而得的这些股票会被大基金一股脑地抛售。这仅仅是机构对小公司股票存在偏见的一个极端例子，随着时间的推移，这种偏见使小公司股票成为价值投资者的一片沃土。

当我们考察在机构中做出投资决策的实际人员时，我们发现了一个不同的偏见来源。大多数基金经理都是雇员，受雇是为了遵循投资政策的规定来创造业绩。尽管带来非凡成功的最初想法可能受到奖赏，但最安全的方法还是让自己看起来无异于带着同样使命正在投资的所有其他人。数据处理经理们的一句格言也适用于基金经理：没有人因为从 IBM 公司购买了电脑而被解雇。没有人会因为业绩平平或者与团队中其他成员持有相同的股票而失去工作。如果你冒险买进了其他人都不想要的公司的股票，回报将发生很大的变化。如果该公司复苏并且股价上涨，你获得的奖赏虽真实但却短暂。如果该公司业绩不佳并且股价下跌，所有人都记得你选择了那个“蹩脚货”。管理大量资金的投资经理往往被认为有从众心理。既然人多安全，为什么不选择人多的地方呢？这种情况在年末报告时会变得更明显，届时投资经理会粉饰自己的投资组合，抛售那些价格下跌的股票，并增持去年（或者上季度）的成功者。这种修剪推高了目前成功的股票的价格，并进一步打压了那些已经被踩在脚下的股票。从经验来看，年终是捡起被那些粉饰业绩的经理丢弃的价值股的好时机，他们不想让这些股票出现在他们的年末报告中。

有一些成功且知名的投资者的观点会与流行的观点背道而驰，他们买进“蹩脚货”并远离那些被华尔街选定的股票，但他们显然属于少数派（公众知道一些著名的逆向投资者的名字，这反而显示了逆向投资者的稀缺）。我们试图解释为什么持久的偏见带来了机会，如果基金经理仅仅受理性和事实指引的话，那这些机会是不应当存在的。我们并不是说要所有的基金经理群起而动，在发布报告之前清理他们的投资组合。我们只是说他们绝大多数人都这样做，而且强调了仅限于那些目前表现不佳的股票明显被错误定价的情况。

投资者偏见的最后一个原因是人类心理。正如我们从文学、科学和经验中知道的那样，人们并没有理性到可靠的程度。我们并没有仔细权衡事实；我们反复地落入逻辑陷阱；我们混淆因果；我们基于少数例外情况得出结论；我们有选择性地记忆。我们所犯的错误并不像人为地随机在干净的画布上散布污点，对投资者来说，这使得这些缺点显得既有趣又重要。它们聚集在特定的位置，在统计上是可预测的，因此也是有用的。

关于直觉推理缺陷问题已经有大量的研究。此项研究把认知心理学引入经济学，在经济学中，它被称为行为金融学。我们在此旨在解释股票价值异常为什么会在一个充满着聪明、有上进心且勤奋的投资经理（他们致力于通过消除这些现象来获利）的世界里长期存在。我们要关注以下最能说明问题的调查发现。

1. 人们对刚发生的事情比对很久之前的事情记得清楚，而且人们会下意识地对一些难忘的事件进行归纳总结，而不是将所有数据都纳入他们的分析。由此，人们认为，那些在过去一两年表现好的公司未来有可能发展良好，并预测那些之前令人失望的公司将继续表现不佳。我们使用**外推法**进行预测。如果对过去表现与未来回报之间的相关性进行更彻底的研究就会发现结果恰恰相反：在两三年的时间里，昨天的落后者会变成明日的领先者，反之亦然。华尔街的传说中充满着智慧，提醒我们，没有一棵橡树能够长成参天大树，但这并不妨碍专业人士和业余人士在对未来进行预测时高估近期或好或坏的历史表现。我们不会自然地相信回归均值的理念。
2. 我们不喜欢风险，并痛恨赔钱。这并没有错，只是我们将过去的惨败与未来的失望混为了一谈。价格下降的股票是有问题的，尽管更低的价格（我们现在能够以这样的价格买进它）掩盖了许多过去的过失。所以，我们让自己的分析沾染了情绪的污点，从而阻碍了我们对一家公司的前景和证券价值做出公平的判断。我们对成功者的偏爱超出了应有的程度，我们极力避开失败者，这样一来，当情况改善，昨日的失败者成为明日的成功者时，我们也不会注意到。

如果综合考虑所有这些偏见，我们就会明白为什么采用一种特殊的方法投资（即使价值是被机械地建立的，也要购买价值型股票）可能在很长时间内带来超常回报，即使这一超常业绩被广泛知道后依然可以长时间存在。因此，如果股票现价与其真实、内在或者基本价值之间存在的差异能够带来巨额回报，那么这些差异就是可持续的。这些差异构成了一个领域，在这一领域中寻找基础价值更有可能获得回报。

其他寻找价值的地方

除了那些令人失望、令人沮丧、受践踏的并因此被放弃的领域，还有其他一些可以找到隐藏价值的地方。第一，有一些不引人注目的证券。它们往往是规模较小的公司的股票，大型投资基金不会选择它们，因此也就不在想要从工作中获得报酬的证券分析师的选择范围内。从较大公司中分拆出来的小公司就属于这一类，而且它们具有特别的优势，即那些不愿意找麻烦的大基金可能会主动放弃它们。第二，无趣的公司有令人乏味的股票和较低的利息水平。那些年复一年地做同一件事情的公司增长缓慢，获利一般，它们不会将资金花在吸引分析师的注意力上。相比那些受到更多关注的公司，这类公司的财富变化更可能被忽视。

不受欢迎还有其他标志。那些处于破产状态或者面临严重财务困境的公司明显是不受欢迎的，只有那些有见识的投资者能看到公司重组之后资产和业务可能具有的真正价值。那些所处行业产能过剩、进口突然增加、总体下滑或者面临立法或监管处罚的公司也可能是不受欢迎的。无论是当前面临的还是潜在的诉讼都可能使公司不受欢迎。没有什么比业绩长期表现不佳更令人沮丧了。我们这里指的并不是那些股价在一周甚至一天内下跌 50% 的股票，而是那些已经持续两三年明显落后于市场的股票。这些显示其不受欢迎的指标指明了潜在的机会领域。当投资者要避开坏消息或者不佳的业绩表现时，他们可能会以极低的价格抛弃股票，由此夸大了公司的困境。当然，并非总是如此。有时候，情况可能甚至比最悲观的分析师想象的还要糟糕，当前股票的低价实际上还是太高了。但是反应过度的情况会经常出现，见多识广和勤奋的投资者可能会在垃圾中找到低价“珍宝”。

最后，由于机构限制或者委托权限以及其他临时反常状况，有些证券会被错误定价。当美国重组信托公司（Resolution Trust Company）处置接管破产的存贷公司时获取的资产时，目标是使自己摆脱这一行业，并使这些资产重新回到课税清单上。具备专业技能并努力为这些资产（无论是房地产、垃圾债券，还是这些储贷机构本身）估值的投资者都能够低价买到这些资产。尽管这样的机会并非每天都有，但发生的频率足以使价值投资者关注到下一个机会。也有一些公司因其分支机构的表现糟糕而影响了整个公司的业绩。如果股价反映了整个公司的盈利（往往是亏损），那么管理层要想扭转局面和提振股价，唯一要做的事情就是取消该分支机构。这类情况大部分都逃不出华尔街分析师敏锐的眼睛，但是始终有一些公司因其情况足够新奇或者复杂而没有被发现。它们等待着有知识、有时间的价值投资者来评估公司的业绩，并发现其盈利潜力。它们同样需要一些催化剂，以鼓励公司的高层管理人员摆脱沉重的负担，使公司的真实价值浮现出来。但事情并非总是如此。

我们想强调的是，所有这些工作都只是一个起点。寻找价值的目的是将投资领域缩小到可管理的范围，以便我们可以开始深入地进行估值分析。我们可以对公司或者股票数据库进行计算机筛选；我们可以通过财经媒体获得有关分拆、其他重组或者新的破产文件等的公告；我们可以阅读行业出版物，了解哪些行业处境窘迫以及哪些行业有可能进行整合和发生提升价值的变革；我们止研究我们的投资组合的可能性，那些通过了这些筛选或者我们眼睛扫过的股票就形成了我们的最终候选股票名单。但这仅仅是第一步，真正的估值工作在选定了这些候选者之后才开始。

第二部分

价值的三个来源

第 3 章

Value Investing: From Graham to Buffett and Beyond

原则估值和实际估值

将价值投资作为一项投资原则的人认为，金融证券与所有其他资产一样，拥有一种可以通过细致的分析来确定的内在价值。当证券的当前市场价格明显偏离其内在价值时，有利可图的投资机会就出现了。成功的价值投资者的基本任务是准确地确定资产的内在价值，以充分利用市场的错误定价获利。有很多方法可用于评估资产的真实价值，但是其中一些方法比其他方法更有效。在本章中，我们将说明格雷厄姆和多德首创的方法相较于其他常用的方法，在操作上有显著的优势，从而证明价值投资方法的成功并非偶然。

当前和未来现金流的现值

理论界普遍认为，任何投资资产，无论是写字楼、金矿、街角的杂货铺或者在互联网上卖杂货的公司、政府债券，还是通用汽车公司的股票，它们的内在价值是由该资产提供给所有者的可分配现金流的现值决定的。现值是将每 1 美元的未来现金流按适当的时间价值贴现后得到的现在和未来现金流的总和（见本章附录），包括支出和收入；格雷厄姆和多德的追随者和其他投资者一样接受了现值的概念和计算方法；每一所商学院的本科和研究生课程都教授该技术；投资银行家和公司财务主管都会运用它们；政府依靠它们来评估潜在的资本项目和其他投资的回报率。计算器中设定了计算现值的程序，电子表格有完成这项工作的财务功能。可见，现值分析是不可或缺的。但是，在理论上正确的东西未必能够在寻找内在价值的实际操作中提供准确的模型（或许我们应该说，现值分析的实际价值要打折扣）。

计算现值及内在价值的标准方法是，先估计当前和到未来某个年份（也许是未来 10 年）的相关现金流，然后选择与资产风险相适合的资本成本率。有了这两组数字，就可以计算出每年现金流的现值了。最后，将它们加起来，结果就是所考虑年度的现金流现值。

处理未来的现金流的习惯性做法是提出所谓的“终值”概念。终值是在假设 10 年后（或者我们进行年度现金流计算的年份中的最后一年），现金流永远会以一个不变的比例固定增长的基础上计算得来的。根据这一假设，10 年之后的现金流价值，将等于第 11 年的预测现金流乘以一个系数。这个系数等于 1 除以资本成本率与固定增长率之间的差额。例如，如果我们预计资本成本率为 10%，年增长率为 5%，那么倍数为 1/（10%-5%）= 20。由于要在第 10 年的年末才能看到这个终值，因此我们需要将终值折算到现在。我们将这个数字加到前 10 年现金流的现值上，就可以得到当前和所有未来现金流的内在价值。

我们可以看看代数计算的精确性与影响模型变量的极端不确定性之间的明显矛盾。我们推算出了 10 年内的增长率，并且也估算出了 10 年后的增长率。这简直是一种鲁莽的做法。假设在两三年的时间里，该公司面临着更多的竞争、技术挑战、原料成本高涨并且无法转嫁给客户，或者其他可能缩减或消除现金流的问题。想象一下，对于像通用汽车公司这样稳定的公司，我们估算的准确度会如何；对于像微软或者思科这样充满变数的公司，准确度又会怎样。我们还假设，公司将以可预测的资本成本持续地获得融资。然而，现在谁知道贷款人 5 年后会提出什么要求，或者有多少买家会购买新股？利润率和所需的投资水平是估算现金流的基础，它们同样难以精确预测远期数据。

更糟糕的是，如果基本假设稍有偏离，资产估值就会有显著的变化。我们来看看终值和现金流乘数。如果未来的持续增长率为 4%，未来的资本成本率为 8%，那么终端价值乘数为 25，即 1/（8%-4%）= 25。如果我们对资本成本、增长率或者两者的估计都有 1% 的错误，那么终值乘数可能会在高达 50（7% 的资本成本减去 5% 的增长率）和低至 16（9% 的资本成本减去 3% 的增长率）之间变动。这个变化幅度超过了 3∶1。在很多（也许是大多数）估值中，终值是总现值最大的组成部分。

投资者当然意识到了这些困难，也试图采用一些方法来应对它们。其中一种方法是利用乘数定价公式简化估值过程。这时，有人会选择现金流的衡量尺度，比如净收入、息税前利润（EBIT），或者息税折旧摊销前利润（EBITDA），然后乘以一个合适的因子，比如市盈率、EBIT 乘数或者 EBITDA 乘数。这种方法的问题很多：定价中的第二个因素依赖于他人对其他公司不确定的预测；选择的用于计算乘数因子的公司不具有可比性；未能运用近期有关该公司的竞争地位、利润率、周期敏感度以及其他的信息。然而，这种方法的主要缺点是，乘数定价公式仅仅是简化了假设条件来计算定价的。实际上，它们是截至目前的终值计算公式。它们没有避免现值计算的问题，只是把问题掩盖起来了。

另一种广泛使用的应对现值不确定性的方法是进行详尽的敏感性分析。分析师会改变决定该公司未来现金流的预期营运指标，如销售增长率、利润率、每 1 美元销售所需投资、资本成本率等，然后研究该公司估值的相应变化。这样做的目的是确定可能的定价范围。问题在于，这个范围通常太大了。由于基本指标常常是以复杂的方式联系在一起的，所以很难知道哪个定价是最有可能的。敏感性分析的优点是能够显现现值估算的不可靠性，但指出问题并不等于解决问题。

事实上，在将现值分析作为一种确定内在价值的方法时，不可靠性问题是固有的。作为常见方法，这种方法具有两个基本的缺陷。

第一，现值是从现在到遥远未来的所有现金流的总和。对未来几年做出正确的预测或许是可能的，但是随着时间的推移，预测的准确性必然会降低。然而，在现值计算中，所有的现值是被简单地加在一起的。正如每位工程师都知道的那样，将不准确的信息加入准确的信息会得出不准确的信息。改进的估值方法要确保可靠的信息不被破坏，而现值分析方法做不到。

第二，现值分析法在实践中所依赖的信息——经营变量的参价值往往是不可知的，特别是未来的数值。即使是汽车行业消息最灵通的分析师也不能肯定地说福特公司在 2010 年后的销售回报率将是 10% 还是 12%。然而，专业分析师应该能够预测多年以后汽车行业在经济上是否可持续，福特公司未来能否在与主要竞争对手（通用汽车、丰田、戴姆勒克莱斯勒等）的竞争中保持竞争优势，以及福特公司是否将在未来开发出新的竞争优势。这些都是大致的战略判断，深思熟虑的分析师更善于对这些问题做出判断，比预测运营利润率或者资本成本更准确。但是，现值分析法对公司进行估价时无法很好地结合这些判断。

格雷厄姆和多德的估值方法避免了这两个问题。这种方法借由可靠性等级隔离了影响估值的信息，这样坏信息就无法破坏好信息了。这种方法也直接利用了大量战略判断估值的影响。

三要素估值法：资产、盈利能力和利润增长

如果格雷厄姆和多德型投资者找不到克服现值缺陷的办法，那么他们对未来现金流的现值计算的怀疑也只不过是对所有估值方面的系统性结果的世俗嘲讽。幸运的是，他们开发了另一种估值方法。这种方法基于对公司经济状况的全面把握。与华尔街的传统方法相比，它更重视那些关于公司的可靠、确定的信息，预测公司未来前景时更现实，也不会那么乐观。即使是对那些没有当前或历史依据的最乐观的预测，它也不会买账。伯克希尔哈撒韦公司的查理·芒格说，如果他给分析师出个考题，要求分析师对一家新成立的互联网公司进行估值，他会让所有回答这个问题的人都不及格。引用维特根斯坦的话说就是："不能说话的时候，就保持沉默。"

让我们回过头来看看福特汽车公司。预测福特公司未来某一年的现金流可能有些草率，但是我们可以满怀信心地指出一些东西。

要素 1：资产的价值

首先，我们可以谈谈该公司的现状。作为格雷厄姆和多德的追随者，我们会从该公司的资产价值开始分析。我们会考察公司的资产负债表，并考察它在最近的经营期末的资产价值——由公司的会计决定。我们知道，一些资产的会计价值比其他资产的更准确。因此，当制作资产负债表时，我们要么接受数据，要么根据经验或者分析要求调整公布的数据。我们对资产负债表的负债也做同样的处理。最后，我们从资产中减去负债得到了当期资产净值。我们没有必要预测未来。资产和负债今天仍然存在，其中许多是有形的（或者是准有形的，如银行确认的银行账户中的货币），它们都可以非常准确地直接估值。

从资产负债表最上端开始还有另一个好处。从价值明确的现金资产列表往下看，会看到各种价值高度不确定的无形资产（比如商誉等），这些资产出问题的可能性大，我们自然会降低对它们的依赖。格雷厄姆本人更倾向于可以在一年内变现且其会计价值与出售价格相差无几的流动资产。从这些流动资产中扣除所有负债，就可以得出格雷格姆著名的净流动资本值，来表示该公司的价值。

我们可能谈到的资产估值的另一个方面是我们向每类资产分配价值时所采用的

原则。以福特公司为例，这种选择取决于该公司对所处汽车行业未来的战略判断。如果该行业在经济上不可持续，如果它正处于衰退期，那么对这些资产的估值必须按照清算收入计价。这些资产在汽车行业中的专用性越强，资产负债表所显示的价值与其在出售后实际能得到的现金之间的差距就越大。现金和应收账款多少会将被充分估值，而厂房、设备甚至某些存货将被以残值估值。该公司在资产负债表中列出的任何商誉或者其他无形资产都将一文不值。这些无形资产代表该公司在建立客户关系或者收购其他公司时为购买的产品设计支付的费用。

另一方面，如果汽车行业未来没有消失，那么这些资产将以重置成本定价，这意味着福特或者竞争对手今天必须以当前最高效的方法购置这些资产的费用。这些资产仍然可以用于一个经济上可持续发展的行业，而且随着这些资产的磨损，它们将以一定的成本被重置。同样，现金、应收账款和存货的重置成本相对容易计算，而且接近于会计账面价值。在资产负债表上越靠下的资产，越难精确地评估其价值。但由于有以评估设施和设备的价值为生的评估师存在，我们评估一些比未来十年的收益增长率更可靠的项目即可。

如果我们是汽车行业的专家，我们就能做出另一项战略判断——福特公司在行业中将处于什么地位。我们可能会说："相对于不太知名的其他全球性汽车公司来说，福特公司不大可能继续拥有明显的竞争优势或者处于明显的竞争劣势。"鉴于汽车行业是一个成熟的、有高度竞争性的行业，这样的判断也没什么奇怪的。但是这种战略的（没有竞争优势或者处于竞争劣势）意义非凡。在这种情况下，资产的重置成本将是衡量该公司内在价值的最合适的指标。

在任何行业中，现有公司所享有的竞争优势相当于潜在竞争对手进入的壁垒。事实上，这两个术语仅仅是同一种情形的不同表述方式而已。如果没有壁垒，我们就拥有一个公平的竞争环境。所有公司，包括已有的公司和新进入者，都有平等的机会获得生产技术、资源和客户。没有什么可以阻止现有公司的扩张或者新参与者加入。

假设我们发现了一家名叫"先入"（First-In）的公司，它在一个公平的竞争环境中经营，其资产（包括未必在资产负债表上列出的无形资产）的重置成本为10亿美元，公司的市值为20亿美元，那会发生什么情况呢？现有的竞争对手和新进入者会算出花费10亿美元重置资产，就能够创立一家市值为20亿美元的企业。既然先入公司能做的事情没有什么是其他公司不能做的，那么其他公司的运营经验为什么要不同于先入公司的呢？所以，先入公司面临着新进入者、正在扩张的竞争对手或者两者的竞争，新的生产能力不断出现。消费者的需求水平没有多大改变，但市场竞争变得激烈了。要么价格下降，要么每个生产商的销量下降。在这两种情况下，利润都会下降，市场价值也会随之下降。

产量继续扩大，利润和市场价值继续下滑。当先入公司的市场价值被压低至 10 亿美元的资产重置成本时，游戏就结束了。竞争对手也遭受了同样的命运，每家公司的利润都在下降。当然，这个过程不会像我们描述的那样顺利或者自动发生，但事情最终会沿着这个方向发展。进入该行业并获取超额价值的诱惑力是非常强大的，直到市场最终收回免费午餐。

这个基本过程也会朝着相反的方向发展。如果先入公司的市场价值明显低于 10 亿美元的资产重置成本，那么现有的生产商将会停止购置资产。生产能力将会下降，当价格上涨或者销量增加，产生足够的利润，使先入公司的市场价值回升至 10 亿美元时，这个过程才会停止。因此，从战略角度看，资产价值相当于公司的自由进出价值[①]（没有竞争优势，竞争环境公平），很多行业和市场都处于这种环境中。对于这些公司来说，内在价值就是资产价值。

因此，对于福特公司来说，按照格雷厄姆和多德的理念计算资产的重置价值能够说明很多重要的事情。除非公司的管理不善损害了公司的价值（这种情况并不是没有听说过），否则福特汽车公司的价值至少等于这种可识别的资产价值。但是如果没有进入壁垒或者竞争优势，那么它的价值只能等于资产重置价值。

要素 2：盈利能力价值

衡量一家公司内在价值的第二个最可靠的指标是格雷厄姆和多德提出的第二个计算，即计算当前收益进行适当调整后的价值。这一价值比未来收益或者现金流更可靠，而且与过去的收益相比，它与现在的收益相关性更强。要想将当前收益转化为公司的内在价值，我们需要对当前收益与未来收益之间的关系以及资本成本做出

① “自由进出”并不等于“商品产品”。我们将在第 5 章讨论特许经营权价值时做清晰的区分。生产差异化产品的行业往往能自由进出，但同样的资产估值依然有效。我们没有指出先入公司生产的是商品产品还是差异化产品。如果没有可持续的竞争优势，两者没有差别。

假设。由于我们需要依赖这些假设，因此基于收益估算内在价值自然不如基于资产估算可靠。

传统的格雷厄姆和多德收益假设包括：（1）经过适当调整的现有收益，与可分配现金流的可持续水平相等；（2）这一收益水平在无限的时期内保持不变。利用这些假设，公司的盈利能力价值（EPV）可以用以下公式表示：EPV= 调整后的收益 × 1/R，其中 R 为当前的资本成本。由于假设现金流保持不变，增长率 G 为零。对盈利的调整（我们将在第 6 章更详细地介绍）包括以下内容。

1. 纠正会计上的错误理解，比如人们认为经常出现的一次性支出与正常运营无关；这种调整包括：调整前找出这些支出与报告收益的平均比例，在按比例调整之前，减少当年的年度报告收益。
2. 解决会计人员报告的折旧、摊销与企业在年末为恢复至年初资产水平而进行的实际再投资之间的差额；调整时要加上或者减去这部分差额。
3. 考虑经济周期和其他暂时性因素的影响；这种调整就是在周期高峰时降低报告收益的水平，在低谷时提高报告收益的水平。
4. 考虑其他方面的修正。

这样做的目的是，通过对收益数据的调整，得出该公司当前可分配现金流的准确数值。需要强调的是，我们假设这种水平的现金流能够持续下去且不会变化。尽管这样计算出的盈利能力价值不如纯粹的基于资产的估值可靠，但是它比假设未来多年的固定增长率和资本成本率的成熟的现值分析法更可靠。虽然盈利能力价值的计算公式看起来像是我们刚刚批评过的多重估值法，但是它具有完全基于当前可得信息和不受未来更多不确定假设影响的优势。

此外，公司的盈利能力价值与其战略形式之间有着重要且密切的联系，这种联系源于资产的重置成本。我们认为具备经济价值的行业有三种可能的情况。第一种情况是，公司的盈利能力价值可能明显低于其资产的重置价值。在这种情形下，管理层没有使用资产创造出应有的盈利水平。解决方案是改变管理层目前的工作。第二种情况是，盈利能力价值与资产估值大致相等。在没有竞争优势的行业中，我们会看到这种情况。如果对成本结构和客户需求的分析家们支持这一结论（我们将在本书第 5 章讨论这种竞争优势），那么资产估值和盈利能力价值两种方法会相互支持，我们对两者的信心也会增强。

这里，我们忽略了收益的未来成长的价值。但是，我们不去关注它是有道理的，因为在给那些在公平竞争环境下经营，没有竞争优势或者进入壁垒的公司估值时，增长是没有价值的。这些公司的资本收益等于获得这些资本的成本，对之前的投资者来说，已经没有剩余了。因此，不考虑公司未来的增长率如何，与资产价值相等的盈利能力价值决定了公司的内在价值。

第三种情况是，如果计算正确的盈利能力价值明显高于资产的重置成本，那么我们所观察的行业必然存在强大的进入壁垒。相比新进入者可以无障碍地加入的情况，壁垒之内的公司凭借其资产赚取的收益更高。要想支撑盈利能力价值，进入壁垒必须在目前的水平上无限期延续。

盈利能力价值与资产价值之间的差额就是公司所享有的特许经营权价值。现有公司享有的竞争优势构成了进入壁垒，使其利润免受竞争侵蚀。这些优势和壁垒的形成基于公司的特许经营权。实际上，这三个术语描述的都是同一个基本现象。特许经营权的概念特点是，它能使企业赚取比其购买资产所需要的投资更多的收益。盈利能力价值高于资产价值，正如我们所说的，两者的差额就是特许经营权的价值。因此，公司的内在价值要么是公司资产的重置成本（等于公司的盈利能力价值），要么是公司资产加上公司特许经营权的竞争优势。

在这种关系中，我们首先要判断该公司目前是否具有竞争优势。如果有，竞争优势有多强大，能持续多久。这是一个我们能够明智做出的判断。我们预测福特公司在未来二三十年中不太可能形成竞争优势。我们可能会被证明是错误的，但是从汽车行业的竞争史来看，我们可以这样判断。可口可乐公司的情况可能刚好相反。100 多年来，它一直都享有超额利润。我们有理由相信，可口可乐公司的竞争优势在可预见的未来将会持续存在，既不会增强，也不会减弱。

要素 3：利润增长的价值

利润增长对内在价值有什么影响？我们单独考虑利润增长有两个原因。第一，利润增长作为价值的第三个也是最后一个要素是最难估计的，特别是要预测未来很长一段时期的增长率的话。未来增长率的不确定性通常是现值分析法容易出错的主要原因。通过单独考虑这个要素，我们就可以避免其影响资产估值法和盈利能力所需的可靠信息。

第二，在许多常见的情况下，销售的增长率，甚至利润的增长率并不影响公司的内在价值。这种说法似乎与“增长有益”这一关于公司销售和利润的信条相矛盾。但是，正如我们之前解释的，在公平的竞争环境下的增长没有价值。这一点，我们有必要解释一下。销售的增长（导致公司的净收入增长）似乎意味着投资者可以获得更多的资金，但是增长通常需要更多的资产（比如更多的应收账款、更多的存货、更多的设施和设备）来支持。这些额外的资产未被更高的自发负债[①]所抵销，需要追加投资，可以是来自留存收益、新的借款或者增发的股票。这将减少可分配的现金数量，从而降低公司价值。对于那些不受进入壁垒保护，从而不享有相对的可持续竞争优势的公司来说，新投资产生的收益仅仅可以冲销新投资的成本，从而使净收益为零。

回想一下在公平竞争环境下经营的公司的例子。在自由进出的情况下，10 亿美元的投资应该产生 10 亿美元的附加价值。对于筹集额外的 10 亿美元来扩展业务的公司来说，资本成本消耗了新投资带来的所有附加收益；该公司的内在价值根本没有增长。对于那些处于竞争劣势的公司（比如那些处于进入壁垒以外，但仍坚持经营的公司）来说，额外的增长实际上会降低公司的价值。我们将在本书第 5 章更详细地讨论这种现象。公司在享有竞争优势的市场上的增长才能创造价值。

当公司的盈利能力价值显著且持续地超过其资产价值时，成长性才具有价值。如前所述，只有特许经营权价值才能创造增长价值。因此，判断一家公司的特许经营权 / 竞争优势 / 进入壁垒的存在和可持续性是评估其未来增长价值的核心。同样，公司在行业中的战略地位与公司内在价值来源之间存在着直接的联系。当增长价值这个最后的要素为正值时，就不容易计算增长价值。增长价值的不确定性无法被完全消除。然而，我们知道在许多情况下，增长价值为零（没有特许经营权）或者更少（处于竞争劣势）。实际上，通过关注特许经营权的战略因素，我们可以更好地估计特许经营权条件下的增长价值（我们将在第 7 章进行讨论）。然而，增长是最不确定的价值来源，因此也是格雷厄姆和多德型投资者最不愿意支付高价的价值因素。

---

① 我们用“自发负债”这个术语来指公司在经营过程中产生的负债，即应付账款、应付工资、应计费用、应交税金，偶尔还有其他一些项目。它们不是由正式合同产生的，通常也不需要公司为使用它们支付利息或者利润的一部分。当业务扩大时，应收账款和应付账款也会随之增加。如果应付账款的增长抵销了应收账款的增长，就不需要追加资本。

在格雷厄姆和多德投资理论中整合要素估值法和战略估值法

图 3–1 总结了对一家有着强大特许经营权的公司使用格雷厄姆和多德要素估值法所需的要素。第一部分代表资产价值。在自由进入和没有竞争优势的条件下，资产价值就是公司的内在价值。

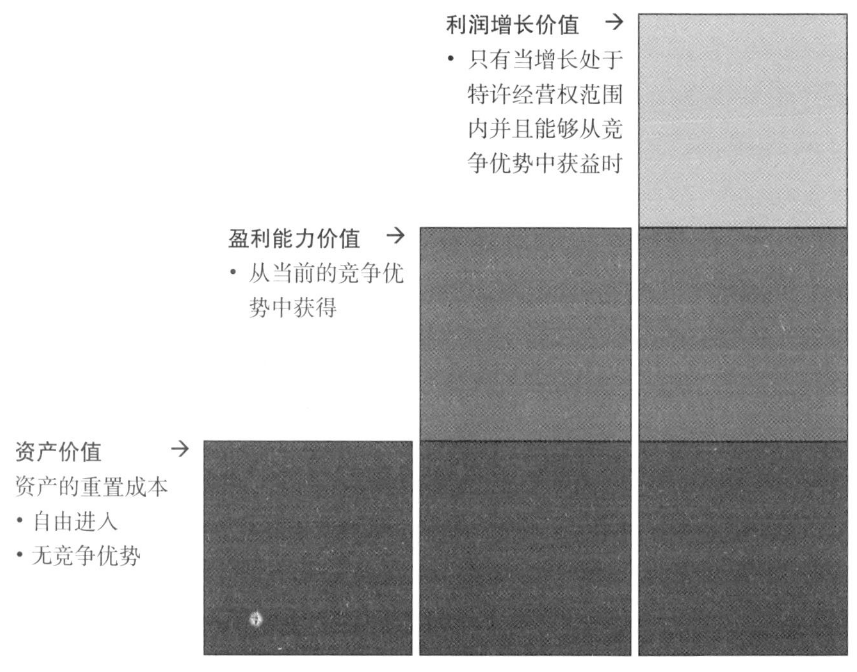

图 3–1　估值的三个要素

第二部分是资产价值与盈利能力之间的差额，它代表公司特许的经营权的价值。在这里，先进的管理可被视为一种特许经营权价值，尽管它可能不如纯粹的竞争优势持久。对这部分价值的估算不如对资产价值的估算可靠。

第三部分是特许经营权下增长的全部价值与盈利能力价值的差额。在所有估算中，这个价值是最难给出的，也是最不可靠的。实际上，价值投资者可能得出的结论是：公司的内在价值就在这部分价值的某处，然后将其（在做出适当扣除以保证一定的安全边际之后）与市场价值进行比较，以查看特许经营权是否有意义。但是，投资者将明白，得出这一结论需要多少详细的行业知识和多么准确的判断。对于自己将钱花在了什么地方，他们比那些依赖净现值法的人要清楚得多，即使净现值计算包括了所有可以想到的敏感性分析。

估值的每一个要素（即资产、盈利能力和利润增长）在各自的应用领域都是有用的，但是对公司价值的最佳洞察来自对它们的比较，特别是将资产价值与盈利能力价值进行直接比较。考虑这样一种情况，即一家公司的资产价值（即资产的重置成本）大于经过准确计算的盈利能力价值。只有在两种情况下，我们才可能发现这样的结果。第一种情况是，该公司的管理很差，未能在资产上获得应有的收益。第二种情况是，公司所处行业的产能过剩。要么是行业扩张太快，超出了预期的需求增长水平，要么是产能收缩速度不够快，不足以适应需求的永久性下降。

通过认真调查，我们能够确定是管理不善还是产能过剩造成了上述情况。如果是因为管理不善，那么可以通过某种催化剂，比如接管或者撤职来释放潜在价值，这样可以为公司带来新面孔，或者使现任管理者集中注意力。如果问题是产能过剩，公司的价值增长速度将不会超过新增需求吸收过剩产能的速度，或者过剩产能随资产损耗而缩减且无法重置的速度。在这两种情况下，真正的价值投资者都会忽略较高的资产价值，而把较低的盈利能力作为衡量公司内在价值的指标。当市场价格远远低于公司内在价值，从而提供了足够的安全边际时，价值投资者将愿意购买股票。资产价值与盈利能力价值不相符既是一个机遇，也是一种警告。如果更好的管理可以弥补差距，那么公司的内在价值将会增加，这将迅速反映在市场价格上，因为收益会增长（比如，恢复正常）。另一方面，资产如果没有产生其应当产生的收益，可能表明该公司正处于竞争劣势。如果该公司追加投资以提高增长率，那么这种投资将会破坏而不是增加其价值。

当资产估值法和盈利能力估值法得出了大致相等的价值时，我们就能确定对内在价值的估算是准确的。这两种方法的一致说明公司管理的水平一般，该公司相比其竞争对手并没有竞争优势，而这些情况都可以被直接验证。新进入者常规进入该行业时是否利用了估值过高或管理不善，或者进入条件较稳定？是目前的管理使投资资本产生了平均回报，还是投资资本回报率一直在变好或者变差？当公司内在价值与市场价格之间存在安全边际时，价值投资者会购买股票，他们不会赋予任何未来成长性以价值。

最后，如果盈利能力价值明显高于资产价值，那么这一差额的存在要么源于先进的管理，要么源于该公司明显的竞争优势。在任何存在大量竞争性企业的情况下，总有少数公司有幸拥有杰出的管理能力。这一优势已经在其更高的盈利能力上反映出来了。这种能力只会随着未来管理质量的下降而下降。因此，一个现实的价值投资者在意识到公司管理质量将不会改善，并且有可能会恶化时，要对盈利能力价值做出负向的调整。在短期内，公司先进的管理可能会从成长性中挤出一些价值，前提是成长性出现在其具备专业知识的领域。但是除非价值投资者确信公司杰出的管理层是年轻的、健康的、忠诚的、卓越的，否则他们不大可能为公司全部的盈利能力价值付钱，以期待公司未来的盈利增长能够提供安全边际。

另一种更常见的、用于解释盈利能力价值高于资产价值的理由是，由于存在进入壁垒，公司相对于潜在竞争对手享有明显的竞争优势，从而能够获得比在竞争环境中可能实现的更高的收益。我们将这种额外的盈利能力称为公司的特许经营权价值。这里的关键问题是特许经营权的优势和可持续性。我们将在第 5 章探讨特许经营权价值以及如何评估其可持续性。

特许经营权价值不仅在于其对当前盈利能力的影响，还在于它对可能的利润增长的影响。唯一可以增加公司内在价值的成长性是在特许经营权之内的增长。由于公司拥有竞争优势，所以能够获得的收益高于支持特许经营权所需的资本成本。如果价值投资者确定一家公司拥有特许经营权，并且认为特许经营权的发展前景良好，那么他可能就会向公司支付全部盈利能力价值，以期待难以测量却明显真实的成长性价值将创造安全边际。

如前所述，净现值计算在理论上是正确的和准确的，可以适用于所有能够产生收入或者现金流的资产的估值。遗憾的是，这种方法有两个缺陷：第一，它将基于可靠信息的估算与基于非常不确定的假设的估算混为一谈，从而影响了结果的准确性；第二，它依赖对遥远未来的事件的准确估计。另一种估值方法更强调当前信息和基本的竞争条件。它依赖于对特定行业和资产的具体了解，除非对未来的预期是以现有的有力数据为基础的，否则它不会重视对未来的美好预期。这就是格雷厄姆和多德的价值投资定律。在投资者情绪高涨的时期，价值投资者对内在价值的估计将显得保守和悲观。当现代新技术或者其他创新预示着前沿公司将拥有无限美好的未来（这种公司第一个季度一旦盈利，这种盈利就会持续几个季度）时，价值投资对资产价值和盈利能力价值的要求将显得过时。价值投资者明白有些游戏他们并不擅长，唯一明智的做法就是不参与。他们依赖的一个准则是“用知识来减少不确定性”。这个准则已经发挥了很好的作用，无论未来的财富看起来多么诱人，放弃这条准则并买入预期的未来财富都是愚蠢的。

附录：未来现金流的现值

将未来某些时间收到的资金折算成今天与之等价的资金的过程被称为贴现。贴现一词指的是这样的事实：我们更喜欢今天手头有 1 美元，而不是在未来某个时候拥有 1 美元的承诺，哪怕是实打实的保证。如果我们把钱给银行，银行将支付我们利息，其他的资金筹集者也是如此。如果利率是 8% 的单利，银行在一年后应该返还给我们 1.08 美元。在利率是单利 8% 的情况下，一年后的 1.08 美元与今天的 1.00 美元是等价的；换句话说，1.00 美元是一年后的 1.08 美元按 8% 的利率贴现后得到的现值。这里的基本代数关系是：1.00 美元 ×（1+0.08）=1.08 美元；1.08 美元 ×［1/（1+0.08）］=1.00 美元；1/（1+0.08）就是贴现因子。我们可以将贴现率视为利率的倒数，是把未来的钱折算成现值的比率。和利率一样，贴现一部分是为了给投资者补偿通货膨胀的损失，另一部分是对风险和放弃现金的补偿。

按每年 8% 的复利计算，今天存的 1 美元在两年后就将值 1.00 美元 ×（1+0.08）×（1+0.08），即 1.164 美元。相反，保证在未来两年后支付给我们的 1 美元，按 8% 的贴现率计算，现值为 1.00 美元 ×［1/（1+0.08）］×［1/（1+0.08）］，即 0.857 美元。我们等待的时间越长，未来现金流的现值减少得越多。这种关系就表达了时间价值的概念。结合正确的代数表达，这个概念允许我们将一系列未来价值转化为今天的价值。我们需要两个变量，一个是时间（它几乎总是按年表述），另一个是利率，也被称为贴现率。这两个术语指的都是人们自愿投入资金来换取相关资产时的利率。与这一概念相似的其他术语有收益率（投资者要求的回报率）和资本成本（资金使用者应该支付的报酬）。未来 1 美元的现值的计算方程是：PV=1 美元 ×（1/1+R）^{T}，其中 R 是每年的资本成本（或回报率），用百分比来表示，T 是支付前的年数，当前时间为 0。

我们以债券为例来看看它是如何计算的。我们买入面值为 1000 美元的 10 年期国债，简单起见，假设该国债每年年底支付给我们 80 美元。在第 10 年年末，本金将被偿还。给定这些支出流后，债券的现值是多少？如果回报率是 8%，那么现值恰好等于 1000 美元的面值。表 3–1 是计算过程。其中，贴现因子 =（1/1+R）^{T}，R=8%。

表 3–1　国债现值的计算过程

年数	支付值（美元）	贴现因子	现值（美元）
1	80.00	0.93	74.07
2	80.00	0.86	68.59
3	80.00	0.79	63.51
4	80.00	0.74	58.80
5	80.00	0.68	54.45
6	80.00	0.63	50.41
7	80.00	0.58	46.68
8	80.00	0.54	43.22
9	80.00	0.50	40.02
10	1080.00	0.46	500.25
			1000.00

一切看起来都是完美的，因为该债券规定按 8% 的利息支付，相当于我们要求的或者能够从其他相同的投资上获得的回报率。但是，假设在债券发行后，这种投资的利率上升至 9%。9% 就成了我们要求的回报率，因为我们不想拿的比别人少。该债券的现值会发生什么变化呢？唯一的变化是 R 现在成了 9%，但债券的现值下降了 64 美元，如表 3–2 所示。其中，贴现因子 =（1/1+R）^{T}，R=9%。

表 3–2　国债现值的计算

年数	支付值（美元）	贴现因子	现值（美元）
1	80.00	0.92	73.39
2	80.00	0.84	67.33
3	80.00	0.77	61.77
4	80.00	0.71	56.67
5	80.00	0.65	51.99
6	80.00	0.60	47.70
7	80.00	0.55	43.76
8	80.00	0.50	40.15
9	80.00	0.46	36.83
10	1080.00	0.42	456.20
			935.82

“现值”与“净现值”唯一的区别在于，净现值包括了初始现金流，初始现金流通常指在第 0 年时支付的现金。在第一个例子中，我们为债券支付了 1000 美元，这是一笔负现金流，它不受贴现因子的影响，因为它发生在现在。这些现金流的净现值为零，意味着我们仅仅收回了当前支出的现值。如果利率上升至 9%，而我们仍然坚持为 80 美元的国债支付 1000 美元，那么这笔投资的净现值将为负数，因为我们收回的资金的现值仅有 935.82 美元。投资的基本原则之一就是不要投资于净现值小于零的资产。

第 4 章

Value Investing: From Graham to Buffett and Beyond

资产评估：从账面价值到重置成本

格雷厄姆和多德估值模型的第一步就是计算公司的资产价值。对于许多传统的价值投资者来说，这基本上是唯一的一步。但是即使在这种受限制的方法中，投资者也不得不对信息的可靠性和公司以及行业的战略状况做出判断，以便对资产的价值做出精确的计算。

战略判断包括对公司所在行业（或者多个行业）未来在经济上的可持续性的判断。如果行业处于严重的下滑中，那么公司的资产价值应该基于清算资产来计算。由于不存在为满足特定行业需要而量身定制的资本商品市场，因此这些商品基本上将被作为废品出售。另一方面，如果行业是稳定的或者正在增长，那么随着所使用资产的损耗，资产将需要被重置。这些资产应当按照其重置成本估值。

可靠性问题在很大程度上是投资者在资产负债表中选择多少项目的问题。本杰明・格雷厄姆在他的估值模型中只考虑流动资产（现金、应收账款和存货等），这是一种极端情况。无论是按清算资产还是按重置成本计算，估值的误差都很小。随着格雷厄姆定义的“净流动资产价值法”股票（市场价格低于流动资产减去负债的股票）的消失，当代价值投资者已经沿着资产负债表向下，将设施、不动产和设备，甚至无形资产（比如产品组合、客户关系、品牌形象、员工素质等）也纳入他们的估值模型中，这里的误差范围当然扩大了。评估这些资产，特别是无形资产，既需要技能，也需要想象力。显然，对于那些所在行业具有经济可持续性的公司而言，这种努力才是值得的；如果行业消失，无形资产是没有价值的。

待售资产：清算中的价值

关于公司资产的价值，我们要问的第一个问题是，该公司所处行业是否具有经济可持续性。如果行业没有未来，那么这家公司也没有前途，至少在目前的形式下没有。在这种情况下，收入将会减少，并拉低那些无法被转让的资产的价值，尤其是那些专用设备和无形资产（比如机构资本和客户关系等）。如果行业正在蓬勃发展，即使是一家没落的公司也可能以公道的价格将可转让资产出售给行业中成功的公司。

当公司自身的盈利能力大幅下滑的时候，当它面临破产法所列举的某种财务压力的时候，以及当公司所处行业看起来没有活力的时候，该公司的价值可能不会高于其资产的清算价值。表 4–1 展示了一家虚构公司的资产负债表，该公司濒临破产，正在苦苦挣扎。

表 4–1　　“赤字”公司的资产负债表　　（单位：美元）

“赤字”公司	1998 年	1997 年
资产		
流动资产		
现金	150	145
有价证券	25	70
应收账款	1667	1525
存货	2329	2250
流动资产总计	4170	3990
不动产、设施及设备（净值）	7500	7750
商誉	2250	2400
递延税款	150	155
资产总计	14 070	14 295
负债和所有者权益		
流动负债		
应付票据	2200	0
应付账款	1417	850
待摊费用	1250	725
长期负债的流动部分	520	500
流动负债合计	5387	2075
长期负债	9500	9250
递延税款	125	150
优先股	350	350
实收资本	850	850
留存收益	–2141	1620
负债和所有者权益总计	14 070	14 295

1997 年至 1998 年间，该公司的留存收益下降了大约 4000 美元，使其净值低于零。也许这只是暂时的挫折，公司将能够说服放款人为其提供更多的资金。我们无法从这些零碎的信息中判断这一点，但我们并不在乎。如果该公司被清算，我们能做的只是估算资产的价值，见表 4–2。

表 4–2　虚构公司的资产和清算价值　（单位：美元）

资产	1998 年	实现的百分比（%）	价值
流动资产			
现金	150	100	150
有价证券	25	100	25
应收账款	1667	85	1417
存货	2329	50	1164
流动资产总计	4170		2756
不动产、厂房及设备（净值）	7500	45	3375
商誉	2250	0	0
递延税款	150	0	0
资产总计	14 070		6131

对于现金和有价证券，假设有价证券是短期的，并且已经按市值计价，那就不应当在低于该公司的账面记录金额的基础上进行折算。应收账款很可能不会被全部收回，但由于这是商业债务，有很多专家知道如何收讨，我们估计能够收回账面价值的 85%。存货能够收回多少资金取决于存货类型。对于一家制造企业来说，存货越像商品，销售所需的折扣就越低。要被降价出售的是那些扎染的 T 恤衫，而不是棉纱。另一方面，如果存货是装着去年滞销的玩具的箱子，那么就可能需要花钱请人把它们运走。在这种情况下，我们估计能够收回存货账面价值的 50%；如果存货是非常专业化的，那么估值就不得不明显降低。在这些情况下，存货的价值对整体估值至关重要，可以邀请专业的评估师来确定一个比我们粗略的估算更准确的价值。

不动产、设施和设备估值也是如此。对于不动产和设备的详细了解是做出准确估算所必需的。某些普遍的准则是适用的。相对于账面价值来说，写字楼等通用资产的价值要远高于化工厂等专用资产的价值。作为简化估算，我们将设施、不动产和设备的价值削减为账面价值的 45%；如果这条分录很重要，我们可以聘请另一位专家来进行评估。我们不赋予商誉任何价值，它仅仅代表公司在进行那些可能已经给公司带来麻烦的收购时所支付的超出公平市场价值部分的价格[①]。递延税款资产（公司在一段时间后能从国税局获得的退税）可以被递延税收负债抵销。把所有这些数据加总后，我们得出流动资产的价值为2756美元，不动产、设施和设备的价值为3375美元，总额略高于6000美元。

谁会购买这家公司的证券呢？当然不是传统的股票购买者，无论他们的价值导向如何。但是如果投资者是购买坏账的专家，这还是有盈利空间的。虽然看上去如果公司被清算，就没有足够的钱偿还给普通股或者优先股的所有者，但是或许会有钱偿还给债权人。即使应收账款和应计支出全部按账面价值偿还，总额也只有2667美元。其他一切都可能流向债权人。账面上的债务为12 220美元，但由于公司所处的状况，这些债券的价格肯定会大幅减值。如果减值幅度足够大，并且不动产、设施和设备还具有足够的价值，这对于专门研究坏账和清算价值的专家来说，或许是一个有利可图的机会。

持续经营的企业的资产：进入行业需要多少资产

许多清算价值不是以折后价格为基础计算的，就是以该资产的最佳用途为基础计算的。我们以公司的资产为基础对其进行估值的主要目的是，认清资产的经济价值是否在该公司的证券市场上得到了精确的反映。机会在于价格与价值的差异中。我们已经提出了充分的理由说明，对于一家处在可持续发展的行业中的企业来说，资产的经济价值是其重置成本，也是潜在竞争对手进入这个行业所需付出的成本。我们如何评估这些价值呢？

我们将从另一家虚构的公司开始，这家公司参与开发和生产一些用于计算机、通信和其他电子设备的高端专用连接器。表4–3展示了该公司发布的财务报表中的资产信息。

① 从理论上讲，商誉的会计分录代表着收购诸如产品、客户和市场地位等无形资产的成本，这些有形资产是“真实的”，但并不出现在被收购公司的资产负债表上。给商誉赋予价值的自然方法就是确定作为会计分录的有形衡量标准，即产品线、客户数量、受过培训的工人或可接近的人口数量，然后分别对它们进行估值。但是对于一家处于不可持续的行业的公司来说，这些高度专业化的资产不太可能具有任何明显的价值。因此，我们给予商誉的最低价值为零。

表 4–3　对虚构公司资产的调整　（单位：美元）

资产	账面价值	为得出重置成本进行的调整
流动资产		
现金	2250	无
有价证券	6750	无
应收账款（净值）	31 250	增加坏账准备金；调整托收款
存货	25 000	增加后进先出储备（如有）；调整周转率
预付费用	5900	无
递延税款	4250	贴现现值
流动资产总计	75 400	
不动产、设施及设备（净值）	54 000	原始成本加调整额
商誉	26 250	产品组合和研发相关
资产总计	115 650	

我们需要对数据进行哪些调整来获得重置成本呢？现金就是现金，不需要做任何调整。对于有价证券，我们必须找到当前的市场价格。如果证券缺乏流动性，要找到其市场价格就比较困难，但是通常来说，有价证券仅指那些交易活跃的证券。计算工作从应收账款开始。从这里开始，应当对账面价值向上或者向下调整，以获得更真实的重置成本。公司财务报表中报告的应收账款可能包括永远无法收回的部分。刚开张的新公司更可能遇到客户由于种种原因不付款的情况，所以重置一家现有公司的应收账款的成本或许高于账面价值。许多财务报表会详细说明已经扣除了多少才得到这个净值。这个数值可以加回去，或者可以使用类似公司的平均值。

为存货估值更复杂。报告的数值可能太高或太低。我们应当注意的是，如果公司目前的存货量等于 150 天的当年销售量，而此前的平均存货量只相当于 100 天的销售量，那么这额外的 50 天可能代表这些存货将永远卖不出去或者只能按清仓价出售。在这种情况下，我们将重置成本调低是合理的。如果公司用后进先出法（LIFO）记录存货成本，并且如果其出售的存货的价格一直在上涨，那么存货的重置成本会高于公布的数字。这个差额就是 LIFO 储备，也就是重置成本高出报告成本的数额。新的存货无法按去年的价格计入今年的存货，因此我们将不得不支付更多的钱来重置这些存货。

预付账款（比如租金或者保险）的金额就是实际数额：数量小却真实。预付账款一般不需要调整。递延税款作为一种资产，是公司未来能够从政府收回的资金或者退税。既然我们感兴趣的是现在的资产价值，我们就应当知道税收扣除或者还款的时间，并计算它们的现值。在这个例子中，递延税款被列为一项流动资产，该公司预计在年内能够将其兑现。但是递延税款也可能称为非流动资产，在这种情况下，现值分析更具重要意义。

在大多数情况下，我们对流动资产账面价值的调整不那么重要，毕竟这些资产是流动资产，我们预计它们将在一年内兑现。用不了多久，报告成本与重置成本之间的差异就会弥合。当我们考察非流动资产或者固定资产时，情况就变了。1965年，每英亩[①]土地的价格为 1000 美元，当时购买它是因为它便宜、宽阔，而且离劳动力市场足够近，尽管它距离一家像样的餐馆有点远，但现在它可能离两条州际高速公路的交汇处不到 200 米，因此也就成为货运公司和其他公司眼中的首选资产。我们公司拥有 1000 英亩土地。上个月，类似位置的土地售价是每英亩 7500 美元。这块地至少也能值这么多钱，因为它交通便利；要么我们把它卖掉，搬到其他地方，赚取其中的差价。无论哪种情况，账面价值与重置成本或直接出售的净收益之间的差额足以引起我们的注意。

对大多数公司来说，不动产、设施和设备都是最大的非流动资产，其报告价值通常是扣除累计折旧后的净额。虽然它们在资产负债表中被同列一行，但二者是有区别的，它们的重置成本与账面价值在某种程度上是不同的。土地作为不动产并不需要折旧。不动产的三个关键原则之一（比如位置等）决定了土地的实际价值可能要比账面显示的高得多，正如我们的例子一样。公司可能不得不卖掉不动产或者改变土地的用途来实现这部分附加价值。新进入者要获得类似的不动产可能仍要花费额外的资金，但是或许不会超过它的市场价值。在任何情况下，我们都需要对账面价值进行调整。[②]

设施可代指不同的投资。它既可以指建筑物，比如工厂、写字楼、从班戈到贝克斯菲尔德沿途的汽车旅馆或者炼油厂，也可以指我们公司刚刚安装的能够连接国内各大城市和国外一些城市的光缆。一家公司的设施的账面价值和重置成本的差距可能是巨大的，其中有两方面的原因。第一，公司用以减少其设施价值的折旧可

① 1 英亩 ≈ 0.004 平方千米。——译者注

② 如果土地的市场价值超过了重置成本，这种情况类似于一家公司拥有的现金超出了其开展业务的需要。新进入者将不需要重置，但是额外的现金或者更高的土地市场价格当然会增加这家公司的资产价值。

能与资产的实际经济价值有天壤之别。建筑物可能 30 年才能贬值为零，而实际上，其市场价值和重置成本却在上升。对我们的经济起核心作用的电信基础设施也面临着同样的情况：光缆可能能够持续使用几十年，但是我们公司已经将其账面价值降至零。第二，通货膨胀也能严重扭曲设施的价值。我们今年对资产经济价值使用的折旧是基于资产的历史成本计算的。我们可能因为低估实际支出而高估了收益。相反，我们潜在的竞争对手不得不用今天的价格购买资产，它们的成本能反映物价上涨。

设备的重置成本容易计算。它在其使用寿命期间提取折旧，如果它的寿命多少延长一些，那么我们就占据了优势。在使现有设备的生产效率显著提高的电动传感器和其他创新领域，新进入者可能比现有企业在使用最先进的工艺方面具有优势。现有企业的账面价值可能夸大了实际的重置成本，没有人会按这个成本来重置设备。对设备价值的调整需要具体案例具体分析，这主要取决于对公司和行业的具体了解。对设备账户所做的调整与对设施进行的调整一样，可以上调也可以下调，但是调整规模不可能太大。

公司长期资产中的商誉通常并不代表公司多年来累积的有关诚信、慈善和热心公益行为等方面的声誉。当一家公司收购另一家公司，并支付高于该公司资产（减去所有负债）后的公平市场价值时，实施购买的公司会将商誉价值加入其资产价值。两者的差额将被计入商誉账目，商誉的价值将长期从收益中按年摊销。摊销会降低公司的收益。由于它并不需要现金支出，所以它只是为了把收益转化为现金流所进行的调整。我们的问题不是年度现金流，而是新进入者的商誉的重置成本。因为它是无形的，我们就能完全忽略它吗？或者我们必须认真地分析它，以确定它是否代表着经济价值？

分析一如既往地胜出了。假设你的公司要收购整个可口可乐公司，包括每一股股票、每一桶糖浆、每一句受版权保护的标语以及每一个红色标识。20 世纪 90 年代，可口可乐公司股票的价格是其账面价值的 6 至 26 倍。如果你足够富有，能够买下它所有的股票，那么你的资产负债表上最大的一笔资产几乎肯定是商誉。它在经济上毫无价值吗？显然不是。任何潜在的竞争对手将必须为品牌价值、消费者忠诚度、分销网络以及其他所有使可口可乐公司成为世界上数一数二的特许经营企业的因素支付高昂的费用。该公司的大部分价值就是商誉，否则它如何能通过卖有色糖水赚这么多钱呢？

在某些情况下，商誉的经济价值是值得怀疑的。由于考虑到竞争威胁或者是某些宏伟的计划没有成功或者恰好犯了错误，一家公司为收购另一家公司支付了过高的成本。商誉分录列示了为购买其他公司而需要额外付出的金额，但是它并不代表任何经济价值。新进入者此时没有必要为了竞争而重置商誉。这种商誉代表着前期的错误，我们在计算以资产为基础的公司价值时完全忽略商誉是合理的。那么，商誉值钱吗？答案完全取决于商誉的来源，为此我们必须掌握需要的信息和行业知识。

因为公司接管或其他交易使公司需要将商誉加入账目，以保持资产负债表的平衡。即使公司不被收购，使公司价值超过其有形资产的公平市场价值的商业行为（比如，投资于研发、广告、品牌推广和客户维护）也是有价值的。潜在的竞争对手为了重置那些没有出现在资产负债表上的“隐性资产”，就必须在研究、广告和客户关系方面投入巨资。为了确定公司的内在价值，我们需要一种估算这些隐性资产真实价值的方法。

研发费用主要是为了发明、设计和生产供销售的商品和服务。许多公司没有研发支出，而有些公司会花少量的钱，且不会体现在损益表中，但是会在附注中说明；有些公司把研发费用与商品销售及一般管理费用分开单列。一般而言，技术水平越高，研发费用越高，尽管也有例外。表 4–4 列举了一些龙头公司的研发支出占销售收入的百分比。

表 4–4　美国主要企业的研发支出

企业名称	1997 年	1998 年
波音公司	4.2%	3.4%
思科系统公司	18.7%	19.1%
可口可乐公司	1.7%	1.5%
礼来公司	16.2%	18.8%
通用电气	1.7%	1.5%
国际商业机器公司	5.5%	5.5%
默克公司	7.1%	10.7%
微软公司	16.9%	17.3%
辉瑞公司	15.4%	16.8%

资料来源：Compustat 数据库。

新进入者需要投入相当于多少年的研发支出才能取得现有公司已经创造的价值呢？这取决于产品能够为该公司创造多久的销售收入。与大多数公司相比，波音公司的总体研发支出似乎是微不足道的。但是我们发现，在飞机产品组合中，每种飞机框架的平均寿命是 15 年。要与波音公司的产品范围相匹配，我们必须投入相当于 15 年的研发费用，相当于目前年销售额的 50% 至 60%。而医药公司的进入壁垒甚至更高，即使一种有利可图的药品的生命周期只有五年（尽管专利保护期限在药品投入商业销售之前已经开始计算，但是我们知道专利保护期限实际上长于五年），我们也要花费至少一年的收入才能复制出公司的药方。

培养客户关系的成本也很高，这些成本从来不被算作资产。虽然外部人士可能很难获得这些信息，但是经营良好的公司知道在进行第一笔销售之前需要花多长时间才能争取到一个新客户。我们可以把订单签订前在销售上花的钱看作对未来业务关系的投资，虽然其中一些永远不会有回报。一个新的竞争对手不可能从一开始就有一堆业务订单和大量忠诚客户，它必须建立或者购买已经确立的客户关系。金额多少取决于销售周期，即在公司开始接受订单和销售之前必须支付多少个月的销售及一般管理费用。它还需要时间来建立内部机制，使其能够发挥作用。这些机制，包括信息技术、人力资源政策和其他一些单调却必不可少的程序，对于公司运转是至关重要的。没有一家公司（当然也没有一家上市公司）能像雅典娜那样一出生就全副武装，所以我们需要在资产重置成本中加入一定倍数的销售及一般管理费用，在大多数情况下是一到三年的销售及一般管理费用。

还有其他一些有潜在价值的资产可能没有完全反映在公司的财务报表中。公司可能会从政府机关获得在一定区域经营的许可证，比如，广播和电视节目的转播权、在特定地址出售酒精饮料的权利或者经营赌场的权利。它可能持有很难甚至不可能重置的真正的特许经营权，比如专业运动队的老板需要特许经营权才能在联盟中比赛，可口可乐的灌装商需要特许经营权才能将浓缩饮料变为苏打水。这些许可证和特许经营权的持有者将许可证和特许经营权转让给第三方的权利可能会受到限制，但是其中受限制最严的是新进入者为了参与竞争所必须购买的资产。当然，其中一些在征得许可证或者特许经营权的授予者同意之后是可以被出售的。

确定许可证和特许经营权价值的最可靠方法就是看类似的权利在自由市场的理性购买价格。很多方法都可以用来比较起初看似不同的情况。“每”字几乎总是被用到，比如每个订购商的价格、每个地区的人口价格、每箱价格以及每个座位的价格。自由市场中最近的销量是评估公司的许可证和特许经营权价值的基准。

同样的方法也可以被用于评估公司内部附属业务的价值。自由市场中类似业务的购买为确定该附属业务的价值提供了基础。这里不使用每个订购商的价格或者其他经营数据，标准的做法是使用现金流的某种乘数，如息税前利润。例如，一家财险公司购买或者开展了意向附加业务，向保险调停人提供有关汽车零部件的价格和供应情况的在线信息。所有支付订购费和使用费的保险公司都可以获得这些信息。虽然它服务于保险行业，但确实是一项不同的业务。它的成功与谨慎的承保或者高超的投资手段无关。它是信息服务提供商，通过网络提供服务，提高了吸引力。为了得出整家保险公司的价值，我们有必要把附属业务的收益和资产分列出来，参照类似的信息服务公司在自由市场上的售价来定价。也许这家保险公司会利用基于网络业务的高市盈率乘数卖掉这项业务，或者将其分拆出去，并保留一些股权。无论它决定做什么，公司的价值都会因为拥有这项业务而得到提高，这项业务值得重新估值。

资产是资产负债表的一部分，负债是另一部分。会计学最古老的准则是资产必须等于负债加权益资本。从算术上来讲，权益就是资产减去负债后的余额，所以说资产负债表是按照定义来平衡的。但从财务上来讲，负债和权益资本是那些支撑资产的资金的来源，而资产正是这些资金使用的体现。如果我们的任务是基于资产的重置成本来确定公司的价值，那么我们真正想知道的就是投资者或者商务人士愿意支付多少钱来收购或者重置这些资产。要得到答案，我们必须检查资产负债表的负债部分，看看我们需要花哪些钱。

为了达到这个目的和其他更多的目的，我们可以将负债分为三类。第一类是在正常业务经营过程中产生的负债，即给供应商的应付账款、给员工的应付工资成本、给政府的应计税款，以及其他应计费用。这些费用大多数是流动负债，一年内到期。它代表该公司的商业信用，公司不必支付任何利息。在合理的范围内（不合理的情况是，供应商对逾期付款是如此气恼，以至于拒绝为新订单发货），自发负债的规模越大，该公司为其资产融资所需要的投资就越少。我们从总资产的重置价值中减去这些负债的账面价值，就可以得出净资产的重置成本。这是新进入者必须支付的公司资本。

第二类负债与新进入者无关，是由过去发生的情况所引发的负债构成。例如，递延税款负债或者由负面法律裁决而引发的负债（比如某家公司违反了法律，拖欠了罚款或者和解费用），这些负债可能与新进入者无关。税法可能已经发生变化了，或者该公司的经验可能会有效阻止新人们犯同样的错误。这类负债并不会减少潜在新进入者的投资，但是由于这类负债是真实负债，将来必须偿付，所以确实需要将其从资产价值中扣除，这样投资者才能看出这家公司的价值。

第三类负债是公司尚未偿付的正常债务。对债务的适当处理是一个选择的问题。当我们从资产的重置成本开始，然后从中减去前两类负债（自发负债和我们所说的推定负债），得到的就是投资者具有求偿权的整个企业的资产价值。这种价值将在债权人和股东之间进行分配。如果我们是股东或者打算进行股权投资，我们需要从这个数字中减去债务金额。如果债务有市场价值，我们可以直接使用市场价值；如果没有，通常用账面价值作为替代。因为债务的价值是稳定的，除非出现财务危机。在衡量企业价值时所犯下的任何错误都将直接影响权益资本的价值。在一家高杠杆的企业里，债务占据企业资产的比例很大，估计资产价值时的微小错误将对股权价值产生重大影响。例如，我们估计一家公司的资产价值在扣除自发负债之后是 1 亿美元，它有 8000 万美元的债务，那么剩下的权益资本价值为 2000 万美元。但是如果我们出现了 10% 的偏差，公司实际的资产价值为 9000 万美元，那么权益资本的价值就会缩水至 1000 万美元，下降了 50%。我们的安全边际可能消失了，而且也许远远不止于此。由于杠杆比率可能危及安全边际，所以许多价值投资者会回避那些债务水平高的公司。

处理债务的另一种方法是将其与权益资本都视为对公司投资的一部分。利用所谓的“企业价值法”，将债务的市场价值和权益资本的市场价值相加，然后减去现金，就是企业价值。我们将其与资产价值减去自发负债和推定负债后的价值进行比较。如果我们能用低于资产价值的价格购买整个公司并且仍然有安全边际，那么我们就是发现了一个好的投资机会。

重置成本法是常用的公司资产估值法之一，如表 4–5 所示。另一种方法是传统的格雷厄姆和多德净流动资产价值法，使用这种方法，所有负债都要从流动资产中扣除，以得出一个保守的，甚至可以说是“刀枪不入”的数值，这个数值无可挑剔，很难得到。第三种方法仅仅是使用会计报表的账面价值。虽然我们已经指出内在价值与账面价值之间可能会有多大的偏差，但是在实践中，按照账面价值的折扣价格购买市场上的股票的投资策略已被证明是很难实现的。与账面价值法和净流动资产价值法相比，要得到公司的资产和负债的重置成本还需要更多的努力、更多的知识以及其他东西。你只有把它做好了才能得到回报。

表 4–5　各种资产评估方法

方法	格雷厄姆和多德法	账面价值法	重置成本法
机会	无	有限	更宽泛
实际价值	是	是	是
需要行业知识	否	否	非常需要
稳定性或可靠性	高	低	中等
商誉价值	0	账面价值	重置成本
债务价值	账面价值（低负债）	账面价值	市场价值

隐藏的资产：复杂的结构与隐藏的价值

目不转睛地花费数小时检查一家公司的财务账目，寻找一些被低估了的内在价值的形式上合法的数字或许是值得的。如果我们将注意力放在那些结构复杂、业务种类繁多、分支机构独立核算以及存在使证券分析师甚至该公司管理层感到困惑的麻烦公司上，或许误差还能小一些。这类公司财务报表中的被低估的资产可能被投资者或者公司总裁忽略，即使没有被内部人士忽略，也会被他们秘密地转移，从而消失在人们的视线之外。无论直接原因是什么，被低估的资产在简单公司的财务报表中都是藏不住的。相比之下，组织复杂的公司的财务报表充满了暗角或者密道，这会使得新手心生畏惧，但对于经验丰富的分析家来说，却可能是获取丰厚财富的机会。

在哈德逊通用公司 1998 年的年报中，我们发现了一个相当复杂的情况。看看该公司三年来的损益表（见表 4–6），我们就知道发生了不同寻常的事情。公司收入下降了 96% 以上，而净收益已经减半。我们在 1998 年看到的情况已经与 1996 年的不同了。

表 4–6 哈德逊通用公司的损益表 （千美元）

	1996 年	1997 年	1998 年
收入	157 100	5064	5783
营业收入	19 436	（3755）	（2724）
在哈德逊有限责任公司的收益中占的股权收入	855	11 955	9426
Kohala 合资公司的股权损失	（3021）	（11 292）	（2822）
利息收入	379	3985	4156
税前收入	17 649	893	8036
备付税款	7183	391	2780
净收益	10 466	502	5256

实际上，该公司于 1996 年成立了一家独立的有限责任公司，即哈德逊有限责任公司，用来经营公司的主营业务，在主要机场为航空公司提供维修和其他服务。哈德逊有限责任公司以将近 2400 万美元的价格将其 26% 的股权出售给了汉莎航空公司的一个分机构；同时还给了汉莎航空公司一项期权，该期权使汉莎航空公司能够以与航空业利润关联的价格购买哈德逊有限责任公司最多 49% 的股权。哈德逊通用公司按照权益资本的会计处理方法持有 74% 的哈德逊有限责任公司股权，同时把哈德逊有限责任公司相同比例的收益计入其损益表中。剩下的收入中很大部分来自它向哈德逊有限责任公司收取的日常管理费用。另一项业务是在夏威夷的土地投资，至少我们可以看到的三年的情况不是很好。在这种背景下，我们能够更仔细地研究哈德逊通用公司的资产。

表 4–7 是该公司截至 1998 年 6 月 30 日的资产负债表，其中删除了权益项目。我们已经将资产的重置成本包括在内。重置成本与账面价值的唯一不同是重置成本考虑了未来税收负债折现带来的细微影响，以及没有计算公司作为合伙人的两项经营业务的实际价值所带来的重大影响。我们先把这些问题放在一边，也不考虑公司无须现在缴纳这些税款而可能获得的好处。如果不调整，也不考虑两家公司合伙的权益，那么该公司的资产价值为 4600 万美元，负债为 500 万美元，净值为 4100 万美元。

哈德逊通用公司对哈德逊有限责任公司的股权和夏威夷的土地投资的内在价值是什么呢？它拥有哈德逊有限责任公司 74% 的股权，账面价值为 2200 万美元，这意味着整个哈德逊有限责任公司的账面价值为 3000 万美元。但是，我们已经有了两个可靠信息，使我们认为这个数值低得近乎荒诞。第一，汉莎航空公司两年前以2300万美元的价格购买了公司26%的股权，现在又准备用3000万美元购买另外23%的股权。按照这样的价格，哈德逊有限责任公司的市值至少达到了1.3亿美元，甚至更高。哈德逊通用公司拥有控股权，在自由市场上，该公司为获得控制权支付了溢价。第二，哈德逊有限公司的收益是可衡量的。1998年，它的税后利润为1270万美元，低于1997年的1600万美元。该公司没有债务，与航空公司和机场的长期合同保证了它的收益流。如果股票市场愿意为这些收益支付10倍的价格，那么哈德逊有限责任公司就值1.3亿美元，这与汉莎航空公司所给出的价格成比例。这些合同是隐蔽的资产，并没有出现在资产负债表上。从另一个角度看，它们是使哈德逊有限责任公司能够获得比公平竞争环境下更高利润的竞争优势。

表4–7　**哈德逊通用公司的资产重置成本**　（千美元）

	1998年的账面价值	重置成本
资产		
现金	19 001	19 001
有价证券	19 002	19 002
应收账款	563	563
对哈德逊有限责任公司的预付款项	2057	2057
预付费用	56	56
流动资产总计	40 679	40 679
设施、不动产及设备（净值）	2389	2389
在哈德逊有限责任公司的投资	22 306	?
在Kohala合资公司的投资（净值）	4962	?
对哈德逊有限责任公司的应收票据	3130	3130
资产总计	73 466	46 198
负债		
应付账款	200	200
其他流动负债	2628	2628
流动负债总计	2828	2828
递延税款	2197	现值≈2000
负债总计	5025	≈5000
净值		≈41 000

我们假设哈德逊有限责任公司的内在价值为1.3亿美元。哈德逊通用公司能够得到多少呢？在汉莎航空公司购买第二笔股权之后，哈德逊通用公司只剩下51%的股权，还有汉莎公司交付的3000万美元。因此，到会计报表日，即使在我们不考

虑任何控制权溢价的情况下，我们可以保守地估计哈德逊通用公司持有的哈德逊有限责任公司的股权的价值是（单位为百万美元）：

130 × 51%	= 66.3
从汉莎航空公司收到的现金	= 30.0
总计	96.3

夏威夷合资公司则是另外一回事。一家专营航空服务的公司如何最终成了太平洋地区土地开发商的合作伙伴呢？也许做出投资决策的高管们经常旅行。无论这家企业成立的初衷是什么，它的发展并不顺利。20 世纪 90 年代，夏威夷的房地产价格总体上是在下跌的。1996 年，哈德逊通用公司分担的合资企业损失（主要是 1997 年注销了大量资产，再加上每年的经营费用）在 1996 年是 300 万美元，1997 年是 1100 万美元，1998 年略低于 300 万美元。在财务报表日，哈德逊通用公司拥有 1800 多英亩土地中的 50%。这些土地值多少钱呢？如果这些土地是人们想要的那种，那么注销价值是没有必要的。哈德逊通用公司这些土地的账面价值为 490 万美元，相当于每英亩 5500 美元。这是不是太高了？我们可以保守地把这项资产全部注销，或者可以聘请夏威夷的土地评估师对其进行评估后给我们提交报告。考虑到其余资产的数额，这两种处理方法不会有多少实质性区别。我们暂时将这笔资产的价值设定为零。

在考虑了哈德逊有限责任公司的内在价值后，我们准备调整我们对哈德逊通用公司的资产估值（如表 4–8 所示）。即使把夏威夷 910 英亩的土地完全注销，新数字也几乎是账面价值的两倍。股票市场也低估了哈德逊通用公司的内在价值。1998 年，当公司股价高达 50 美元时，该公司的总市值为 8800 万美元。这就为设法鼓励管理层缩小市场价格与内在价值之间差距的有胆识的投资者提供了超过 5000 万美元的奖励。

管理层并不需要太多的激励。1998 年 11 月，管理层提出用 1 亿美元收购该公司。幸运的是，对于股东们来说，管理层的行动仅仅是收购的开始。1999 年 2 月，汉莎航空公司的子公司 Globeground（拥有哈德逊有限责任公司 41% 的股权）以 1.33 亿美元的出价锁定了胜局，曾有管理层提出更优厚的 1.06 亿美元的二次报价和其他一些来自航空服务公司的报价。所有这些关注都阻止了公司管理层以牺牲外部股东的利益为代价来牟取暴利，谁知道他们能够从中拿到多少好处呢？

Globeground公司从中获益了吗？从我们的分析中，我们知道Globeground公司相当于免费获得了夏威夷的土地，也获得了哈德逊有限责任公司的控制权。从战略角度讲，Globeground公司是合理的买家，所以指望其他人出价更高都是不切实际的。

表4–8　哈德逊通用公司资产的重置成本（第二次计算）　（千美元）

	1998年账面价值	重置成本
资产		
流动资产总计	40 679	40 679
设施、不动产及设备（净值）	2389	2389
在哈德逊有限责任公司的投资	22 306	130 000 × 51%=66 300
加上出售给汉莎航空公司所得的现金		30 000
在Kohala合资公司的投资（净值）	4962	（即使我们一无所获）0
对哈德逊有限责任公司的应收票据	3130	3130
资产总计	73 466	142 498
负债		
应付账款	200	200
其他流动负债	2628	2628
流动负债总计	2828	2828
递延税款	2197	（适度扣除后的现值）2000
负债总计	5025	4842
净值	68 441	
		137 670

这个故事告诉我们，基于重置资本的资产估值模型能够准确估计公司的价值。有意愿购买公司的买家出价接近这个价格可以证明这一点。这个故事还告诉我们，要想提高资产价值，所需要的不只是分析，还需要一些能够打破现状、推动变革的催化剂。在这个例子中，催化剂就是现有管理层的投机主义，他们企图用略高于目前股价的价格轻松获得该公司的所有权。如果管理层不贪婪，哈德逊通用公司今天可能还是一家独立的公司，其股价仍远低于汉莎航空公司的收购价。

第 5 章

Value Investing: From Graham to Buffett and Beyond

盈利能力价值：资产加特许经营权

“烤”出来的收益

假设有一家名为 Top Toaster 的公司因其生产的烤面包机而闻名。在过去五年里，它每年的盈利大约为 1000 万美元。为了简单起见，我们假设报表净收益与它可以分配给股东的收益之间没有实质性差别。该公司的投资者期望每年能从投资中获得 10% 的收益。应用我们在第 3 章里推导出的盈利能力价值公式，该烤面包机公司的盈利能力价值为：盈利 ×1/ 资本成本，即 1000 万美元 /10%= 1 亿美元。下一步假设该公司的资产价值为 4000 万美元。这一数字既包括了全部有形资产（现金、应收账款、存货、不动产以及设施和设备，每一项资产都经过了调整，以反映公司的账面价值与重置价值之间的差额），也包括了无形资产（消费者认知度、商誉、产品设计、专有技术、员工培训以及分销渠道开发等重置同样需要成本的项目）。此时，资产价值与盈利能力价值之间的差异为 6000 万美元。如果股票市场对该公司的估值为 1.5 亿美元，那么估值与资产价值之间的差距将更大。

遗憾的是，对于潜在竞争者来说，Top Toaster 公司 1 亿美元的盈利能力价值和 1.5 亿美元的市场价值就是个成功的榜样。一些聪明的企业家（可能已经在做小电器生意或者在另一家烤面包机公司担任高管，他们拥有投资资本和在零售领域的经验）将意识到他能够仅仅投资 4000 万美元就创造出价值 1 亿美元的收入流。或者，换句话说，他每年可以凭借 4000 万美元的投资获得 1000 万美元的收益，这 25% 的回报几乎可以称得上超高利润了。

通过开设新厂、扩张现有工厂的生产能力，或者找到一个承包商来生产烤面包机，企业家都能进入烤面包机行业。他发明或者购买一项可被接受的设计式样，开发具有吸引力的包装，并聘用经验丰富的销售代理来销售这些东西。假设烤面包机是一种商品，这意味着它们差不多是可替代的，顾客的选择完全基于价格。竞争的加剧意味着市场上的烤面包机越来越多，而更多的烤面包机意味着更低的价格。随着烤面包机价格的下降，所有烤面包机公司的利润也将随之下降。随着 Top Toaster 公司的盈利开始缩水，其盈利能力也会下降。假设在第一次竞争浪潮袭来后，盈利下降至 800 万美元。

不幸的是，竞争的浪潮不断来袭。800 万美元的盈利和 10% 的期望回报率使公司的价值达到 8000 万美元，而资产的重置成本为 4000 万美元，这两者之间的差额为 4000 万美元，足以吸引另一位企业家开始大量生产烤面包机。事实上，只有当这一差额消失并且盈利能力价值降至 4000 万美元时，新进入者或者那些正扩张生产的现有企业才会停止入侵 Top Toaster 公司富饶的领地。换句话说，当市场上的无差别竞争过多，以至于价格和利润下降，没有一家供应商获取的利润超过投资的资本成本时，这一过程就结束了。

数以千计无法将自己的产品和服务与其他参与者的产品和服务区分开的公司，都受到了价格竞争加剧导致利润下降这一问题的挑战。众所周知，所有明智的人都厌恶商品经济。避免这一命运的标准建议就是让你的产品和服务与其他所有的产品和服务不同。对于 Top Toaster 公司而言，这意味着要花钱做广告，要增加产品特色或者改变设计。所有这些都可能使 Top Toaster 公司免受降价的压力。但是竞争对手仍然存在，它们的目标是要在 Top Toaster 公司的诱人市场中分一杯羹。没有什么能够阻止这些竞争者引进有竞争力的设计、增加自己的特色，在广告支出上达到与 Top Toaster 公司不相上下的程度。它们不可避免地抢走了 Top Toaster 公司的一些生意，而且即使 Top Toaster 公司没有降价，它的销量也会减少。尽管销量缩水，但是诸如产品开发、包装设计和广告费用等固定成本并没有相应减少，在面临激烈的竞争时，这些费用实际上可能还增加了。Top Toaster 公司发现自己在两种打击之下步履蹒跚：销量更少了，而且由于固定成本要在更少的烤面包机上摊销，每台烤面包机的利润率也下降了。因此，盈利再次受到打击，使烤面包机与众不同充其量是一项短期应对策略。公司是无法回避竞争的，盈利再度降低，目前为 600 万美元。

不幸的是，故事还未结束。只要该公司的盈利能力价值（目前为 6000 万美元）

超过了入场所需的4000万美元，新的企业家就会不断出现，或者老的竞争对手就会继续扩大生产。烤面包机的产量将不断增长，直至刺激生产的盈利机会消失，也就是说，直至4000万美元的资产只能带来400万美元的收益流（假设投资者要求的资本回报率仍为10%）。在这一点上，盈利能力价值与资产重置成本相等，人们不能再通过进入或者拓展烤面包机业务来轻松赚钱了。

无论烤面包机是一种仅按价格出售的商品，还是一种按功能出售的差异化产品，都无关紧要。归根到底，新的进入者都会出现，直至盈利能力价值等于资产价值。这种相等的情况并非偶然，它是一种基本的经济关系，是竞争对价格和利润率的侵蚀作用的结果。在这个例子中，竞争的过程表现为其他公司为寻求盈利机会而进入或者扩张的能力。尽管这对于世界上像Top Toaster这样的公司及其投资者来说是残酷的，但对于消费者来说却是一件好事，这里的消费者指的是付款买面包机的人，盈利能力价值与资产价值之间的差额就是他们的购买价。

汽车：名牌的价值吗

Top Toaster公司及其竞争对手是我们想象出来的，但是在没有进入壁垒的情况下，公司的长期价值将趋于等于资产价值的过程是真实存在的。这一过程甚至适用于公司和产品受益于强大品牌形象的情况。近代史上的一个例子应当证实了这一理论。

全世界只有少数几个品牌像“梅赛德斯–奔驰”那样被广泛认可。它总是与高质量、高声誉的优质产品联系在一起。从“梅赛德斯–奔驰”的星标本身就能够立刻将这个品牌的汽车与其他汽车区分开。这个星标既是引擎盖上的装饰品，也是企业对优质品质的承诺。根据产品差别化的所有原则，梅赛德斯–奔驰应该享有一种受到强有力保护的市场地位，并因此获得高利润率。但是在1995年至1997年，在公司收购克莱斯勒汽车之前，戴姆勒集团来自汽车行业资产的税前收益率平均为7.2%。如果有特许经营权，在生成的收益中并没有体现出来。公司获得的回报等于或者低于汽车行业中任何合理的资本成本①。

① 投资银行高盛公司在其有关戴姆勒与克莱斯勒合并的公平意见书中曾估计，同类公司的资本成本在10%至12%之间。

我们可以从价值的角度来分析这一情况。假设戴姆勒－奔驰的资本成本为10%。1997年，其汽车部门的税前盈利为35亿德国马克。基于这些数字，其盈利能力价值税前将达到350亿德国马克，那其资产重置成本至少等于这些金额。到1997年年底，其资本的账面价值约为300亿德国马克，这不包括工艺知识、创意、经销商网络和公司组织经验等方面的重置成本，而这些成本至少为100亿德国马克，相当于三年的研发成本。新进入者很少能够进入梅赛德斯－奔驰的市场获得高于这400亿德国马克的资产价值。

汽车行业的历史说明了梅赛德斯－奔驰并不具有有益的特许经营权的原因。20世纪60年代后期，豪华汽车市场总体上利润惊人，戴姆勒尤其如此。欧洲其他豪华汽车制造商，比如宝马、捷豹、路虎、雪铁龙和标致都在积极扩张，试图从这种局面中获益。20世纪80年代，日本汽车制造商，先是本田，然后是丰田的雷克萨斯，最后是日产的英菲尼迪，都进入了这个市场。结果正如理论所预测的那样，更多的竞争意味着利润率的大幅下降。梅赛德斯－奔驰在欧洲的利润率以及林肯和凯迪拉克在美国的利润率都有所下降。豪华汽车市场的全球化是盈利能力的敌人。无论是在理论上还是在实践中，产品差异性和强大的品牌与可盈利的特许经营权并不是一回事。

特许经营权的性质

无论对于Top Toaster公司还是梅赛德斯－奔驰公司而言，关键因素都是新来者与现有公司平等竞争的能力。只要新进入者可以与现有公司在平等基础上开发和销售新产品（比如它们有同等的差异化能力），那么所有的产品实际上就都成了商品。那些在相当长的时期内盈利高于平均水平的公司，实际都得益于其竞争对手（既包括实际的竞争对手，也包括潜在的竞争对手）没有能力做他们想做的事情，而这些公司通常在市场上也能获得高估值。这些并不意味着品牌没有价值。一个强大的品牌是与其他资产一样的资产，其价值等于其重置成本。但是，如果一个品牌的价值等于创造品牌的成本，那么品牌本身就不是价值的来源。

价值只有在现有公司拥有新进入者无法与之匹敌的能力时才会被创造出来。当一个潜在的进入者看到Top Toaster公司以4000万美元资产每年能盈利1000万美元时，它必须意识到自己是没有能力做到这一点的。用现代管理理论的语言来说，

Top Toaster 公司必须比那些想要成为其竞争对手的机构有“竞争优势”。如果新进入者发现自己无法在平等条件下竞争，它将不会进入这一市场。Top Toaster 公司的竞争优势起到了进入壁垒的作用，并且延缓了利润受到侵蚀的过程。当新入者能够在平等条件竞争的时候，利润就会受到侵蚀。另一种说法是，Top Toaster 公司可盈利的特许经营权的持续存在取决于其所享有的竞争优势的存在，这些竞争优势起到了进入壁垒的作用，并且阻止了竞争对手。特许经营权、进入壁垒和现有的竞争优势这三种优势其实是同一回事。在现代市场经济中，它们是超出企业重置成本的价值的主要来源。

与流行的管理论断相反，只有几种类型的竞争优势，并且在商业世界中保持持续竞争优势的例子并不常见。最简单的形式是由政府创造的竞争优势，它为一家或几家企业颁发许可证，允许它们从事某种业务，而所有其他公司都被排除在该业务之外。有线电视、广播电视台、电话公司和电力公司都享受当地的独家特许经营权。潜在的竞争对手都被法律阻止在外了。随着技术的进步，这些公司赖以经营的监管和许可制度也发生了变化，一些从前受保护的企业不得不学会竞争。但是，所有独家特许经营权、政府颁布的特许经营权将不可能都消失了。

其他类型的竞争优势来自适合任何企业的基本利润公式：收入减去成本等于利润。公式中的一个关键项是成本。Top Toaster 或者梅赛德斯 – 奔驰公司的潜在竞争对手可能因无法实现（低）成本而放弃。使这样的成本优势可持续的唯一方式是现有公司拥有新来者无法匹敌的生产技术。例如，专利，无论是产品本身的专利权还是产品生产过程的专利权，都会创造一种基于成本的竞争优势。专有技术，或者被称为负斜率的学习曲线，是另一个重要的优势。即使当新来者获得了经验时，在使工作高效所必需的专业方面它们也总是落后于现有企业的。这里的考验是，新来者是否能以与现有企业相同的条件获得所需要的技术，包括以人为基础的技能。Top Toaster 和梅赛德斯 – 奔驰公司都没有其他潜在竞争对手无法获得的技术或者知识。

另一个可能的成本优势是能够廉价地获得诸如劳动力和资本等资源。这种优势在实践中很难找到。大部分资源是在全球范围内流动的和可大量获取的，没有什么能够阻止新来者以与现有企业相同的条件获得这些资源。有些公司可能聘有工会组织的成员，或者受其他限制，被迫承担较高的资源成本，但是现有企业应该担心其最有力的竞争对手，而不是最低效的竞争对手。

在某些情况下，现有企业处于成本劣势。技术日新月异，新进入者可能有能力赶超现有企业，并以较低的成本置办最先进的设备，但是这种情况最终对任何人都没有好处。今天的新来者是明天的先入者，而且随着技术的不断发展，它将毫不留情地侵蚀任何现有企业的优势。

利润公式中的另一个关键项是收入，它来自客户需求。现有企业要在这方面拥有竞争优势，就必须拥有潜在进入者无法匹敌的市场销路。但是要使这种现有的需求优势保持下去，现有企业必须能以某种方式迷住消费者。在一个开放竞争的经济社会里，只有极少数方法能圈住消费者。习惯，通常还有高购买频率，可能是最强有力的方法。一家汽水公司要想与可口可乐公司竞争，就必须说服喝可口可乐的人不再喝他们喜欢的饮料，这并不是一件容易的事。对消费者的研究和历史经验表明，喝可口可乐的人狂热地忠于他们的可口可乐。相比之下，消费者对另一个主要的饮料品牌——百威的忠诚度则低一些。当食客走进中国、日本或墨西哥餐厅时，他们一般愿意点这些国家的啤酒，但是他们很少点当地生产的可乐。Top Toaster 和梅赛德斯 – 奔驰公司都不太可能成为习惯性购买行为的受益者。

对于那些不在每周购物清单上的产品，还有其他方法可以使消费者忠诚于特定的产品和服务。如果寻找现有商品替代品的成本较高，新进入者就很难吸引那些对现状满意的消费者。以住宅保险市场为例。在保单的成本之外还有很多因素：担保范围、免责条款、服务水平、例外情况、承保人的信誉以及若干其他因素。除非受到很强的激励，否则只有极少数房主会费心地去更换保险。不恰当的选择可能导致令人痛苦的后果。如果选择了错误的承保人或者保单，灾难的发生将带来损失。

这些困难和危险的存在，使市场的新进入者发现，要吸引对现有承保人有良好体验的客户寻找替代品将是项具有挑战性的工作。实际上，新的进入者能够进入这一领域的唯一方法是收取比先入者更低的保费。但是，由于这几乎总是一项带来损失的提议，试图进入市场的步伐在现有的高额利润完全消失前就停止了。在我们已经提出的模型中，高额拓展成本限制了新进入者的步伐，而现有企业的资产价值和盈利能力价值之间的差额并不会消失。

第二个可能也是最常见的留住消费者的方法是高额的转换成本。如果消费者从一个供应商转换到另一个供应商需要花费金钱、时间和精力，那么现有供应商相对于进入者就具有优势。例如，当一家公司要更换工资管理、福利管理、内部交流、资金划拨或者其他重要职能的软件系统时，该公司不仅要在软件上花钱，还要承担员工的再培训费用。这已经够糟糕的了，但更糟糕的是，新系统的错误率还会上升。难怪公司强烈倾向于维持现有系统。如果对工资管理等功能来说确实如此，那么对订单管理、采购管理、生产管理、存货管理、运输管理、记账管理以及应收账款管理等战略性或关系全局的系统更是如此。倒闭的公司中不乏那些用事业做赌注，引进新型的、集成化的、功能完备的系统并最终失败的公司。

“转换成本”这一术语适用于像这样的情况，其中软件是最明显的但却不是唯一的例子。对于像微软和 IBM 这样的公司而言，转换成本是竞争优势和消费者忠诚度的主要来源。想要角逐这一行业的新进入者不能在同一水平线上竞争。由于大多数用户已经熟悉了微软的系统，任何成功的新来者都必须解决客户转换系统带来的成本问题。此外，随着计算机用户之间的交流越来越多，除非所有其他用户也同样更换新软件，否则任何单个用户转换到新的软件供应商都会带来额外的成本。如果没有其他人与之相接，即便拥有世界上最好的通信程序，也是不值得的。毫不夸张地说，每当新的提供商必须掌握客户或者病人的详细信息时，都会有转换成本。这适用于律师、银行、服务公司（如机械维修）以及制药业（医生必须了解新药危险和潜在作用）。

我们前面曾经说过，尽管投资分析师经常使用“进入壁垒”这一术语来证明某一证券价格是合理的，但是在这个企业彼此激烈竞争的世界里，真正的壁垒很少出现。最明显的壁垒是政府赋予的特权，比如许可证、专利权、商标或者其他将潜在竞争对手拒于安全距离之外的保护措施。我们描述的其他壁垒要么来自成本（供给），要么来自消费者（需求）。现在，我们来看看或许最重要也是最可持续的竞争优势的来源，它并不完全属于上述两类，而是两者的结合。

规模经济是成本方面的壁垒。一家公司生产的产品越多，其单位平均成本就越低。真正的规模经济存在于那些固定成本高于单位变动成本的产品中，而且这些单位变动成本不随产量的增加而增加。生产的产品越多，单位产品承担的固定成本越少。在我们这个时代，打包软件就是一个典型的例子。建立操作模型、设计程序、编写代码、调试并且让大量用户测试都要耗费大量成本。但是，多制作一盒软盘或者光盘几乎不需要花费成本，通过互联网下载程序的成本则更低。显然，在这种情况下，能够占据大部分市场份额的竞争对手将比行业内其他公司拥有更低的单位成本。

在规模经济状态中的大公司本身并没有固有的竞争优势。思考这样一个案例：10 家公司在同一市场以基本平等的条件竞争。在没有消费者（需求）优势的情况下，它们将平分市场。在产量相似的情况下，尽管仍存在规模经济，但两家公司的单位平均成本接近。如果经营规模大致相同，任何潜在的规模经济优势都将消失。为了使规模经济有价值，并对一家特定公司的估值产生影响，就必须将规模经济与使公司在市场上占据主导地位的消费者（需求）优势结合起来。规模经济本身并不足以产生有意义的竞争优势。

这些需求优势可能很小，但仍然有用。假设一家现有公司的成本结构具有规模经济的特征且占据了极大的市场份额。如果它能以与潜在新进入者相似的价格、产品质量和营销预算留住现有客户（这只是一种非常弱的留住客户的形式），那么即使在一个很公平的竞争环境中经营，它仍将保持较大的市场份额。即使只有这一点点需求优势，成本结构中的规模经济也会将这种较大的市场份额转化为更低的成本、更高的利润率和盈利能力。这家现有企业也应当能够吸引大量新的消费者，这些新消费者在大量同类公司中可能只忠诚于大家所熟悉的现有公司。

为了充分利用企业具有的特殊地位，企业还应设计管理优先事项和基本商业战略。例如，一家受政府进入壁垒保护的公司既应当集中精力将价格提高至合理的水平，又要注重高效经营。在尽可能的程度上，即在法律允许的范围内，将资金和管理力量用于强化政府对竞争的限制措施。

当消费者忠诚也成为竞争优势来源时，也应该采取类似的措施。拥有固定客户的公司应当采取以下方式加强与客户的关系。

- 通过增加原有产品的功能和服务来提高转换成本，这一直是微软公司采取的策略。
- 通过更新换代或汽车租赁计划增加购买频率，以强化客户的购买习惯。
- 通过扩大服务范围或者使服务内容复杂化，以及提高现有顾客的满意度，来提高客户的搜寻成本[①]。

① 当然，新进入者应该做的恰恰相反——使搜索和转化成本降至最低。信用卡公司提供的替换信用卡会预先设定信用额度，并对任何信用余额进行奖励。

与此同时，受益于这些竞争优势的公司应该利用这些优势，采取积极的定价策略，并在任何可能的时候提高价格。那些不享受保护地位的投资公司可能不会运用其定价能力隐藏价值。拥有专利保护或者工艺（成本）优势的公司也是如此，它们的策略是充分利用定价机会同时强化这些优势。

对于那些竞争优势源于规模经济的公司来说，最优先考虑的是要保护这种优势赖以存在的基础——市场份额；它必须与新产品特性的引入和广告攻势相抗衡，甚至抢先推出新产品和广告活动。它必须达到或者击败竞争对手的价格。所有这些都是至关重要的，因为一旦其市场份额开始下降，潜在的成本优势就会缩小。具有规模经济优势的公司因平均成本较低而获得更高的回报，而不是因为能够收取更高的价格。对它们而言，要强化它们的优势，就需要专注于为顾客提供一些利益，而这些利益的成本与销售数量无关。这包括新产品和产品的新特点、富有想象力的广告宣传，建立在地域密集度基础上的各级服务支持以及固定成本结构。

带来规模经济竞争优势的第二个因素是再生产能力。基于超强的生产能力的成本优势只有在具备领先技术时才能持续下去。技术的迅速变化往往意味着，如果没有规模经济，那么成本结构优势是非常短暂的。另一方面，即使这些技术是持久的，专利权也会过期，学习曲线会扁平化，相关竞争优势仍然会消失。可持续的竞争优势只在技术变化范围适中（变化不太快也不太慢）的环境中才存在，甚至它们的寿命也是有限的。例如，思科公司在 20 世纪 90 年代后期、RCA 公司在 20 世纪 20 年代相对于竞争对手拥有明显的技术优势。但是，正如 RCA 公司逐渐丧失了领导地位一样，我们预计思科公司也会如此。从长期来看，制造业的产品看起来都会像烤面包机一样。竞争是规则，而不是个别现象。

拥有固定客户的公司也会发生类似的情况。这些客户会随着时间的推移而消失；有些客户会去世，有些客户会随着自身的成长而改变品位和购买习惯。儿童是有着强烈的习惯偏好的客户，但是他们不会永远是孩子。一家面向青少年市场的公司必须俘获每一代儿童。

要长期保持消费者特许经营权，就必须拥有既能吸引新用户又能保留现有客户的竞争优势。而迎接这一挑战的唯一竞争优势是那些基于规模经济和需求偏好的竞争优势。即使在技术不断变化的情况下，这种结合也能够在很大程度上提供持久的特许经营权。

想想英特尔公司和超微半导体公司（AMD）之间在生产下一代台式电脑微处理器上的竞争。由于英特尔已经通过与计算机制造商之间的长久关系（打上“Intel Inside”标志）而建立了与消费者之间的联系，可以预计下一代成功的芯片将占领大约90%的微处理器市场份额。即使AMD公司在市场上击败了英特尔公司，其芯片至少在初期占据市场份额也会很小。如果英特尔公司迅速而有效地做出反应，它将使AMD芯片的市场份额降至更小，比如10%。因此，AMD在研发方面的费用（目前不考虑它在融资时可能面临的困难）将要依靠比英特尔小得多的未来销售额来支付。假设研发支出与销售成比例增长，英特尔公司在开发下一代技术上的支出将比AMD公司多很多。事实上，正如我们在第7章所展示的，英特尔公司只花了比AMD高五倍的钱，差别仍然明显。只要公司没有乱了阵脚或者开发任务失败，英特尔公司的规模经济就有利于将短暂的竞争优势转化为持久的（即使不是永久的）竞争优势。

一家拥有巨大规模经济的公司将能够在广告和服务方面投入更多资金，而收取比规模较小的竞争对手更低的费用，并且仍能保持盈利。因为新老客户都能被这三点吸引，所以受益于规模经济的公司能够更好地留住现有客户和吸引新客户。这些优势有助于延长特许经营权的期限。拥有基于规模经济优势的特许经营权的公司应该采取的策略是打击竞争对手，并赢得新客户，而不是利用其地位最大化当前利润。微软公司就是一个显著的例子。沃尔玛则通过日渐降低价格，不动声色地执行着这种策略。英特尔公司也是如此，只要有仿制芯片出现，它就会降价。

最后，我们决不能将单纯的大规模（无论多大）与基于规模经济的竞争优势混为一谈。只有当一家公司在相关市场上拥有超大的规模时才会出现这种情况。这里的“相关市场”指的是决定固定成本水平的市场。对于像沃尔玛或者其竞争对手这样的零售商来说，分销体系和广告计划的成本是由地理区域决定的。公司在这个区域之内的高市场份额会产生区域规模经济，在这个区域内广告宣传铺天盖地，同时分销体系很强大。如果沃尔玛的收入和固定成本在许多区域均匀地分布，它的规模经济优势将会萎缩或者消失。保健组织（HMOs）的这一情况就很典型。相比在芝加哥、迈阿密、达拉斯、圣地亚哥和西雅图市场拥有30%市场份额的保健组织，拥有纽约大都会地区60%家庭的保健组织能够更多地从规模经济中获益。

对制造商而言，开发成本通常是由产品线确定的，在该产品线中增加市场份额对规模经济至关重要。通用电气是一家大公司，但是它只能在某条占领市场的产品线的规模经济中受益。在实践中，我们最常见的优势是基于区域和产品线规模经济的竞争优势。企业很少获得全国性的或者全球性的优势，而且这种优势很少会扩散到一系列产品线中。举一个最鲜活的例子，尽管 IBM 公司为微型计算机建立了标准，但它无法将其在大型计算机领域的统治地位延伸到台式机市场。微软公司获得了这一优势，但是除了操作系统和标准办公应用软件程序，它也未能成功地主导其余的市场。众所周知，那些市场是巨大的。

综上所述，现代价值投资最大的进步是已经认识到了特许经营权的价值。这一进展归功于沃伦·巴菲特，他喜欢像可口可乐和吉列这样的公司，因为两家公司多年以来已经积累了很高的客户忠诚度。我们对特许经营权价值的操作型定义是，如果企业的盈利能力价值和资产重置成本能被准确估算，那么企业的盈利能力价值超出资产重置成本的金额就是特许经营权的价值。

只有当一家企业受益于进入壁垒时，才存在特许经营权。进入壁垒可以将潜在竞争对手挡在门外，或者确保当潜在竞争对手选择进入时，相比现有公司会处于竞争劣势。现有企业拥有的竞争优势应该是可确认的和结构性的。良好的管理当然是一种优势，但是在竞争环境中，没有什么能够保证一家公司基于人才特许经营权能持久保存。结构性的竞争优势仅会以几种形式出现，即独家的政府许可、消费者（需求）偏好、基于长期专利权或者其他长期特权的成本（供给）优势，以及规模经济与因消费者偏好而拥有的大量相关市场。

在公开市场中不存在能够将那些有真正特许经营权的公司和那些没有特许经营权的公司区分开的标签。来公司总部参观的人无须翻越栅栏（如果有栅栏的话）就可以见到公司高管。持久的竞争优势通常不在一家公司宣称的旗舰产品中。识别特许经营权是一种高难度技巧，需要花时间和精力才能掌握，而且它也不容易扩展。价值投资者喜欢在自己的竞争优势圈内运作，在这些领域里，他们可以将自己积累的关于报业、保险公司、电缆股份、自然资源公司或者其他投资的知识应用于一个新的但他们仍熟悉的情况中。当本杰明·格雷厄姆在财务报表中寻找他的净流动资产价值股票时，他并不在意自己不太了解目标投资对象所处的行业。他所关心的只是资产价值和大到足以使他免受损失的安全边际。但是，身处市场价格已经超过资产价值且以此计算安全边际为负的时代，当代价值投资者最好能够确定并理解一家公司的特许经营权及其竞争优势的性质。否则，他将仅仅是另一位冒险行事的赌徒，而不是投资者。

附录：品牌的价值：没有看上去的多

品牌是存在于消费者头脑中的可识别的产品形象，并以有利于该品牌公司的方式影响着消费者的行为。投资者和市场营销教授普遍接受的观点是，品牌是任何一家公司的价值的重要组成要素。也有人说，强大的品牌代表公司的竞争优势。尽管这两种观点看起来多少是可以互换的，但事实上，品牌导向型的行为的这两个方面根本不是一回事。理解它们之间的区别对于正确评估公司品牌的价值是至关重要的。

“品牌”和“品牌权益”这两个术语适用于各种消费者现象。简单地说，一个品牌可能代表了一个产品带给消费者的价值。声誉品牌就有这样的特点。像路易威登（Louis Vuitton）和酩悦轩尼诗（Moët Hennessey）这样的企业就能够成功地运用这一声誉获利。在这个方面，梅赛德斯 – 奔驰可能是全球首屈一指的品牌。消费者似乎都愿意支付超过交通工具本身价值的费用，成为梅赛德斯 – 奔驰的车主。然而，梅赛德斯 – 奔驰公司尚未将这一“品牌媒介”的有利条件转化为可带来高额回报的特许经营权。豪华汽车市场的历史表明，这种品牌媒介的定价能力并不会形成进入壁垒，保护奔驰集团免于竞争。即使是像梅赛德斯 – 奔驰这种品牌的汽车在这一领域也构不成主要的竞争优势。

为什么呢？尽管奔驰集团在该品牌上持续投资，但没有什么能阻止竞争对手追随它的脚步。只要它们能够以与奔驰集团同等的成本获得创造优质品质形象的手段，比如广告、许可、公关、高质量、科技创新、豪华汽车代理权、附加的售后服务以及高价格，它们就会进入这个有利可图的市场。梅赛德斯 – 奔驰的品牌本身不存在，它需要新的广告宣传和品牌形象的不断更新来打造。新的竞争对手将推高奔驰集团这方面的成本，使其维持品牌的成本越来越高，因此其利润空间会越来越小。

品牌可能是产品感知价值的一个基本要素。但是品牌本身并不构成进入壁垒，不会形成竞争优势，也构不成特许经营权。我们在本章中已经描述过的能产生客户忠诚度的行为，即习惯、搜索成本和转换成本，才确实可以创造特许经营权价值。

规模经济的存在会大大提升品牌的价值。计算机上的标签写着“Intel Inside”，这本身并不能建立一个强大的品牌，但是当芯片设计和生产的大规模经济效益显著时，即使是一个弱小的品牌也会成为一个强大的特许经营权的重要组成部分。我们将在第 7 章介绍英特尔公司的案例。

第 6 章

Value Investing: From Graham to Buffett and Beyond

奇妙的特许经营权：WD–40 的盈利能力

WD–40 公司在 1995 年 12 月，从莱克特、科尔曼公司和 PLC 购买三合一品牌之前的 40 年里，只有单一的产品。这种产品名为 WD–40，是一种润滑剂，它能够使螺丝松动、除锈、溶解黏合剂、消除刺耳的噪声，每当任何小物体需要润滑或者防锈时，都可以使用它。WD–40 的名字的意思是“排水量，第 40 次尝试”，指开发这种产品时所进行的尝试和努力的次数。人们熟悉的蓝色罐子几乎无处不在，它经常出现在美国、英国和世界其他地方的家庭、工厂和维修车间里。根据该公司统计，美国每五个家庭中就有四个家庭拥有一罐 WD–40，使用 WD–40 的人比使用牙线的人还要多。这对于牙医来说可能是个好消息，因为 WD–40 在其本土市场上可开发的市场不多了。

WD–40 公司曾经是一家利润极高的公司，其经营利润率（25%~30%）、净收入利润率（15%~18%）和股本回报率（35%~42%）始终保持在较高水平，但是增长已经变得更加困难（见表 6–1 所示）。1990 年以后，销售增长率从每年大约 10% 下降至 5% 多一点。净收入始终是一个变化较大的数字，在 1995 年以后才开始下降。

表 6–1　　WD–40 公司的年增长率

	年增长率（%）			
	1985 年 8 月	1990 年 8 月	1995 年 8 月	1999 年 8 月
销售	10.2	9.9	5.2	5.2
利润	1.1	11.7	9.8	3.4

注：百分比为所示日期前五年的情况。

从 1995 年开始，WD–40 公司采取了三项措施来刺激增长。它买下了“三合一”品牌；内部开发了一种名为 T.A.L.5 的功能更强的润滑剂，向企业用户推销这种产品，但没有成功；1999年4月，它从Blook Drug手中买下了Lava香皂品牌。我们重点关注该公司1998年8月的财务报表数据，当时我们还未考虑收购Lava。

WD–40公司将所有润滑产品的生产、包装和运输外包出去。在1998财政年度，它只需要167名员工就能支撑其1.44亿美元的收入。它实际上是一家销售和营销公司。它将大约10%的收入用于广告和促销。任何一种润滑油都没有什么秘密配方，陶氏化学、杜邦、埃克森、3M或者任何一家化工公司的技术优势都是可以复制的。这些产品不受专利保护。然而，无论如何衡量（不管是用销售回报率、资产利润率，还是股本回报率来衡量），WD–40公司都获得了极高的回报率。该公司称WD–40是一座“堡垒”，它的目标之一就是将这座堡垒拓展到美国和英国以外的市场。当该公司为了符合环保要求而将其气溶胶喷射剂更换为二氧化碳时，它一点也不在乎由此导致的成本上升，因为可以把这个成本转嫁给消费者。每家公司都希望拥有这样的定价能力。

这家公司从1994财政年度到1998财政年度的资产负债表和利润列示在表6–2中。WD–40公司的盈利能力非常惹眼。在1998财政年度，它的将利润将近2200万美元；其资产的账面价值为5500万美元。这意味着它有近40%的股本回报率，同时几乎没有负债。在此之前的两年，股本回报率更高（见表6–3）。如果我们从资产负债表上去掉多余的现金、短期有价证券和在低回报的房产上的投资（1998年为340万美元），那么回报率会更高。我们估计，大多数公司运营需要的现金大约为其销售额的1%；对于WD–40公司而言，相当于140万美元。它从低回报房产上的投资获得了适度的税收优惠（1998年度为70万美元）。为了把不相关的项目剔除，我们将调整该公司的资产和负债，还清所有债务，并保留200万美元现金以保证公司运营。为了补偿失去的避税，我们把净收入降低70万美元。在完成所有的调整后，净值变为4060万美元（现金和投资下降1610万美元，在抵减剔除的170万美元债务后），账面资产净值回报率上升至52%。正如我们所说的那样，WD–40公司赚取着丰厚的利润。

表 6–2　　WD–40 公司的财务报表

	1994年8月	1995年8月	1996年8月	1997年8月	1998年8月
资产					
现金及现金等价物	22.7	24.3	6.9	10.9	14.7
应收账款—总计（净值）	14.9	17.1	21.4	22.6	27.0
存货—总计（净值）	6.2	4.9	6.2	5.5	3.7
流动资产—其他	1.5	3.3	3.2	3.4	4.3
流动资产—总计	45.3	49.6	37.6	42.4	49.8
不动产、设施及设备（净值）	3.2	3.5	3.9	4.2	3.6
低收入房产投资	4.7	4.4	4.0	3.7	3.4
商誉	0.0	0.0	14.4	13.4	12.5
资产—其他	1.7	2.2	1.8	1.8	1.7
总资产	54.9	59.6	61.7	65.4	70.9
负债					
应付账款	4.3	4.7	5.8	6.7	6.9
应付税款	0.9	3.1	1.9	1.5	3.1
一年内到期的长期借款	0.6	0.7	0.7	0.8	0.8
其他流动负债	2.4	2.6	2.7	2.4	3.1
流动负债总计	8.2	11.1	11.1	11.4	13.9
长期借款	3.8	3.1	2.4	1.7	0.9
负债—其他	0.8	0.9	1.0	1.0	1.1
总负债	12.8	15.1	14.5	14.1	15.9
总股东权益	42.1	44.5	47.2	51.3	55.0
股东权益和负债总计	54.9	59.6	61.7	65.4	70.9
在外流通股	15.39	15.41	15.42	15.51	15.66
每股账面净值	2.74	2.89	3.06	3.31	3.51
利润表					
销售收入（净值）	112.2	116.8	130.9	137.9	144.4
销售成本	47.0	50.2	57.9	59.3	63.0
销售、管理、营业费用	21.9	23.8	27.0	28.8	31.1
广告和促销价值	10.6	11.0	12.2	13.8	14.8
摊销	0.3	0.3	1.1	1.3	1.3
总运营费用	32.8	35.1	40.3	44.0	47.3
息税前利润	32.4	31.5	32.7	34.6	34.2
利息收入（净值）	0.0	0.0	0.4	0.1	0.6
其他收入或支出	（11.9）	1.2	0.3	（1.3）	（0.4）
税前利润	20.5	32.7	33.4	33.4	34.4
所得税—总计	7.8	12.2	12.1	12.0	12.4
净利润（损失）	12.7	20.5	21.3	21.4	22.0
稀释后股份	15.39	15.41	15.42	15.51	15.66
稀释后每股收益	0.82	1.33	1.38	1.38	1.40

注：除了每股账面价值和稀释后每股盈余以外，所有数字单位均为百万美元。

表 6–3　　WD–40 公司调整后的股本回报率

	1998 年 8 月	变化	调整
现金加短期投资	14.7	−12.7	2
长期投资	3.4	−3.4	0
总负债	1.7	−1.7	0
股本	55.0	−14.4	40.6
没有利息收入和税收抵减的利润	21.1		
调整后的股本	40.6		
调整后的股本回报率	52%		

注：所有数字单位均为百万美元，除了调整后的股本回报率之外。

与我们关注哈德逊通用公司资产的隐藏价值不同，我们关注 WD–40 的盈利能力，将其视为产生盈利的机器。我们需要计算它的盈利能力；同样重要的是，我们需要了解它的战略地位，以判断它能否维持这种盈利水平。那些竞争者会不会进入 WD–40 公司的市场并抢走它的客户或者迫使 WD–40 公司降价呢？如果其润滑产品中没有什么秘方，那么它又如何保持竞争力呢？

盈利能力价值

在第 3 章中，我们将企业的盈利能力价值定义为经过一定调整后的收益乘以 1/*R*，*R* 代表当期资本成本。对收益的调整包括以下几点。

1. 消除会计上的错误表述，比如经常性损益。调整包括找到每年非经常性损益占调整前利润的平均比例，并从报告期的调整前利润中按相应比例减掉。
2. 调整折旧和摊销与公司每年为了保持资产水平而再投资的金额之间的差额。在调整时要加上或者减去这个差额。
3. 考虑商业周期和其他暂时性影响。在周期高峰时从报告利润中削减一部分，如果企业处于周期谷底，则增加一部分。
4. 视具体情况进行其他合理的调整。

这些调整的目的是得出一个代表可支配现金流的具体数字，或者是所有者可以从公司提取的但不会影响公司运营的资金的数量。有两种方法可以得到这一数字。第一种方法是从净利润开始，由下而上地加回一些项目，比如资本支出等不在利润计算之内的项目。如果公司因其资本结构而有巨额收入或者支出项目，比如大量的债务带来的高额利息支出，或者有大量的现金利息收入，那么这种情况需要进行特别的调整。由于这些与公司的日常经营活动没有直接关系，因此在计算可支配现金流时通常会去掉它们。非主营的投资收益或者损失，也应该基于相同的理由忽略不计，我们不能指望它们每年都有这样的收益或支出。

出于这些考虑，我们倾向于使用第二种方法，即从营业利润（息税前利润）开始，计算营业利润应该缴的税，并对折旧、摊销和资本支出进行相应的调整。其他收入和支出多少会被忽略。因为我们在这个分析过程中假设可支配现金流是不增长的，所以我们不必担心营运资金的任何变化。我们只需要计算企业维持目前的经营水平必须支付的资本支出，或者维持型投资。

从我们需要调整的第一个项目开始，我们发现 WD–40 公司的财务报表中没有任何日常收支。1994 年，该公司向前销售代表支付了 1200 万美元，此前这些销售代表曾以不当解雇为由起诉了该公司。但那确实是一次性支出，没有再次出现。除了那笔支出（税前），营业利润和净利润在销售额中的占比很稳定。为谨慎起见，我们假设 WD–40 公司每 10 年会遇到一次这样的问题，因此，我们每年从其息税前利润中减掉 120 万美元（见表 6–4 所示）。

表 6–4　　WD–40 公司的销售额、息税前利润、净利润和利润率

	1990 年 8 月	1991 年 8 月	1992 年 8 月	1993 年 8 月	1994 年 8 月	1995 年 8 月	1996 年 8 月	1997 年 8 月	1998 年 8 月
销售收入	91.0	89.8	100.0	109.0	112.2	116.8	130.9	137.9	144.4
息税前利润	23.3	23.7	28.2	33.0	32.4	31.5	32.7	34.6	34.2
调整较小	（1.2）	（1.2）	（1.2）	（1.2）	（1.2）	（1.2）	（1.2）	（1.2）	（1.2）
调整后息税前利润	22.1	22.5	27.0	31.8	31.2	30.3	31.5	33.4	33.0
息税前利润率	24.3%	25.0%	27%	29.2%	27.8%	25.9%	24.0%	24.3%	22.9%
净利润	15.5	15.3	18.1	19.3	12.7	20.5	21.3	21.4	22.0
净利润率	17.0%	17.0%	18.1%	17.7%	11.3%	17.5%	16.35	15.5%	15.2%

注：数字均以百万美元为单位，百分比除外。

表 6–4 同时回答了第二个问题：我们是否需要调整周期性因素？1991 年的销售额至少在当年的部分时间里处于衰退状态，略低于 1990 年的。但这种差距很小，而且没有体现在营业利润或者净利润上。WD–40 和“三合一”是那种不太会受整体经济波动影响的消费必需品。无论经济衰退与否，吱吱作响的车轮总要上油。

摊销、折旧和资本支出确实是必须调整的。摊销费用主要抵销购买“三合一”

品牌所产生的商誉。商誉代表促使公众对这种润滑油产生好感而支出的广告和促销费用，以及花在开发分销渠道上的钱。WD–40公司必须继续用广告和销售费用来支持这个品牌，以确保商誉的价值不会消失。因此，我们有理由在净利润上加回摊销费用。1998年的摊销共计130万美元，这笔费用将再持续12年。

正如表6–5所示，公司的折旧费用略低于我们计算得出的维持其运营所必需的资本支出[①]。维持性资本支出的数额变动过于大了，这可能是因为实际资本支出是整体的大数额支出，而我们将其划分为维持性资本支出和增长性资本支出，因此每年只能对其进行大概估计。然而，就我们的目的而言，这个估计已经足够准确了。折旧和维持性资本支出之间的差额平均每年只有30万美元，不到营业收入的大约1%。

表6–5 WD–40的折旧和资本支出

	1994年8月	1995年8月	1996年8月	1997年8月	1998年8月
折旧	0.6	0.7	0.7	0.9	1.1
维持性资本支出	0.7	1.2	0.9	1.3	1.1
差额	（0.1）	（0.6）	（0.2）	（0.4）	（0.3）

注：数字均以百万美元为单位。

把我们的调整综合在一起，就得到了1998年的可支配现金流，为2210万美元，这与前三年的数字非常相似（如表6–6所示）。这些数字与报表中的净利润并没有实质上的区别。在WD–40公司的案例中，我们进行的调整看上去没有必要，但是只有在完成调整之后我们才知道这一点。

我们已经完成了计算WD–40公司盈利能力价值的第一步，即计算该公司的可支配盈余。现在，我们要使用公式EPV=调整后盈余 $\times 1/R$，先要计算出合适的资本成本。我们在商学院学到的专业财务计算，要求计算加权平均资本成本（weighted average cost of capital，WACC）。计算分为以下三个步骤。

① 公司通常在其现金流量表中报告资本支出。我们假设每年这些资本支出的一部分是为了维持其业务达到上年的销售收入水平，一部分是为了支持其已经取得的任何销售增长。公司的销售额通常与其所报告的设施、不动产及设备减去折旧的数额之间有稳定的关系。我们计算前五年每年的设施、不动产和设备与销售额的比率，然后得到一个平均值。我们以此来表示支持公司每一美元的销售所需要的设施、不动产及设备的金额。我们再用这一比率乘以公司当前年度已经实现的销售额增长（或者减少）。计算的结果是增长型投资。然后我们从公司总资本支出中减去增长型投资，就得到了维持型投资。在这个案例中，WD–40公司在维持型投资支出超过了折旧，这说明公司要么没有明智地使用资金，要么其所在行业的资本品成本在上涨。但不管怎样，差别并不明显。

表 6-6　WD-40 调整后利润

	1994年8月	1995年8月	1996年8月	1997年8月	1998年8月
调整后息税前利润	31.2	30.3	31.5	33.4	33.0
税率	38%	37%	36%	36%	36%
税后息税前利润	19.3	19.1	20.2	21.4	21.1
摊销	0.3	0.3	1.1	1.3	1.3
折旧	0.6	0.7	0.7	0.9	0.8
维持型投资	0.7	1.2	0.9	1.3	1.1
税收调整后的息税前利润	19.5	18.9	21.1	22.3	22.1
净利润	12.7	20.5	21.3	21.4	21.9

注：数字均以百万美元为单位，税率百分比除外。

1. 为该公司设定恰当的债务融资和股权融资的比例。
2. 通过与类似公司的债务利息进行比较，估算公司的税后利息成本。
3. 估算股权成本。通用的方法是使用资本资产定价公式，在该模型中，关键变量是相关公司的股价相对于股票市场总体，如标准普尔500的波动性。这个指标被称为β，虽然金融学教授都很喜欢β，但价值投资者却对其持怀疑态度。

另一种方法是从股权资本成本的定义开始：公司必须每年为每一美元支付多少回报才能吸引股权投资者提供资本。这一定义认为股权成本和机会成本相同。例如，工资成本是雇主必须支付给劳动力的金额。在实践中没有必要将如何计算股权成本搞得很神秘。我们可以通过调查其他融资者来了解他们认为必须支付多少钱才能吸引到资金。20世纪90年代末，风险资本家告诉我们，他们相信自己必须提供至少18%的资金才能吸引到资金。风险投资显然比投资WD-40公司的风险高，潜在投资者要求更高的回报是可以理解的。另外，我们可以估算投资者对类似WD-40的公司要求的总收益，包括股息和资本利息。这种方法我们在此不再赘述，它得出的股权成本大约为10%。由于长期股权回报每年约为12%，而且WD-40公司拥有比一般权益投资更稳定的盈利历史，因此10%是一个合理的估计。

投资的风险越高，资本成本就应该越高，但既要肯定，又要准确地描述它们的比例关系就不太实际了。当价值投资者找到那些拥有稳定和可预测收入的公司时，他们可能只需要用联邦债券利率再加上一两个百分点就够了。我们可以粗略计算加权平均资本成本来验证这一点。对于一家类似WD-40的公司来说，有稳定和可预测的收入且不受经济周期的影响，其资本结构为50%的负债和50%的股本就是合理的。如果负债的利率为 9%，则税后成本为 6%。由于其收益和股价很稳定，我们估计其股权资本成本将为 10%。加权平均后我们得出加权平均资本成本为 8%，这等于联邦债券利率 6% 加两个百分点。8% 的加权平均资本成本比较合理。

资本成本对 WD–40 公司的盈利能力价值有什么影响呢？当资本成本为 6% 时，盈利能力价值为 3.65 亿美元；而当资本成本是 12% 时，盈利能力价值降至 1.83 亿美元（见表 6–7）。

表 6–7　不同的资本成本下 WD–40 公司的盈利能力价值（净利润为 2190 万美元）

资本成本率	盈利能力价值（百万美元）	每股	现金 – 债务调整 1400 万美元	每股（美元）
6%	365	23.46	379	24.36
8%	274	17.61	288	18.51
10%	219	14.07	233	14.97
12%	183	11.76	197	12.66

如果我们打算对盈利能力价值跟市场价格进行比较，我们需要做最后一个调整。盈利能力价值假设所有资本都是股权资本；它忽略了为债务支付的利息和多余现金收到的利息。如果公司有债务的话，必须将其从盈利能力价值中减去；如果现金超出了运营需要的话，则应将其补回。只有这样，我们才能将盈利能力价值与股权的市场价格进行比较。对于 WD–40 公司来说，这次调整使其价值增加了 1400 万美元，或者每股涨了 0.9 美元。按我们选取的 8% 的利率计算，其每股价值为 18.5 美元。

资产的价值

即使按我们每股 12.66 美元的最低估值计算，WD–40 公司的盈利能力价值也比其账面价值 3.5 美元高三倍。假设我们对盈利能力价值的估计是准确的，对于这种差异只有两种可能的解释。要么是资产负债表低估了资产的重置成本，要么是该公司拥有极有价值的特许经营权。或许差异没有这么大，与 WD–40 公司竞争所需要的实际股权投资可能远远高于 5500 万美元的账面价值。为了确定这一点，我们需要尽可能精确地估计重置成本。如果差距持续存在，我们就要确认特许经营权的价值范围。

初看起来，对账面价值的调整似乎是微小的（如表 6–8 所示）。WD–40 公司已经抵减了 60 万美元的应收账款，竞争对手很可能有类似的经历。存货是它的标准产品，要么是在包装商手中准备出售，要么是在该公司集中出售。存货不太可能过时，而且该公司每年的存货周转率是 16 次。相对于销售额和总资产而言，公司的固定资产很少，而且将在使用期限内被折旧。因此，我们所能做出的任何调整和对应收账款的调整一样微不足道。

表 6–8　　WD–40 公司的重置成本　　（百万美元）

	1998 年 8 月	调整	重置
资产			
现金加短期投资	14.7	0	14.7
应收账款	27.0	0.6	27.6
存货	3.7	0	3.7
其他流动资产	4.3	0	4.3
流动资产	49.7	0.6	50.3
不动产、设施及设备（净值）	3.6	0	3.6
长期投资	3.4	0	3.4
商誉和无形资产	12.5	0	12.5
其他长期资产	1.7	0	1.7
总资产	70.9		71.5

当一家公司在收购其他公司时支付的价格高于被收购公司的公平市场价值时，该公司的资产负债表上就会列出商誉。对于 WD–40 公司而言，商誉出现在 1996 年，即在它于 1995 年以 1500 万美元的价格从莱克特 & 科尔曼公司手中收购了“三合一”品牌之后。虽然收购的资产中包含少量存货，但 WD–40 公司真正获得的是商标和“三合一”的独家销售权。目前，我们将推迟对该项资产进行任何调整。

WD–40 公司有利可图的一个显著原因是，消费者愿意为其产品支付的价格远高于产品的成本。这种忠诚度并非凭空而立。正如我们说过的，WD–40 公司每年将大约 10% 的销售额用于广告和促销。在通常的会计准则下，广告和促销支出是费用，会在利润表中列出。这种累计作用会强烈地吸引消费者，其吸引力远大于一套在五年或七年内就会折旧的重型设备。竞争对手仅加入竞争就需要花费更多的钱，因此在评估资产的重置成本时，我们不能忽略广告和促销，它们是表外资产。

类似地，像 WD–40 公司这样的非耐用消费品厂商需要开发分销渠道来销售其商品，这同样需要时间和金钱。购买“三合一”品牌的一个理由是，该公司可以运用“三合一”产品的客户群来扩大其旗舰产品——利润更高的润滑油 WD–40 的销量。而公司对 Lava 品牌的期望主要在于通过其现有渠道来推销这一产品。因此，至少部分销售及一般管理费用（SG&A）也应被视为准资产。

如果我们把广告、促销和销售及一般管理费用视为表外资产——这是新进入者为了成为竞争对手而必须支付的，我们仍然要确定需要包括多少年的费用。这个判断需要基于消费品营销经验：建立品牌和开发分销渠道需要多长时间。我们估计两者都需要三年时间，并将所有的销售成本和一般管理费用包括在内，尽管其中一些是日常费用支出[①]。按每年4600万美元计算，这将产生大约1.4亿美元的准资产，正好是包括有形资产和商誉在内的所有其他资产的两倍（如表 6–9 所示）。如果把这些加到之前的资产总额中，我们得出该公司的总资产价值为 2.115 亿美元。我们从中可以减去 1420 万美元自发形成的负债（即该公司从其供货商、员工和税收机构获得的无息预付款）。我们也可以减去超出公司运营需要的多余现金及其在低收益房产上的投资，总计 1610 万美元。最后得出的数字约为 1.8 亿美元。我们估计，这就是竞争对手进入 WD–40 公司所在的利润丰厚的润滑油业务市场需要支付的成本。

表 6–9　WD–40 公司的资产重置成本（包括三年的广告、促销和销售及一般管理费用）

（百万美元）

	重置价值
表 6–8 中调整的总资产	71.5
三年的广告、促销和销售及一般管理费用	140.0
所有资产的重置成本	211.5
减去无利息负债	−14.2
减去多余的现金和投资	−16.1
净重置成本总额	181.2

特许经营权价值

我们对资产重置成本的估计已经使公司账面价值从 5500 万美元增加至大约 1.8

① 购买“三合一”的商誉恰好是这种类型的准资产：建立品牌和分销渠道花费的钱。我们认为，新进入者为了竞争必须支付相应的金额。

亿美元。如果我们使用 8% 的资本成本率，那么 WD–40 公司的盈利能力价值为 2.74 亿美元。也就是说，公司特许经营权的价值大约为 9400 万美元。这个数额说得通吗？为了回答这一问题，我们需要考察 WD–40 公司和其潜在竞争对手各自可能采取的策略。

假想一种可能的情景：一家公司想从 WD–40 公司手中夺得可观的市场份额，它不仅要在广告和促销上有巨额投入，还要将其产品价格定得远低于 WD–40 公司的产品。WD–40 公司的产品不是经常消费品，但是消费者的品牌忠诚度很高。进入 WD–40 公司的市场意味着要一次赢得数以千计的个体消费者。成功的促销活动是要花钱的。使消费者转换意味着高昂的搜索成本，因为每位消费者都会问新产品是否能提供 WD–40 或“三合一”所能提供的所有功能，并且效果同样好。

价格如何呢？即使是零售，WD–40 公司的产品也不贵。小罐 WD–40 的售价不到 2 美元，而且人们可以花不到 3 美元买下一罐 11 盎司的 WD–40，对于大多数用户来说，它差不多可以使用一辈子了。如果竞争产品的价格低 10% 的话，几乎很难吸引消费者为了区区 30 美分而放弃他们了解和信任的品牌。但 10% 的降价将使竞争对手的投资回报率下降，从而失去吸引力。这就是我们在表 6–10 中将 WD–40 公司与其竞争对手进行比较时看到的情况，我们首先假设 WD–40 公司及其竞争对手都拥有 WD–40 公司当前市场 100% 的份额。

表 6–10　　不同市场份额假定下 WD–40 公司与竞争对手的回报情况

	各自拥有 100% 市场份额		现实的市场份额	
	WD–40 公司	竞争对手	WD–40 公司	竞争对手
市场份额	100%	100%	75%	25%
销售额	144	130	97.5	32.5
销售成本	63	63	47.3	15.8
运营费用	47	47	47	47
息税前利润	34	20	3.3	（30.3）
税后息税前利润	22	13	2.1	（19.7）
投资	181	181	181	181
投资回报率	12%	7%	1%	（11%）

注：数字以百万美元计，除了投资回报率以外。

这种假设显然是自相矛盾的。更可能的情况是，对 WD–40 公司及其竞争对手的产品的需求没有增长，而且这两家公司瓜分了当前的市场，然而瓜分有利于WD–40公司。我们保守估计WD–40公司的份额为75%。如表6–10所示，如果WD–40公司的价格与竞争对手的相同，那么它会因为消费者的忠诚而卖出更多的产品。由于WD–40公司的广告和其他营销费用是固定成本，不随销量的变化而变化，那么当销售量提高时，这些成本就会分摊到更多的产品上，单位产品的成本降低，利润就会更高。在这种情况下，竞争可能损害WD–40公司的利益，会从其收益中拿走一大块，但竞争对手的投资将会亏损。如果潜在进入者是理性的，并且能明智地评估它们的投资前景，那么WD–40公司就可以松一口气了。

进入壁垒保护着WD–40公司。多年的广告宣传和消费者满意度积累起来的客户忠诚度确保了竞争对手很难说服用户尝试新产品。转换成本很高，至少相对于较低的产品价格和购买频率而言是如此。因为消费者的成本较低，竞争对手将不得不以低得多的价格出售其产品，才有可能对WD–40公司形成挑战，但过低的价格又使得竞争对手难以获利。然而，正如我们说过的，竞争对手还要为广告和分销渠道花费巨资，却又无法将这些成本分摊到更多的产品上。这就是表6–10所表达的意思：规模经济使WD–40公司更有利可图，并且如果竞争恶化，WD–40公司可以将价格定得比竞争对手的低却仍能赚到钱。最后，整个公司的规模较小。对于最有可能的新进入者而言（比如杜邦、陶氏等化工企业和宝洁、联合利华等消费品厂家），这场竞争游戏不值得参与。即使它们愿意花钱并将WD–40公司赶出该领域（这几乎不可能发生[①]），这场胜利也无法弥补它们为此承受的亏损。因此，进入壁垒能够发挥作用，部分原因是竞争对手的努力得不偿失。

由于WD–40公司似乎能够很好地抵御竞争对手，因此它可能拥有比它实际应用的更强的定价能力。正如将润滑油降价10%的新竞争对手不大可能吸引新的消费者一样，WD–40公司将价格上调同样的幅度，也不太会引起顾客的抵触。由于所有这些额外收入将直接进入税前收益，销售收入提高10%将使净利润提高40%以上。即使收入只增加5%，也会使净利润和盈利能力价值提高20%。在这种情况下，每股股票的内在价值为21.35美元，公司总的内在价值为3.33亿美元。

① 事实上，杜邦、通用电气、3M公司都曾做过努力，但当亏损增加时，它们就都放弃了。

缓慢地增长总比不增长好

回到估值上，我们需要深入思考盈利能力价值评估方法的一个变量。WD–40公司只需要很少的再投资就能维持其业务的运转，它几乎把所有的盈利都以股息的形式支付给了股东。1998年的股息为每股1.28美元，每股收益为1.4美元。至少在过去的25年中，它每年都在派发股息，而且派息时不时还会增长，年均增速为3%。净利润以大致相同的速度增长。由于大部分收益都以股利形式支付给了股东，因此股东并没有从股价的上涨中获得很大的收益。在这种情况下，使用股利折现模型对股票估值比较合适。

相应的计算公式是：V=股息 ×1/R−G，其中R是资本成本，G是股利的增长率，过去10年股利的年均增速为3%。如果我们用8%作为资本成本，那么1.28/（0.08−0.03）=25.60美元。这比不增长的盈利能力价值高60%以上。[①]

当WD–40公司的股价在18~19美元时，WD–40公司的温和增长加上其未被使用的定价能力，提供了安全边际。按照这个价格，WD–40公司看上去是一个很吸引人的投资对象，即盈利能力价值支持了当前的估值，而增长和定价能力还没有被考虑进去。在20世纪90年代，WD–40公司的股价从1991年的12.50美元的低点大幅攀升至1997年和1998年的32美元的高点。从那时起，股价一直在下跌，到2000年年底，其售价为19.50美元。事后来看，很容易看出32美元的价格过于乐观，至少在短期内是这样的。WD–40公司19.50美元的价格在我们看来是相当公平的。这是一笔合理的投资，但不是很吸引人。时间将会说明一切。

---

① 对于股利以每年3%的速度增长，我们假定WD-40公司的历史增长情况将持续下去，而且WD-40公司不必为支持这一增长而花费大量资金购买流动资产或者固定资产。这些假设未必都是合理的，我们将在第7章研究盈利增长的问题。

第 7 章

英特尔的“内芯”：特许经营权下的增长价值

购买“好”公司

近年来，由于价值投资法偏好实物资产和当前盈利能力，阻止了其追随者投资于高科技公司和其他成长性股票。这种想法有一定道理，尤其是对传统的格雷厄姆和多德投资者来说更是如此，但是它忽略了现代投资者在估值方面的一些重要创新。沃伦·巴菲特和其他一些杰出的价值投资者青睐“好”公司的股票。所谓的“好”公司指的是那些像可口可乐公司一样的成长性公司。在这种背景下，一家好公司（有时升级为“伟大的”公司）是指那些既能为增长提供资金，又能为投资者支付现金的公司。它们与那些有着良好的未来收益和利润预期从而吸引了大量投资者的公司不一样。

对于价值投资者来说，基于公司增长前景的投资必须满足两个条件。第一，价值投资者认识到，并非所有的增长都能创造价值。对于大多数公司（大多数公司的股东）来说，增长充其量只是一种收支平衡的状态。这个发人深省的信息既适用于那些通过销售更多电子产品实现扩张的高科技公司，也适用于那些通过增开更多的店面来实现扩张的餐馆经营者。只有当增长发生在一个强大且可持续的公司特许经营权范围内时，增长才能创造价值，这种情况是罕见的。第二，并非所有的增长（即使是有价值的增长）都能被精确地估值。由于价值投资者要求安全边际，因此只有折扣大到足以弥补估值中更大的不确定性时，他们才会购买增长。理想的价格是零，即为流动资产和盈利能力支付全价，免费获得增长。

牢记两个重要的条件，即增长既要有价值又要廉价，高科技公司和其他增长领域能够为价值投资者提供丰富的机会。为了说明符合价值标准的增长型投资过程，我们以价值投资者的方式对英特尔公司的历史进行了研究。英特尔公司自成立以来一直是高科技成长性公司。

建在沙地上的城堡

无论以哪种标准衡量，英特尔公司都是商业历史上最成功的案例之一。英特尔公司成立于 1969 年，到 2000 年 1 月，其市值已经达到了 2750 亿美元。它在《商业周刊》1999 年全球 1000 强中排名第八。其销售收入为 290 亿美元，在美国最大的 500 家公司中排名第 39。它站在半导体行业的顶峰。在 20 世纪的最后 25 年中，半导体业对于世界经济的意义，就像铁路对于 19 世纪以及电力和汽车对于 20 世纪上半叶的意义，即它是增长和生产力的强大引擎。它的创始者们都是些传奇人物：戈登・摩尔（Gordon Moore），他提出了存储器芯片的存储能力（后来扩展到指逻辑芯片的处理能力）每 18~24 个月就会翻一番的“摩尔定律”；安迪・格鲁夫（Andrew Grove）将偏执提升到管理理论的高度，即使大多数人认为偏执狂是严重的精神障碍。

我们对英特尔公司的兴趣实际上并不在于它如何成为半导体行业的主宰者，也不在于偏执是不是高科技企业管理中一个必不可少的组成部分。我们将从价值投资者的角度来关注英特尔公司。凭着事后的了解，我们可以毫不含糊地说，当英特尔公司 1971 年上市时就对其进行投资将是一个天才之举。在 10 年后的 1981 年以及再过 10 年之后的 1991 年对其进行投资也是如此。2001 年买入英特尔公司的股票是否也能得到同样的高回报就很难说了。在 2000 年的前五六个月里，英特尔公司最终因其多年来出色的增长获得了市场的回报，人们预计这种增长将会持续下去。但是到 2001 年年初，英特尔公司的股价已经从最高点下降了 60%，回到了一些价值投资者或许有兴趣投资的价位。

正如我们前面所说的那样，价值投资者认为，公司资产的重置成本、任何特许经营权的当前盈利能力以及特许经营权下的利润增长是内在价值的三个来源。投资者可能对自己关于资产重置成本的估计很有信心，资产的重置成本当下存在，并可以准确衡量。超过资产价值的非当前盈利能力的价值就不那么确定了。收益本身以及它们应当按照多高的利率贴现是确定的，但是这些收益的价值取决于公司在明年和之后多年的表现。即使是最老牌公司也可能迷失方向，眼睁睁看着自己的利润空间在新竞争对手的压力下逐渐萎缩，或者发现自己的服务或者产品不再受欢迎了。因此，价值投资者只有在有足够的安全边际来缓冲潜在失败的情况下，才愿意基于盈利能力价值来收购公司。

最难估算的价值是未来盈利增长的价值。这种不确定性有两个来源。第一，我们需要假设公司在未来若干年将按照特定的速度增长。事实是否如此，我们无法确定。第二，我们还假设这种增长是有利可图的，即在特许经营权下的增长。毕竟，如果没有相应的销售增长，盈利很少会增长，至少不会持续增长很长时间。如果公司需要的资产没有增加，销售几乎不会大幅增长。资产需要投资，投资需要回报。因此，这里所说的营利性增长指的是支持收益增长的资产的收益率超过了投资成本增长率。否则，从经济上来说，不论公司新建了多少工厂、工资表上增加了多少人、销售数字增加了多少，甚至每股收益增长了多少，该公司都只能达到盈亏平衡。

能够在特许经营权下成功成长的公司并不多。市场经济中一些最基本的法则似乎在协力阻碍它们，比如边际收益递减、创造性破坏、超额利润市场对企业家的吸引、专利权和版权以及其他形式的保护壁垒的期限有限、领导者失去了原有的精力和欲望。能够打破这些局限性的是大公司所拥有的强大资源，比如我们能够充分利用研发、生产以及营销优势的规模经营、全球品牌认知度、廉价资本来源以及政客的支持。尽管有这些优势，但是如果大公司真的更容易实现营利性增长（比如在它们的特许经营权下），我们就应该在全球看到更多像微软和可口可乐这样的公司（尽管两家公司现在看起来多少有些黯然失色了），而不是不得不绞尽脑汁去想是否还有其他这样的公司。

英特尔公司的历史（极简版）

促成英特尔公司诞生的一系列事件读起来像旧约《创世纪》（*Genesis*）中的一章。这个故事从贝尔实验室开始。在那里，约翰·巴丁（John Bardeen）、沃尔特·布拉顿（Walter Brattain）和威廉·肖克利（William Shockley）于20世纪40年代后期发明了电子晶体管，它是真空管的有效替代品，而真空管曾是电子数字积分计算机（ENIAC）的关键部件。1956年，他们三人凭自己的努力获得了诺贝尔奖。同年，肖克利离开实验室并成立了自己的公司——肖克利实验室。一年后，肖克利实验室八名最好的工程师在谢尔曼·费尔柴尔德（Sherman Fairchild）的资金支持下离开实验室成立了一家新公司。这样在肖克利实验室之后，又诞生了费尔柴尔德半导体公司。在费尔柴尔德公司，罗伯特·诺伊斯（Robert Noyce）设法将多个晶体管集成在单个硅片上，发明了集成电路。此后，随着一些人才离开自立门户，费尔柴尔德公司开始分崩离析。1967年，在费尔柴尔德公司之后，又诞生了国民半导体公司，它是由查尔斯·斯波克（Charles Sporck）创建的新公司。一年后，诺伊斯和研发主管戈登·摩尔决定离开，因为他们曾给予厚望的创新技术并未结出令自己满意的硕果。他们给风险投资家亚瑟·洛克（Arthur Rock）打了一个电话。洛克在两天之内为他们筹措了足够的资金，让他们成立自己的公司。于是，在费尔柴尔德半导体公司之后，英特尔公司诞生了。

英特尔公司最初的业务是设计和生产计算机存储芯片。虽然它在1971年开发了第一个微处理器4004，但是公司的主要业务还是集成电路。当时，集成电路已经取代磁芯，成为大型计算机的存储部件。这种芯片比磁芯体积更小、速度更快、价格更便宜。这三个优点成了计算机及相关行业持续创新和增长的动力，使英特尔公司的存储业务获得了巨额利润。当时，使早期存储芯片成功的特定技术还没有出现，英特尔公司也不是周边地区（不久之后，这个地区就被称为“硅谷”了）唯一一家能够生产这种芯片的公司。但是，它成功地将产品设计、工艺流程和客户服务结合了起来，迅速成为存储芯片领域最大的玩家。作为许多工程师和发明诞生地的费尔柴尔德半导体公司早已声名不再。

1971年，英特尔公司成为一家上市公司，当时它首次公开发行了30.7万股股票，筹集了720万美元。该公司第一年出现了经营亏损（但它的确赚到了利息和非营业收入），之后便开始连续盈利，一直持续到1985年。公司通过把硅这种廉价的原材料转变成有价值且重要的产成品（即存储芯片和后来的微处理器）而获得成功。它通过有组织地使用掌握丰富科学知识和工程技术的人力资本创造了这个神话。

我们可以用几句话来概括英特尔公司头30年的历史。20世纪70年代，英特尔公司在存储芯片上赚了很多钱，尽管它当时既不是市场领导者，也不是最高效的生产商。在1980年前后，它的一款微处理器8088被IBM公司选为IBM个人电脑的中央处理器。与此同时，个人电脑革命拉开了序幕，英特尔公司的存储芯片业务开始亏损。日立和富士通等日本大型企业集团在动态随机存取存储器（DRAM）领域完全击败了英特尔公司，它们生产的芯片质量更好（次品更少）、更廉价，并且以更低的价格将这些芯片卖给与它们合作更密切的制造商。

经过长时间的自我反省（英特尔公司的历史从诞生之日起就与存储芯片的历史交织在一起），戈登·摩尔和罗伯特·诺伊斯在1985年决定放弃存储芯片业务。从那时起，英特尔公司开始专注于微处理器业务，既包括最初的个人电脑芯片，也包括后来功能更强大的芯片，以及一系列用于网络、工业和计算机的其他处理器。自从在20世纪80年代中期走出存储芯片亏损期之后，英特尔公司开始持续盈利。尽管增长速度不如其在硅片世界刚起步时那么快，但英特尔公司一直在增长。纵观英特尔公司的历史，它一直都在投入大量资金开发智力资本。从1971年到1998年，该公司的研发费用平均为其销售额的11%以上。而且，英特尔公司努力捍卫着自己的智力资本。当它认为竞争对手或者前员工侵害了它的专利权时，它就会诉诸法律。

从一些数字和图表中可以明显看出，英特尔公司在行业发展和持续盈利方面相当成功。1971年，该公司的销售额为900万美元。到1998年，这一数字已经增长到260多亿美元。在第一个盈利年1972年，其净利润略高于100万美元。1998年，其净利润达到了60亿美元。我们忽略英特尔上市头几年的情况，因为它会给我们提供有误导性的较低初始数据作为增长数字的基础，所以我们从英特尔公司1975年的业绩开始。即便如此，我们仍能看出该公司的扩张速度有多快。英特尔公司在1985年遇到了麻烦，当时它退出了动态随机存取存储器业务，但是它很快就恢复过来了。在整整24年的时间里，英特尔公司的销售额年均增长26%，净利润年均增长29%。在历史上，很少有公司能够达到这个纪录。

表7–1和图7–1展示了这些业绩。图7–1中的纵轴采用对数刻度；每一刻度代表的数值是下一刻度代表数值的10倍。从该图中，我们可以得到三条信息：增长持续了超过30年；英特尔公司在20世纪80年中期遭遇了困难；指数增长随着公司规模的扩大而放缓。英特尔公司用了大约五年的时间使公司的销售额从1亿美元增长至10亿美元；用了10年的时间使公司的销售额从29亿美元增长至260亿美元。

随着“负重”（当时销售额）的增加，“爬山”变得越来越困难。这就是成功的苦恼。

表 7–1　　英特尔公司销售额与收入增长情况（1975—1998 年）

年份	净销售额	净收入
1975 年	137	16
1980 年	855	97
	44%	43%
1985 年	1365	2
	10%	（56%）
1990 年	3921	65
	23%	234%
1995 年	16 202	3566
	33%	41%
1998 年	26 273	6068
	17%	19%
1975—1998 年	26%	29%

注：百分比反映每年的变化率，其余数字的单位是百万美元。

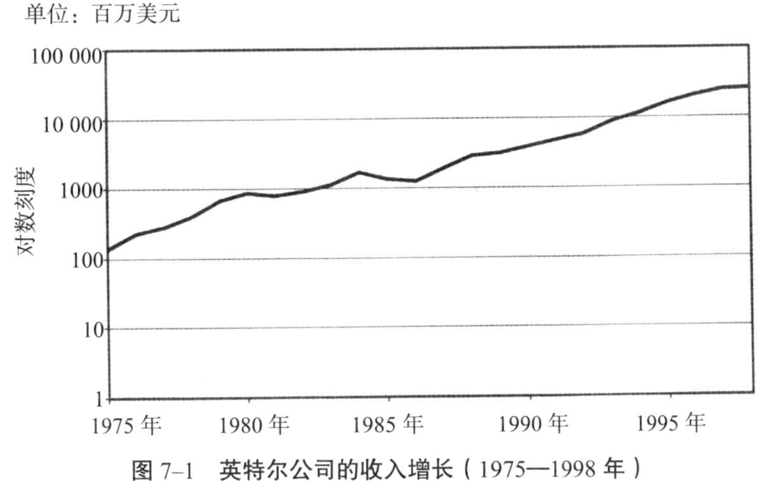

图 7–1　英特尔公司的收入增长（1975—1998 年）

估值 1：资产重置成本

无论以任何指标衡量，英特尔公司都是非常成功的。我们的问题是，价值投资者是否运用了我们已经开发出的估值工具，在英特尔公司历史的某个时点上买进了该公司的股票呢？这一决定必须是基于当时能够获得的信息。如果允许有后见之明，那么任何人都可以成为天才。

估值第一步是计算公司的资产及其价值。正如我们在第 4 章所说的，有三种评估资产的基本方法。最保守的方法就是格雷厄姆和多德提出的净流动资产价值法，即流动资产减去所有负债，对设施、不动产和设备或者任何其他长期资产不赋予任何价值。任何一天，股票价格低于净流动资产价值法估值的公司都不多，可能只有那些面临严重困境或者濒临破产的公司才可能发生这种情况。任何盈利的公司都不可能以这样的价格买到。

基于资产的第二种估值是将公司股票的价格与每股账面价值进行比较。账面价值是资产负债表中的股东权益除以股票数量得到的数值。由于从定义上讲，权益资本等于所有资产减去所有负债，账面价值可以包括商誉等无形资产的价值，以及其他一些明显低于资产负债表价值的资产的价值。正如我们已经说过的，以账面价值的较大折扣价格买入股票是一种成功的投资策略。不需要对财务报表中的数据进行调整，这种策略适合那些不想做太多计算工作的投资者。同样，很少有成功的企业能够按账面价值出售，能够按照价值投资者期望的有足够安全边际的折扣价格出售的公司就更少了。

表 7–2 给出了英特尔公司从 1975 年开始每五年的账面价值和市场价值数据。如图 7–2 所示，在这段时期，公司的市场价值与账面价值的比率图使两者的关系更加明朗。在 1980 年至 1995 年期间，英特尔公司的股票交易价格是其账面价值的 2~4 倍。这些都是年末数据。每年，英特尔公司股价都会创下新高和新低，有时与年末的价格相差甚远。然而，只有在 1987 年上半年股市的高涨期，该公司的市场价值才超过了其权益资本的四倍。在 1995 年年底之前，投资者们确定，他们即使以高于账面价值四倍的价格买入像英特尔公司这样成功的公司的股票，仍然能够赚到钱。

表 7–2　　1975—1998 年英特尔公司的账面价值和市场价值　　（百万美元）

	1975 年 12 月	1980 年 12 月	1985 年 12 月	1990 年 12 月	1995 年 12 月	1998 年 12 月
账面价值	74	433	1421	3592	12 865	23 578
市场价值	503	1760	3447	7812	50 167	197 761
市场价值与账面价值比率	6.8	4.1	2.4	2.2	3.9	8.4

注：除了市场价值与账面价值比率，其余数字的单位为百万美元。

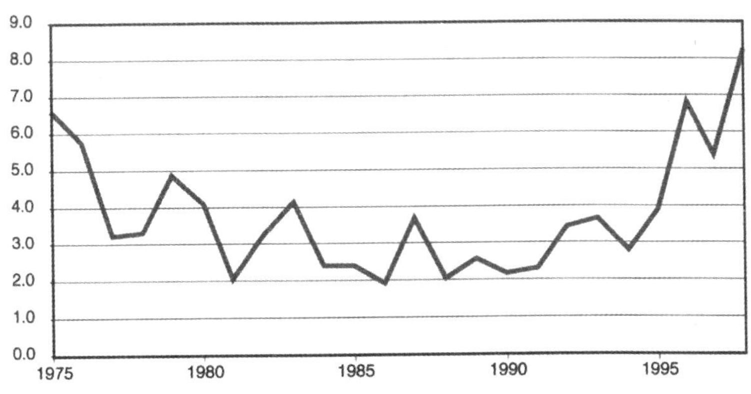

图 7–2　1975—1998 年英特尔公司的市场价值与账面价值比率

市场价值与账面价值比率分析法速度较快，但是结果不够精确。为了弄清楚竞争对手要进入该业务所需资金的准确数据，我们必须逐项研究资产，确定它们的重置成本是多少。我们在第 4 章和第 6 章已经做过这样的练习，调整的原则保持不变。表 7–3 列出了英特尔公司 1975 年财务报表中的资产项目。

表 7–3　1975 年英特尔的资产　（百万美元）

资产	账面价值	为得到重置成本进行的调整	调整金额	重置成本
流动资产				
现金	19.3	无	0.0	19.3
应收账款（净值）	29.9	加回坏账准备；调整为可收款项	1.0	30.9
存货	20.1	加上 LIFO 准备金，如有；调整为营业额	0.0	20.1
预付账款	0.0	无	0.0	0.0
递延税款	0.0	折为现值	0.0	0.0
其他流动资产	4.8		0.0	4.8
流动资产总计	74.1		0.0	75.1
不动产、设施及设备（净值）	28.5	原始成本加调整值	0.0	28.5
商誉	0.0	与产品组合及研发有关	0.0	0.0
总资产	102.7		1.0	103.7

实际上，我们并未对资产负债表中的资产做任何调整。英特尔公司没有使用后进先出（LIFO）会计法来计算其存货价值，也没有通过收购其他公司来获得账面上的商誉。这样，我们就需要对不动产、设施及设备进行仔细审查。

英特尔公司在圣克拉拉地区拥有芯片工厂[①]，并为这些工厂装配了精密的设备和干净的设施，这些对于生产集成电路是必需的。1975 年，它还是一家年轻的公司，因此设施和设备没有非常陈旧的，尽管它确实从联合碳化物公司（Union Carbide）手中买下了它的第一座大楼，但这座楼是使用过的。另一方面，行业变化迅速，半导体资本设备的淘汰速度可能比英特尔公司为自己提取折旧的速度还要快。竞争对手可能能够用低于资产账面价值的价格复制其设施。

我们可以通过把不动产、设施及设备的报告价值与英特尔公司实际的资本支出进行比较，来检测报告价值是否真实，如图 7–3 所示。从英特尔公司的整个上市历史来看，公司几乎每年的不动产、设施及设备的净值都超过了过去四年的资本支出总和，低于过去五年的资本支出总和。只有当人们认为竞争对手可以用明显低于四年资本支出的金额重置英特尔公司全部生产和研发设备时，英特尔公司的不动产、设施及设备的净值才是被高估了。相反，如果英特尔公司的不动产、设施及设备的报告价值低于实际的市场价值，英特尔当初就没有必要每五年花费相同的金额。当我们把不动产、设施及设备的净值与资本支出进行比较时，我们发现该公司的不动产、设施及设备的报告价值是合理的。

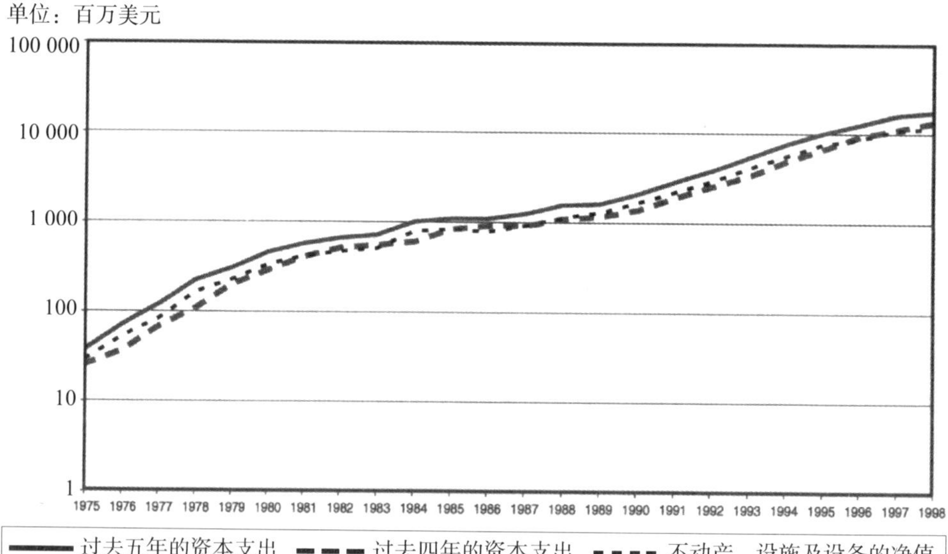

图 7–3　1975—1985 年英特尔公司的资本支出与不动产、设施及设备

① 用行业术语说就是制造厂（fabs）。

如果竞争对手需要制造某些资产以便与英特尔公司竞争，那这些资产不会出现在 1975 年的资产负债表中，但这并不意味着这些资产不存在。我们不应忘记英特尔是一只新经济股票（至少是 20 世纪 20 年代后新经济时代的化身），它比新经济出现得还早。作为早期和主要的存储芯片以及微处理器生产商，英特尔公司投资基于知识的资源，即设计和制造半导体所需的科学和工程技术，并向客户提供知识密集型产品，这些产品是计算机和工业设备的大脑和记忆工具。但是英特尔的投资并没有出现在资产负债表上，因为根据会计准则，研发费用通常被视为年度支出，而不是资本支出。与水电费、计算机用纸或者房地产税不同，在研发方面的支出很久之后依然会持续为公司创造利润。设计和生产这些芯片所必需的专业知识［从安迪·格鲁夫 1967 年出版的《物理学与半导体设备技术》（*The Physics and Technology of Semiconductor Devices*）一书到为提高一些复杂工艺的产量而进行的数月的试错等］并不是廉价的。一旦被购买，这些技术就能持久地创造价值。当然，并不是所有知识都会反映在研发费用中。有一些费用无疑会作为制造费用计入产品成本。

英特尔公司的损益表显示其对知识的投资规模相当可观。我们之前写道，1975 年至 1998 年，研发费用平均占销售额的 11%，如图 7–4 所示。任何试图与英特尔竞争的公司都需要支付很多资金来培养相当的专业技术。多少钱才够呢？一些分析师提出将研发视为一项资本投资，并在五年内直线折旧。如果我们把问题简化，把过去一年的支出看作一项资产进行估值，如过去这一年为 80% 等，我们就能够计算出这项表外无形资产的价值，从而估算出竞争对手仅仅是进入这个行业需要花多少钱。对于英特尔公司而言，1975 年，这个数字为 2700 万美元。这将使资产的重置成本增加 40%，而且股权的账面价值将从 7400 万美元增加至 1.01 亿美元，增长 37%。

还有其他方法来计算重置基于知识的资本成本。如果我们使用过去三年的研发费用总和，那这个数字会略高于我们的累计折旧总和；如果使用过去两年的研发费用总和，得出的数字会略低。这两种方法或许都低估了重置成本。或许竞争对手需要花费相当于五年研发费用的资金才能生存下来，或者是高价挖走英特尔公司的一些关键员工，然后在英特尔公司起诉时支付法律费用。我们将使用五年折旧数字作为对英特尔公司知识库的重置成本的保守估计。

竞争对手要与英特尔公司竞争，还需要创建另一种无形的表外资产。几乎每家公司都需要花钱推广自己的产品。以英特尔公司为例，尽管该公司在成立了几十年

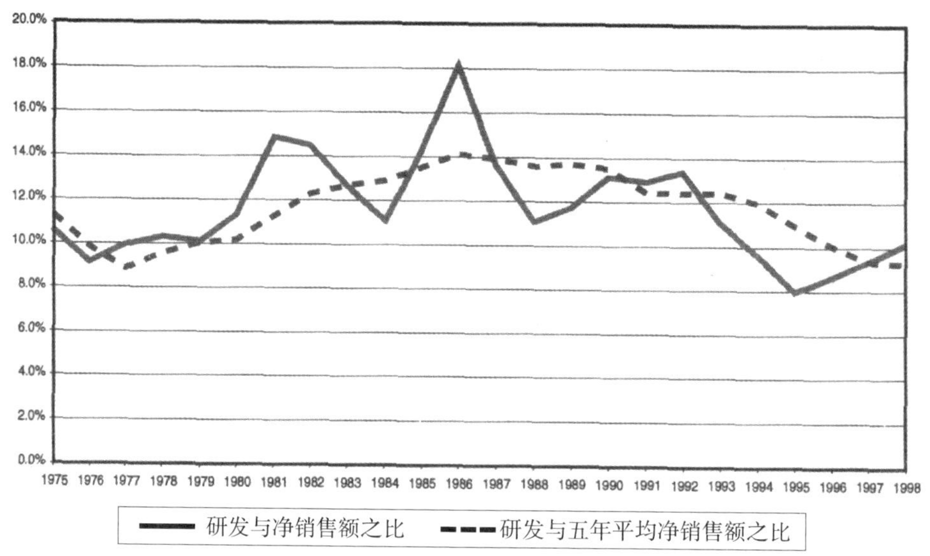

图 7–4　1975—1998 年英特尔公司研发费用与净销售额之比

之后才开始花大价钱向消费者宣传其电脑“Intel Inside”的优势，但是从一开始，它们就将高科技产品卖给了大量的成熟买家。这种销售工作不仅仅是发布其提供的半导体产品的规格和价格清单，销售经理还必须与客户合作，了解客户的需求和赢得合同。任何新的竞争对手都必须与客户建立类似的友好关系并了解他们的具体需求，才能与英特尔公司正面交手。所有这些努力都是需要花钱的，而且与客户公司中的工程师建立关系是需要时间的。

我们无法给出英特尔公司在营销支出方面的确切数字，这些支出主要包括销售人员的工资、佣金以及花在广告和其他形式的促销活动上的钱。广告金额不断增加，但是在 1990 年之前，它从未达到过市场营销与行政管理费用的 8%。要得出竞争对手为了与英特尔公司平起平坐而不得不花费的准确费用，我们需要进行一些估算。

1. 为了平衡每年的波动，我们计算出最近五年市场营销与行政管理费用占销售额百分比的平均数，并将该数据与当前的销售数额相乘。
2. 我们假设竞争对手要跟上英特尔公司的步伐需要花费三年的营销费用。
3. 我们将销售及一般管理费用的一半用于管理业务，另一半用于销售。

以上每一个假设都可能被挑战或者需要完善，而我们的目标是得出一个合理的数字，将该数字加到英特尔公司的资产中，以显示新进入者将面临的重置成本。这个数字是相当可观的：在大多数年份略高于研发费用调整额，如表 7–4 和图 7–5 所示。

表 7–4　　1975—1998 年英特尔公司调整后的账面价值　　（百万美元）

	1975 年 12 月	1980 年 12 月	1985 年 12 月	1990 年 12 月	1995 年 12 月	1998 年 12 月
账面价值	74	433	1421	3592	12 865	23 578
研发费用调整	27	190	500	1149	3202	6377
市场营销费用调整	39	260	698	1616	4822	7822
账面价值调整	141	883	2620	6357	20 889	37 777
市场价值	503	1760	3447	7812	50 167	197 761
市场价值与调整后账面价值的比率（%）	3.6	2.0	1.3	1.2	2.4	5.2

注：除市场价值与调整后账面价值比率外，其余数字的单位为百万美元。

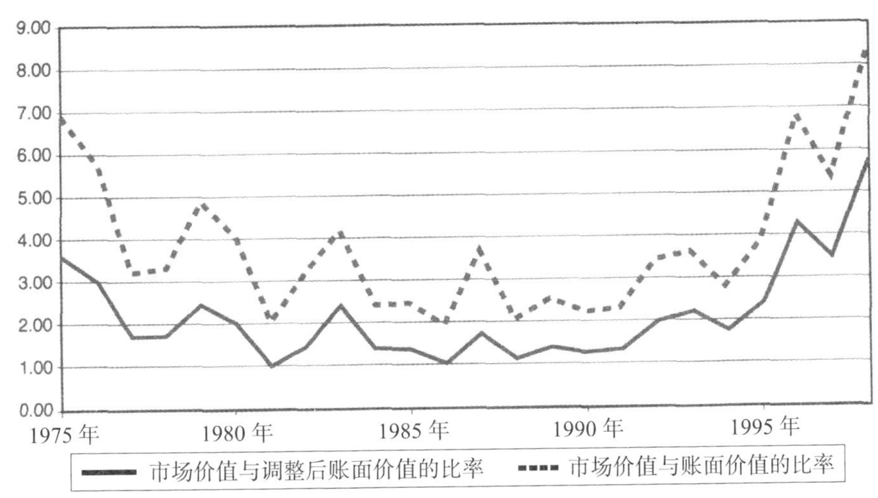

图 7–5　1974—1998 年英特尔公司市场价值与账面价值的比率以及市场价值与调整后账面价值的比率

当我们考虑到研发费用和营销费用的调整时，我们大幅降低了英特尔公司市场价值与账面价值的比率。在 1975 年之后的若干年中，英特尔公司本可以按调整后的账面价值或者略低的价格被收购的。记住：我们关注的是年末的权益资本价值和价格。在某些年份中，年中的价格低于上一年底部的价格。

从 1982 年开始，英特尔公司开始投资其他公司，这样是为了推进公司的整体战略，即促进对微处理器的广泛需求。英特尔公司每日紧盯其战略投资组合中上市公司的股票；对于那些私营企业则按成本对其股票进行估值。在这里我们认为没有理由质疑该公司的做法。只有当英特尔投资之后那些私营企业的股价明显下跌时，才有必要将股东权益向下调整。

我们没有对英特尔公司账面上的负债进行调整。多年以来，该公司确实建立了大量的递延税金，如果该数字折算到现在，债务总额会下降，权益资本会因此提高。但是调整幅度是微小的，仅仅在 1985 年之后才变得明显，当时英特尔公司的市场价值大大超过了其账面价值。

依据账面价值或者调整后账面价值来衡量，历史上三次购买英特尔公司股票的最佳时机如下。

1. 1982 年 1 月，整个公司的市值短暂降至 9.25 亿美元左右；相比之下，1981 年年末该公司调整后的账面价值仅略高于 10 亿美元。
2. 1986 年 8 月，公司市值大约为 20 亿美元，而调整后账面价值为 25 亿美元。
3. 1988 年年底，调整后的账面价值为 39 亿美元，与市值大致持平。

如果有投资者足够自律或者足够幸运，在每次英特尔公司的市值接近其调整后账面价值时都大量买入该公司的股票，那么获利将是非常可观的。在买入这些股票之后的任何时候，该股的价值从未明显下降，而且之后五年的收益一直是丰厚的。所有这些日期都出现在始于 1982 年并持续到 2000 年的牛市中。英特尔公司的投资者可谓一帆风顺。此外，在 1982 年年初买入英特尔股票并且一直持有，即使在英特尔公司艰难时期也没有放弃的投资者也能够获得可观的回报，尽管略低于标准普尔 500 指数的回报，如表 7–5 所示。

表 7–5　（在选定期内）英特尔公司股价的上涨情况

日期	初始价格（美元）	期末价格（美元）	复合年回报率	标准普尔 500 指数对比
1982 年 1 月至 1987 年 1 月	0.47	0.895	13.8%	14.6%
1986 年 8 月至 1991 年 8 月	0.82	3.14	30.8%	6.5%
1988 年 12 月至 1993 年 12 月	1.48	5.29	29.0%	17.5%

注：价格反映了随后的股票分拆。

估值2：盈利能力价值

我们对英特尔公司估值的第二次调整关注的是盈利，而不是资产。这里我们将遵循基于盈利能力对WD–40公司的估值方法。基础假设是该公司将不会增长，其当前盈利能够持续很长一段时间，而且股东作为公司的所有者，将获得该公司一定比例的可分配收益作为回报。这种零增长的假设在WD–40的案例中很容易成立，但是它显然不适合英特尔公司，这是一家处于快速变化和扩张的行业中、充满活力的公司。因此，要对英特尔公司在任何特定年份的持续盈利能力做出合理估计，我们就需要进行大量的战略分析。由于我们想要回答的问题是，英特尔公司的股票是否以及在何时为那些坚持我们确定的估值标准的投资者们提供了机遇？我们只能考察在当时能够获得的信息。

正如我们已经看到的那样，以公司的盈利能力为基础估算公司当前的内在价值需要两个步骤：第一步，调整报告收益，体现投资者能从该公司获得的、并不影响公司运营的现金数额；第二步，选择既能够反映利率，也能够反映该公司相对其他投资选择的风险的贴现率。用调整后的收益除以贴现率，我们就得到了盈利能力价值。

调整收益：特殊费用、商业周期、研发费用以及折旧和摊销费

我们将聚焦英特尔公司在1987年以后的情况，那时该公司放弃了存储芯片业务，而且个人电脑革命刚刚开始。与WD–40公司一样，我们从营业利润开始，然后进行调整。

第一，调整涉及特殊费用。这些是公司在对资产（比如存货、设备或者其他投资等）重新估值或者在裁员、工厂关闭等时进行的减记。将这些特殊费用与营业利润分开计算的理由是，它们是不影响公司永久盈利能力的独立事件。但是实际上，它们每一项都代表着公司在经营过程中积累的实际支出。如果这些费用年复一年地持续存在，就意味着该公司低估了其实际的运营成本。为了消除这些特殊费用不稳定的特质，我们取当年及前四年特殊费用的平均值，将其从营业收入中扣除。

第二，与WD–40公司不同的是，英特尔公司的销售和盈利也未能幸免于周期性波动。当英特尔公司在20世纪70年代涉足存储芯片业务时，其营业利润率高达

30%，低的时候为 20%。但是在微处理器行业，竞争较少，市场在增长，利润率的变化似乎没那么大。1987 年至 1991 年间，随着销售额的快速增长，该公司的利润率稳定在略高于 20% 的水平，在 1990 年的萧条期甚至有所上升，所以我们认为使用 20% 报告的息税前利润作为这段时期的基准是保守的做法，如表 7–6 所示。

表 7–6　　1987—1991 年英特尔公司的报告息税前利润率

	1987 年 12 月	1988 年 12 月	1989 年 12 月	1990 年 12 月	1991 年 12 月
销售额	1907	2875	3127	3921	4779
息税前利润	246	594	601	858	1080
息税前利润率	12.9%	20.7%	19.2%	21.9%	22.6%

注：除息税前利润率外，其余数字单位为百万美元。

第三，对英特尔公司来说，研发是每年的一项主要支出，从 1987 年到 1991 年，研发费用平均占销售额的 12% 以上，而且之后几乎没有低于过这个比例。这段时期是英特尔公司的增长期，我们必须假设其中一些研发费用是用来支持这种增长的。在集成电路这个瞬息万变的行业中，任何一家公司都需要大笔研发费用才能正常经营。为了准确了解收益零增长情况下的盈利能力，我们应该将一部分研发费用重新计入营业利润。但是计入多少呢？第一种方法是使用计算资产重置成本时使用的方法，即把研发费用视为一项资本投资，并且在五年内将其进行折旧。每年的费用就是折旧费，它多少会略低于公司的实际研发成本。第二种方法是基于估算维持资本支出时的依据估算出维持研发费用。具体的方法是将研发费用资本化为资产，得出销售与资产的比率，并用这个比率乘以新增销售额，得出研发费用的增长部分。维持研发费用就是研发费用扣除增长部分后剩余的部分。第三种方法就是考察最接近的竞争对手的研发费用，在这个案例中，竞争对手是 AMD 公司，我们将 AMD 公司的研发费用作为英特尔公司的必需费用。最终我们可以猜测一下，英特尔公司的研发费用至少有一定的百分比（我们将使用 25%）可以归因于增长，因此应当将其重新计入公司的息税前利润。做完所有计算后，我们将使用最后一种方法。这种方法是最保守的，因为它产生的当期收益增长比任何其他方法都小，而且也是最容易实现的。

第四，对研发费用的调整方法也可以应用到销售及一般管理费用中，这笔费用的很大一部分将被用于赢得新业务。我们将加回总数的 25%，这是一个粗略的估算，但也是一个合理并且保守的估算。

第五，我们无法回避税赋。我们假设这些年的税率为 38%。这比英特尔公司审计后的财务报表中报告的税率高，而且无论英特尔公司如何巧妙地管理其税务负债，该公司都没有得到任何好处。这是个良好但比较保守的估计税率。

第六，我们需要调整折旧、摊销和资本维护支出。了解一些行业知识会有所帮助。考虑到生产能力的提高，半导体资本设备（英特尔公司用来制造微处理器的体积巨大、价格昂贵的机器）的成本这些年来一直在下降。因此，英特尔公司计提的折旧费用（基于其机器的历史成本）超过了其要维持生产水平必须支付的金额。我们不应将所有的折旧和摊销都加回息税前利润，并减去资本支出的维持性部分；我们要简化计算，只加回折旧和摊销的 25%，并假设其他 75% 足以支付维持资本支出。在所有这些计算中，25% 这个数字没有什么神奇之处，我们使用它是因为它似乎既合理又保守。

进行了所有这些调整之后，我们得出了英特尔公司 1987 年至 1991 年调整后的可分配营业利润，如表 7–7 所示。我们发现，报告的净利润与调整后的应税营业收益之间的差别并不大，但这只是对这些估算的合理性的一个粗略检验。

表 7–7　1987—1991 年英特尔公司的调整后税后营业利润

	1987 年 12 月	1988 年 12 月	1989 年 12 月	1990 年 12 月	1991 年 12 月
销售额（净值）	1907	2875	3127	3921	4779
所报告的息税前利润	246	594	601	858	1080
按销售额 20% 计算的息税前利润	381	575	625	784	956
特殊项目的平均调整值	（14）	（10）	（30）	（21）	（11）
加回 25% 的研发费用	65	80	91	129	155
加回销售成本、综合开销及行政管理费用的 25%	154	194	212	283	346
调整后的息税前利润	587	838	899	1176	1445
调整后的息税前利润率	31%	29%	29%	30%	30%
税后（38%）	364	519	557	729	896
加回折旧和摊销的 25%	43	53	59	73	105
调整后利润	407	572	616	802	1000
调整后利润的利润率	21%	20%	20%	20%	21%
所报告的利润	248	453	391	650	819

注：除了百分比，其余数字单位均为亿美元。

从调整后的盈利到盈利能力价值

我们对于分析师准确计算出利率贴现的能力心存怀疑。在本案例中，在我们考察特定时间段内英特尔的收益时，长期利率从 12% 左右下降至 7% 以下，无风险利率从 13% 以上下降至 6% 以下。由于该公司的账面上很少出现任何净负债（即扣除现金和短期投资后的负债），所以它的加权平均资本成本并没有因借款成本低于募股成本而改善，尤其是考虑到在税前可以扣除利息这种情况更是如此。当然，肯定有一种更简便、更稳定的方法可以计算出贴现率。对于 WD–40 公司，我们使用了 8%，它是由 6% 的债务成本和 10% 的股权成本进行加权平均计算后得出的。考虑到英特尔公司的收益波动性较大，我们或许应当用更高的利率对其收益进行贴现。12% 是一个合理的数字（比标准普尔 500 指数的长期回报率高出几个百分点），而且可能是大多数投资者都可以接受的一个利率，至少在 20 世纪 90 年代的大牛市之前是这样。

有了盈利能力（经过调整的税后息税前利润）和贴现率，我们就可以计算英特尔公司的盈利能力价值了。在将该数字与资产和市场价值进行比较之前，我们需要再做一系列调整。我们计算出的资产价值和引用的市场价值都是指英特尔公司扣除债务后的权益资本部分。通过以账面价值为起点，再加回调整额，我们实际上已经从英特尔公司资产的重置价值中扣除了这些债务，得出了该公司的资产价值。为了保持一致，我们需要在这里做同样的事情，从盈利能力价值中扣除未偿债务。另一方面，这些年来，英特尔公司的账面上有大量的现金，明显超出了经营所需。当我们做资产估值时，我们将这些现金计算在内了。由于我们没有将这些额外的现金计入盈利能力价值（营业收入减现金余额的利息），所以我们应该把它计入盈利能力价值。这部分现金肯定会被计入权益资本价值。任何购买这家公司股票的人都将拥有这笔钱以及公司所有的其他资产。减去付息债务的账面价值，并加回超出销售额 1% 的所有现金，我们得到了现金 – 债务调整值，调整后这三种价值具有了可比性。销售额的1%是公司运营的标准必需金额[①]。经过这些调整，我们得到了英特尔公司从 1987 年至 1991 年的数字（如表 7–8 所示）。图 7–6 展示了这些数据，并在此基

① 由于英特尔公司的资本结构中几乎没有债务，所以我们关注的是公司资产的权益资本价值和盈利能力价值。当一家公司有明显的财务杠杆时，适当的起点是企业价值，企业价值既包括债务，也包括权益，然后扣除现金。由于财务杠杆的存在，权益资本价值并不稳定。在英特尔公司的案例中，债务无关紧要。

础上分别向前、向后扩展了几年，以完整说明英特尔公司在这段时期的发展变化。

表 7–8　1987—1991 年英特尔公司的盈利能力价值、调整后的账面价值和市场价值

（百万美元）

	1987 年 12 月	1988 年 12 月	1989 年 12 月	1990 年 12 月	1991 年 12 月
以 12% 计算的盈利能力价值	1891	4768	5137	6684	8337
减付息债务总额	（750）	（696）	（569）	（623）	（536）
加超过销售额 1% 的现金	600	842	1058	1746	2229
盈利能力价值总计	3239	4914	5626	7807	10 030
调整后的账面价值	2755	3893	4781	6357	7671
市场价值	4779	4285	6513	7812	10 240

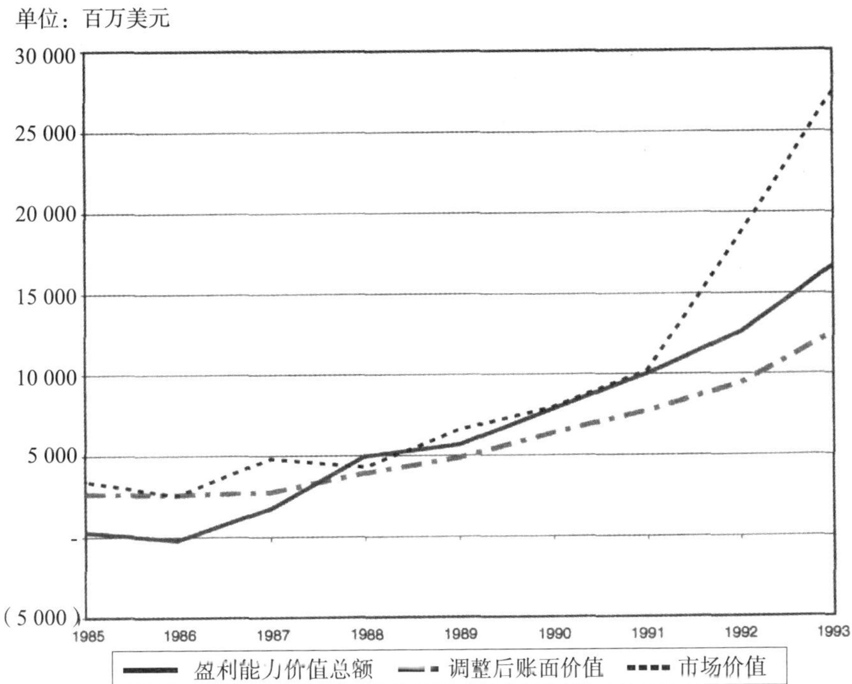

图 7–6　1985—1993 年英特尔公司的盈利能力价值、调整后的账面价值和市场价值

我们已经知道 20 世纪 80 年代中期是英特尔公司的困难期，当时它的存储芯片业务正在亏损，而微处理器业务还没有增长至足以弥补亏空的水平。英特尔公司 1985 年的营业收入不值一提，1986 年更是负值。但在 1987 年，英特尔公司的利润开始明显提高，盈利能力价值也随之改善。到 1988 年，公司的盈利能力价值超过了调整后的账面价值。在 1989 年出现短暂停顿后，盈利能力价值与资产重置成本之间的差额继续拉大。

根据我们的分析，如果经过精确计算的盈利能力价值在相当长的时期内持续超过资产的重置成本，那么该公司应当是在享受持续的竞争优势，并拥有一个特许经营权保护壁垒，使竞争对手远离，或者如果竞争对手进入这个领域，也无法超越现有公司。在本案例中，英特尔公司似乎能够受益于需求优势（即消费者偏好）和强大的规模经济。英特尔已经与 IBM 个人电脑以及该行业所有其他声名显赫的公司并驾齐驱了。英特尔公司确定了运行 MS-DOS 和 Windows 操作系统的微处理器的标准。其他公司，其中包括最知名的 AMD 公司，为计算机制造商提供替代产品，至少在这段时间里，它必须从英特尔公司获得设计许可。在英特尔公司发起了“Intel Inside”的广告活动后，该公司开始控制个人电脑购买者的思维，从而主导了市场。一些个人电脑制造商为了降低售价的确采用了 AMD 的芯片，到 1998 年，低端产品，即功能不那么强大、价格不那么昂贵的芯片的竞争更加激烈。不过，对于大多数个人电脑制造商来说，无须动脑子的选择是坚持使用英特尔公司的产品。英特尔公司在这一领域业务量远远超过了其竞争对手。

英特尔公司竞争优势的第二个要素是规模经济的存在。微处理器是能够享有规模经济的那类产品。微处理器的设计是昂贵的，特别是当它们变得速度更快、更密集时。任何设计的销量越高，设计的单位成本就越低。我们从表 7–9 中可以看出，英特尔公司在研发上的总投入比 AMD 公司高出很多。但是在规模经济的作用下，AMD 公司必须为每一美元的销售投入更多的研发费用，在同一时期，这种投入几乎是英特尔公司的两倍。此外，财务报表不包括追加的研发类费用，这些费用是在新生产线投入使用之后，在产量符合公司标准之前销售产品的成本。

表 7–9　英特尔公司与 AMD 公司在销售额、研发费用及调整后息税前利润率上的对比

	英特尔公司			AMD 公司		
	销售额	销售额	息税前利润率（%）	销售额	销售额	息税前利润率（%）
1988 年	2.88	0.32	29	1.13	0.21	17
1989 年	3.13	0.37	27	1.10	0.20	17

续前表

	英特尔公司			AMD 公司		
	销售额	销售额	息税前利润率（%）	销售额	销售额	息税前利润率（%）
1990 年	3.92	0.52	31	1.06	0.20	9
1991 年	4.78	0.62	32	1.23	0.21	22
1992 年	5.84	0.78	36	1.51	0.23	28
1993 年	8.79	0.97	47	1.65	0.26	30
1994 年	11.52	1.11	40	2.13	0.28	33
1995 年	16.20	1.30	38	2.43	0.40	26
1996 年	20.85	1.81	42	1.90	0.40	3
1997 年	25.07	2.35	46	2.30	0.47	11
1998 年	26.27	2.67	40	2.50	0.57	10

注：英特尔公司和 AMD 公司的数据都是整家公司的数据。英特尔公司有更广泛的产品线，而且有些研发费用是用于那些并不与 AMD 公司竞争的产品，所以这不是一个完美的比较。除了百分比外，其余数字单位为 10 亿美元。

更多的消费者需求和更低的单位成本这两个特点使英特尔公司能比其竞争对手赚到更多的钱。在英特尔公司确立了其主导地位后，它的经营利润率是 AMD 公司的两倍。从报告收入上看，AMD 公司在 1996 年、1997 年、1998 年和 1999 年都是亏损的。英特尔公司在 1996 年至 1998 年期间的盈利超过 180 亿美元，1999 年盈利 70 亿美元。这看起来不太公平。

英特尔公司在 1987 年之后享受着明显且日益增长的竞争优势，我们将资产价值与盈利能力价值比较的结果证实了这一点。从 1988 年到 1991 年，英特尔公司每年的盈利能力价值平均超过资产价值 25%，两者之间的差额就是该公司特许经营权的价值。根据我们对英特尔公司竞争优势的了解，我们可以更直接地考察该特许经营权，以评估这些额外收益能否持续存在。

如果一家公司没有任何竞争优势，那么其收益应该等于经营资产乘以资本成本。我们将这个数额称为自由进出收益，表示没有特别优势情况下的收益。如果公司确实享有特许经营权，那么该特许经营权的收益就是我们计算得出的实际盈利能力价值减去自由进出收益。我们用特许经营权收益除以销售额得出特许经营权利润率，即每一美元销售额带来的特许经营权的税后利润百分比。特许经营权利润率越高，其价值就越高。但是，我们需要记住，超高利润率从以下两个方面看是可疑的：第一，这样的预测，即一家公司的资产将持续地产生比另一家公司类似的资产高很多的利润，可能根本不合理；第二，特许经营权越有价值，它对潜在竞争对手的吸引力就越大。在某种程度上，我们可以确定，一些聪明的公司将打破进入壁垒或者重塑市场。无论哪种情况，最初的特许经营权的价值都将缩水。为了弄清楚特许经营权税前营业利润的大小，我们用其除以（1- 税率）。表 7–10 展示了英特尔公司 1988 年至 1991 年的计算结果。

表 7–10　　1988—1991 年英特尔公司的特许经营权收益及利润率

	1988 年 12 月	1989 年 12 月	1990 年 12 月	1991 年 12 月
资本成本 × 运营资产	3.54	4.47	5.53	6.53
税后运营收益	5.72	6.16	8.02	10
特许经营权收益	2.18	1.7	2.49	3.47
特许经营权税后利润率	8%	5%	6%	7%
税前经营特许经营权收益率	12%	9%	10%	12%

注：除了百分比，其余的数字单位均为亿美元。

像熊宝宝（Mama Bear）的麦片粥一样，英特尔公司的经营特许经营权利润率并不会奇高或者不可持续，也不会低到一文不值。其中一部分可以直接归功于它在研发费用方面的规模经济。与 AMD 公司相比，尽管英特尔公司的总体研发费用较高，但其在每一美元销售额上的研发费用明显低于竞争对手。如果 AMD 公司想达到英特尔公司的研发费用水平，就必须将其研发费用增加一倍以上，但其研发费用已经占销售收入的 18% 了。这些年来，英特尔公司的规模优势平均在 32% 左右。该公司的研发费用占销售额的 12%，这意味着其特许经营权利润率接近 4%。其余的特许经营权价值可以归因于销售及一般管理费用方面的规模经济。这些年来，AMD 每一美元销售额承担的此类费用比英特尔高 10%。

估值 3：增长价值是什么

只有在特许经营权范围内，增长才有价值。增长需要投资，更多的销售几乎总是要求更多的流动资产和固定资产。增加这些额外资产是为了获得附加利润。如果增长只是在做更多同样的事情（比如在更大规模上复制现有业务的所有功能），那么我们自然会假设额外资产带来的回报率将等于在现有业务上的投资已经获得的平均回报率。在这个简单的例子中，如果公司的资本回报率为 12%，那么其为了实现增长所需投资的回报率也应当为 12%。如果是这样，那么只有当支撑增长所需的资本成本低于 12% 时，新投资对该公司才是有利的。如果该公司不得不以 15% 的回报率来吸引额外投资，那么每一美元的资本将损失 3%。因而，追加的新资本的回报率与该资本的成本之间的关系是增长价值的主要决定因素。

增长必须在特许经营权下才能盈利的原因是，此时公司资产的重置成本和盈利能力价值之间才有价差。由于市场经济沉重的竞争压力，资本成本通常等于资本回报。当面临那些想要获得超额回报（即超过资本成本的回报）的新进入者的挑战时，只有那些受进入壁垒保护的公司才能持续获得超额回报。盈利性增长也面临着同样的限制，它需要受到同样或者同等的壁垒保护才能获得超过资本成本的利润。

在某些情况下，这种营利性增长是可能的。在英特尔公司的案例中，初级产品的市场继续增长，英特尔在向全球制造商提供微处理器时一直处于最佳战略地位。所以，基于消费者需求和规模经济的竞争优势仍然在发挥作用，甚至变得更加强大。微软公司受益于可能更强的规模经济的优势，它用高昂的转换成本锁定了客户群。

大多数特许经营权并不能如此轻易地扩张。例如，即使是沃尔玛，也只是在某些地方获得了成功。在像加利福尼亚州这样远离其核心地区的地方，沃尔玛是没有明显竞争优势的。如果其他零售商，比如塔吉特，已经控制了当地市场份额并拥有相关的规模经济，那么沃尔玛就会发现自己处于竞争劣势。在这些区域追加投资并不能给现有股东带来多少利润。当沃尔玛在其核心区域的边缘地区扩张，并能够利用其现有的基础设施时，它可能会获得一些成本优势。虽然这些成本优势可能小于它在其核心区域享有的竞争优势，但仍然足以使沃尔玛从追加投资中获得高于资本成本的回报。在这种情况下，边缘地区的增长可能会创造一些价值，但低于在完全特许经营权地区的增长价值。

作为安全边际的成长性

只有最偏执的价值投资者才会拒绝承认英特尔公司的中央处理器业务的增长将创造价值。问题是这项业务能否提供足够的安全边际以及需要多少资金。我们需要将这种增长的价值与当前的盈利能力价值进行比较。增长现金流的现值（PV）超出当前盈利能力价值（EPV）的数额越大，安全边际就越大。我们用两者的比率作为衡量安全边际的指标。

PV/EPV= **安全边际**

我们知道，公司的盈利能力价值等于收益除以资本成本（R）。收益是资本投资乘以资本回报率（ROC），所以上述等式变为：

EPV= **资本投资** ×ROC/R，**或者** EPV= **资本投资** ×（ROC/R）

在本章附录中，我们详细推导了一家成长性公司的现值的计算公式，即

PV= **资本** ×F= **资本** ×（ROC−G）/（R−G）

其中，F 是成长性因子。这个公式中唯一的附加变量是增长率（G），它对公式中的关键估值因子（ROC−G）/（R−G）有重要的影响。只要 ROC 大于 R，增长率的上升都会提高估值因子的数值。当增长率接近资本成本时，估值因子会加速上升，但这是有限度的。当增长率等于或者超过资本成本时，估值就会变得无穷大，因此这是荒谬的。这些计算的简单假设是，随着时间的推移，成长率保持不变且是均衡的，这意味着每增加一美元的销售额需要增加固定比例的总资产和总负债。没有哪家真实存在的公司符合这些条件，但是该模型提供了一个基本与实际情况相符的基本标准。

一般来说，增长创造的价值取决于两个因素。第一个因素是追加资本的盈利能力，追加资本的回报超出资本成本的金额越大，每一美元投资所创造的价值就越大，所以第一个变量我们用 ROC/R 这个比率来表示。第二个因素是可用于获得这些特许经营权收益的资本数量。这取决于特许经营权发展的速度。成长率的上限是资本成本。正如我们所说，在任何较长时期内，如果成长与资本成本持平，那么资本回报率将是无穷大的。但那是不可能的，因此我们必须接受 G/R 将小于 1 的事实。我们使用 25%、50% 和 75% 作为三个标准化的百分比。

基于更多的代数计算（详见本章附录），我们提供了表 7–11 来描述在特许经营权下业务增长的价值与没有增长的相同业务的价值之间的关系，即 PV/EPV。每个数字都代表一定的 ROC/R 比率和 G/R 下的 PV/EPV 比率。在 A 列中，资本回报与资产成本相同（ROC/R=1），成长性对盈利能力价值没有任何作用；PV/EPV 的比值仍然为 1。但是当我们转向 B 列，ROC/R=1.5 时，成长性开始发挥作用。如果成长率是资本成本率的 25%，那么 PV/EPV=1.11。具体来说，如果追加资本的回报率为

12%，资本成本为 8%，那么一家年增长率为 2% 的公司的价值比没有增长的公司的价值高 11%。如果年增长率为 4%，它的价值就比没有增长的公司的价值高出 33%；如果年增长率为 6%，那么它的价值就是零增长公司的价值的 2 倍。在极端的情况下，一家追加资本回报率为 24%、资本成本为 8%、年增长率为 6% 的公司，其价值是零增长公司的 3 倍。

表 7–11　　成长价值矩阵

	(A)	(B)	(C)	(D)	(E)
ROC/R	1.0	1.5	2.0	2.5	3.0
G/R 25%	1.0	1.11	1.17	1.20	1.22
G/R 50%	1.0	1.33	1.5	1.60	1.67
G/R 75%	1.0	2.00	2.5	2.80	3.00

表 7–11 的一个突出特征就是成长性乘数非常小。要想使乘数高于 2，就需要很高的资本回报率和增长率。如果一家零增长公司的股票以 16 倍的市盈率出售，即 EPV=16 × 收益（这种情况在今天很常见的），那么一家市盈率为 48 倍（即 3 × EPV）的公司的资本收益率应该是资本成本的 3 倍，增长率是资本成本的 75%。如果资本成本为 12%，这就意味着在未来很长时间，而不只是在未来一两年里，公司的 ROC 将达到 36%，增长率将达到 9%。

现在，我们可以将我们的估值矩阵应用于英特尔公司，看看如果我们在 1990 年或者 1991 年按盈利能力价值价格买入公司股票，我们是否能够指望特许经营权下的增长为我们提供安全边际。为此，我们需要计算成长性和营利性，在这里我们可以做出一些选择。我们可以选择销售增长、收益增长，或者两者都选择。从 1990 年 12 月的有利情况来看，这没有什么区别。英特尔公司在过去三年平均增长率足够快，在其资本成本为 12% 的情况下，我们可以简单地使用表 7–11 最后一行的数据，即增长率至少为资本成本的 75%，或者增长率至少为 9%。

完成这项工作的另一个变量是资本回报率与资本成本之间的关系。日常使用的资本回报率有多个不同的衡量指标。最简单的是股本回报率，即每股收益除以每股账面价值得到的数值。这个衡量指标没有考虑公司承担的债务或者积累的盈余现金。专业人士青睐的一个指标是投资资本回报率，它是用营业收益作为分子、营业资产作为分母计算得出的。在英特尔公司的案例中，这个指标远高于股本回报率，反映了盈余现金和该公司较低的未偿债务。即使我们选用较低且不那么准确的股本回报率来衡量，该公司这些年的平均数值仍然高于 18%。在资本成本为 12% 的情况下，ROC/R 比率就是 1.5，使得英特尔公司落在 B 列（见表 7–12 所示）。B 列与第三行交点的数字为 2，意味着增长的英特尔公司的价值应该是当前盈利能力价值的 2 倍。如果我们在这段时期按接近其盈利能力价值的价格买入英特尔公司的股票，那么成长性将为我们提供 50% 的安全边际。

表 7–12　　1987—1990 **年英特尔公司的增长变量和回报变量**

	1987 年 12 月	1988 年 12 月	1989 年 12 月	1990 年 12 月
销售额增长率	51%	51%	9%	25%
调整后息税前利润增长率	n.a.	152%	8%	30%
股本回报率	19%	22%	15%	18%
投资资本回报率	18%	40%	38%	40%

注：n.a.= 不适用。

所有这些计算都假设特许经营权是持久的，而且资本成本与资本回报之间的差额可以持续存在。这些都是对个人电脑行业的未来以及英特尔公司在其中的地位的判断。尽管做出前瞻性预测并不容易，但是与预测该公司未来 10 年的终值并将其折算为现值相比，前瞻性预测的要求要低得多。成长性在这里被用作安全边际，而不是被看作将一家收入微薄且现金流为负的公司转变为一家世界级大公司的必要因素。

我们现在知道，对英特尔公司的投资会有丰厚的回报。如图 7–6 及本章之前的图表所示，英特尔公司的市场价值在 1991 年之后继续上升，很快把盈利能力价值抛在了后面。也许特许经营权下的增长在 1991 年以后数年会继续提供足够的安全边际，尤其是当我们改变了模型，把英特尔公司在这些年所得的高额营业收入和资本回报考虑在内时更是如此。在过去十年的某个时候，市场的繁荣，无论是否非理性，都已经将英特尔公司挤出了价值投资的谈判桌。但是在 1987 年之后的几年中，出现了长期的投资机会。在此期间，了解英特尔公司特许经营权的现代价值投资者有机会获得高额的回报。

附录：估值代数——资本回报、资本成本与成长性

对于一些公司来说，成长性创造财富；对另一些公司来说，成长性则会破坏财富。为了理解出现这种差异的原因，我们将从一家以固定增长率平衡发展的公司的简单案例开始。这里的“平衡”是指：如果该公司的收入每年都增长 10%，那么财务报表中的每个其他项目都以同样的百分比增长。税前和税后的利润率都保持不变。因此，息税前利润同样增长 10%，净利润也是如此。支撑利润所需要的资产，即现金、设施、不动产和设备，都按比例扩张，自发负债也是如此。由于资产减去自发负债等于必需资本，所以必需资本也必须增长 10%。每一项与收入的比率都保持不变。

对该公司而言，好消息是每年收入和收益的增长使公司的价值稳步提高。坏消息是这种增长必须由相同比例的追加投资支撑，而且每年的新追加资本都要比前一年多 10%。如果好消息（更高的收益）的影响超过了坏消息（需要更多的投资），那么增长就是值得的。我们该如何决策呢？

回到之前的简单例子上（如表 7–13 所示）。1999 年初，这家公司有 2 亿美元的投资资本（资本等于债务加上权益资本，但是为了简化计算，假设该公司只有权益资本），预期销售额是 4 亿美元。我们预计该公司的收益为 3200 万美元，净利润率为 8%，股本回报率为 16%。为了使公司增长 10%，就需要 2000 万美元的追加投资。这就使可分配给现有股东的资金减少至 1200 万美元。因此坏消息是，增长需要追加 2000 万美元。好消息是，在我们简单的设想中，这 1200 万美元将继续以每年 10% 的速度复合增长。在未来的某个时间（大约 12 年），它将超过最初的 3200 万美元。

表 7–13　　平衡增长

	1999 年	2000 年	2001 年
销售额	400	440	440
净利润	32	35	39
净利润率（%）	8%	8%	8%
股权	200	220	240
股本回报率（%）	16%	16%	16%
可分配给投资者的数额	12	13	13

注：除了净利润率和股本回报率外，其余数字单位为百万美元。

我们还需要知道这种成长是否增加了价值。为了确定这一点，我们将在这一成长例子中可提供给投资者的现金流现值，与根本没有增长的现金流的现值进行比较，前提是销售额、收益和所需资本保持在 1999 年的水平。在这种零增长的情况下，现值正好是盈利能力价值，因此我们将其称为 EPV。当现金流以固定比率增长时，可以用以下公式来计算该现金流的现值（PV）：

PV= 初始现金流 ×1/（R-G）

其中，R 是资本成本，G 是增长率。如果资本成本为 20%，那么在零增长的情况下，等式为：

EPV=32 美元 ×1/（20%–0%）=32 美元 /0.2=160 美元

成长性公司的公式为：

PV=12 美元 ×1/（20%–10%）=12 元美元 /0.1=120 美元

初始价值是不同的，因为在零增长的情况下，公司可以分配所有的收益；而成长需要追加投资。对于这家追加资本回报为 20% 的公司来说，成长是一个错误。在增长的情况下，提供给股东的现金现值低于销售额和其他一切保持不变时的现值。

如果公司只需为追加资本支付 14% 的回报，结果就不同了。那么静态情景下的公式变为：

EPV=32 美元 ×1/（14%–0%）=32 美元 /0.14=229 美元

而成长性情况下的公式是：

PV=12 美元 ×1/（14%–10%）=12 美元 /0.04=300 美元

当贴现率从 20% 降至 14% 时，成长性增加了价值。最后，如果贴现率为 16%，静态情景下的公式为：

EPV=32 美元 ×1/（16%–0%）=32 美元 /0.16=200 美元

成长性公式是：

PV=12 美元 ×1/（16%–10%）=12 美元 /0.06=200 美元

现在，成长性既不增加价值，也不会破坏价值。

记住，该公司的资本回报率为 16%，当贴现率也为 16% 时，并非巧合。为了说明原因，我们需要给出更多的公式。

3200 万美元的收益（E）等于资本总额（C）乘以资本回报率（ROC）：

$$E=C\times ROC$$，**在本案例中为** 32 **美元** =200 **美元** ×16%

根据资本回报率的定义，这是正确的。支持每年 10% 的增长所需要追加的投资（I）是：

$$I=C\times G$$，**在本案例中为** 20 **美元** =200 **美元** ×10%。

要使公司的资本与销售额同样增长 10%，需要追加以上投资数额。

可分配现金流（CF）等于收益 × 减去追加投资。由于 $E=C\times ROC$，$I=C\times G$，所以，

$$CF=(C\times ROC)-(C\times G)=C\times(ROC-G)$$

在本案例中，12 美元 =200 美元 ×（16%-10%）。

成长性的可分配现金流的现值是：

$$PV=CF\times 1/(R-G)$$

由于 $CF=C\times(ROC-G)$，所以 $PV=C\times(ROC-G)\times 1/(R-G)=$

$G\times[(ROC-G)/(R-G)]$

在本案例中：

200 **美元** =200 **美元** ×［（16%-10%）/（16%-10%）］

这个代数表达式直观地表达了量变只见的关系。可分配现金流的现值取决于 C（即公司初始资本的金额）和表达式（ROC-G）/（R-G），我们将后者称为成长性因子（F）。在我们的例子中，由于资本回报率与获得资本的成本相等，所以 F=1。无论增长率（G）是多少，当 ROC=R 时，F 就等于 1。如果 ROC=12%=R，那么对增长来说，F=（12%-G）/（12%-G）=1。只要资本回报率等于资本成本，无论成长性有多快或多慢，企业的价值都不会增加。

我们知道原因。增长需要追加投资，尽管这种投资能够产生资本回报，但是提供资本的投资者也要求因提供资金而获得报酬，这就是资本成本。在我们的例子中，ROC 和 R 是固定的。当 ROC=R 时，从投资中获得的全部收入都用来补偿新资

金提供者，没有剩余资金可以分配给公司现在的所有者。因此，无论追加投资产生了多少额外的收入和收益，对于公司的现有所有者而言，公司价值并没有改变。对于那些认为应当为公司的快速成长支付溢价的投资者而言，这种情况可能是出人意料的。这种推理隐含的假设是成长只需要少量的追加投资，使更多的现金可供分配。然而，即使对于新经济中那些已经用智力资本替代了砖瓦、灰浆和钢材的公司来说，没有投资的成长也很少见。

成长可能比中性更糟糕，实际上它可能会破坏价值。当资本回报小于资本成本时，就会出现这样的情况。回看成长性因子 F，如果 ROC=0.10，R=0.12，那么 F=（0.10−G）/（0.12−G）。在这种情况下，无论增长率是多少，F 都小于 1，并且随着增长率的上升而变小；当 G 达到 10% 的年增长率时，F 降至零。只要每一美元追加投资的成本高于这一美元产生的增量收益，成长性就会破坏价值。增长率越高，所需要的投资越多，成长性破坏价值的速度就越快。

很明显，只有当资本回报率大于资本成本（ROC ＞ R）的时候，成长才会增加价值。根据成长性因子公式，如果ROC=20%，R=10%，那么F=（0.20−G）/（0.10−G），它永远大于 1，并且随着增长率（G）的提高而增加；直到 G 达到 10% 时，在这一点上分母降为零，F 的值趋向无穷大。这在代数计算上可能是正确的，但在现实中我们不可能遇到这种情况。

原因也很简单。投资的每一美元获利 0.20 美元，而只需向资金提供者支付 0.10 美元。剩下的每年每股 0.10 美元可以分配给原有股东，这个过程的确创造了价值。公司的成长速度越快，能够用来投资获利 0.20 美元而成本仅为 0.10 美元的钱就越多。以这种方式扩张的公司，追加资本的回报率远高于投资成本，它们就是成长性创造价值的公司。

这些公司是什么类型的公司呢？答案很清楚。如果一家公司在没有竞争优势的行业中经营，该行业也没有进入壁垒，那么高于资本成本的回报就会吸引新进入者，激烈的竞争将消除这部分高额利润。正如我们在第 5 章中讨论的那样，没有进入壁垒，竞争迟早会导致回报率下降，直至它等于资本成本。由于最普遍的竞争条件是公平的竞争环境，所以对于大多数公司来说，资本回报将等于资本成本，成长将不会创造价值。对于这些公司来说，成长性不会增加当前的盈利能力价值。对于那些处于进入壁垒的错误一边，在行业外向内张望的公司来说，一旦资本成本超过了资本回报，增长破坏了价值。只有在公司享有可持续的竞争优势，并在其特许经营权范围内受到进入壁垒保护的市场中，资本回报才会高于资本成本。因此，增长估值的基本原则归结为：只有在特许经营权范围内的增长才能可靠地创造价值。

对于英特尔公司来说，这意味着它只有在其中央处理器芯片市场之内的增长。向其他市场，即使是其他微处理器市场进行多元化扩张或者冒险进入远离其核心业务的市场，很可能会破坏价值，而不是创造价值。在这些市场上，没有进入壁垒保护英特尔公司，它是新进入者。它所能期待的最佳状态是一个公平的竞争环境。离开特许经营权可能就像为了追求霍布斯（Hobbes）的大自然生活而寻找伊甸园：是孤独的、贫穷的、肮脏的、粗野的以及短暂的。

特许经营权范围的增长实际创造了多少价值呢？要回答这个问题，我们需要将正在成长的公司的现值与其在没有成长时的盈利能力价值（EPV）进行比较。我们来看看增长给盈利能力价值增加的价值的比例，我们将其表示为：

$$M=PV/EPV$$

其中 M 被定义为成长性价值乘数。在这个表达式中：

$$PV=C\times(ROC-G)/(R-G)$$

$$EPV=C\times ROC/R=C\times(ROC/R)$$

将以上两个表达式代入 M 的定义公式，稍加处理就得到了如下等式：

$$M=1-(G/R)(R/ROC)/1-(G/R)$$

这表示成长性价值乘数（M）主要受两个关键因子的影响。第一个是获得该资本的成本与投资资本回报率之间的比率，即 R/ROC。投资越有利可图，这个比率就越低，成长性价值就越大。第二个是预计增长率（G）与最大合理增长率（R）之间的比率。记住，如果 G 大于 R，公司的价值就是无穷大，所以从长期看，R 是增长率 G 的实际上限。只要 ROC/R 大于 1，即 R/ROC 小于 1，更高水平的成长将为公司带来更大的价值。表 7–14 展示了一系列资本回报率与增长率所对应的成长性价值乘数（M）。可以看出，增长率越高（相对于最大合理增长率 R 来说），盈利能力就越强（相对于资本成本来说），成长性价值就越大。

表 7–14　　成长价值矩阵

	（A）	（B）	（C）	（D）	（E）
ROC/R	1.0	1.5	2.0	2.5	3.0
G/R 0.25	1.0	1.11	1.17	1.2	1.22
G/R 0.5	1.0	1.33	1.5	1.6	1.67
G/R 0.75	1.0	2.0	2.5	2.8	3.00

到目前为止，我们仅仅讨论了固定的成长性。显然，这是人为假设的条件。更常见的情况是，一家公司在几年时间里增长得非常快，然后随着公司变得成熟，其增速放缓，此时公司以缓慢却稳定的速度增长。在这种情形下，关于成长性与价值的基本原则仍然适用。在特许经营权下的增长创造价值。处于竞争劣势的增长会破坏价值。在公平竞争环境下的增长则没有价值。

有一些相对简单的方法可以计算由这类增长所创造的价值。最简单的方法是估计公司将能够以这种令人兴奋的增长率增长多少年，然后等它进入成熟阶段后，再适用慢得多但固定的增长率。每一阶段的增长率是人为选择的，并且被用来预测收入。我们运用标准比率将这些销售收入转化为年度现金流，在快速增长期和成熟期，比率或许有所不同。最后，假设每个时期的资本成本率，并且计算从现在到未来的现金流净现值，其中要运用第二阶段的参数来计算快速增长期结束时的终值。这是一种标准的净现值分析法。

问题在于，基于这种增长的价值估算在实践中可能是非常不可靠的。微软公司的情况就能说明问题所在。微软公司无疑是个人电脑蓬勃发展的最大赢家，甚至超过了英特尔公司。在那个领域中，微软公司已经享有并很可能继续享有强大的特许经营权。从 1996 年到 2000 年间，微软公司的销售额每年增长大约 30%，其每股收益每年增长大约 40%。2000 年，该公司股票的市盈率令人兴奋，从最低的 23 倍到最高的 70 倍。该公司不支付股利，但确实积累了大量的现金余额。假设我们预计，从 2000 年到 2009 年微软公司的销售额和利润将继续以每年 40% 的速度增长。那么，到这段时期的期末，该公司的销售额和利润将是目前水平的 20 倍左右。同样假设从 2000 年起，微软公司将其一半的利润作为股息分配，并且其资本成本为 15%。那么，截至 2009 年，这些股息的现值约为 22 美元。这几乎是微软股票最高价 119 美元的 20%。股东预期的所有其他收益都将取决于公司 2010 后的现金流。即使每股股价 50 美元（这是 2000 年底前后，微软公司股票的价格），也有近 60% 的价值仍取决于 2010 年之后的业绩。即使是 2000 年最好的分析师也很难准确预测微软公司未来 10 年的收益情况。在这种情况下，不可能判断微软公司是不是一个好的价值投资的对象。

第8章

构造投资组合：风险、分散投资与默认策略

到目前为止，我们一直关注的是估值过程，利用这种技术，投资者可以分析公司的内在价值，并将其与市场价值进行比较。但是，要想成功，资金经理和私人投资者需要做的不只是识别价值被低估的证券，他们还必须将选出的证券组成投资组合，以降低只持有单一证券带来的风险，但仍然不会过度地降低预期回报。即使是最高明、最自信的投资者也知道，最好的想法也可能失败，或者至少在很长时间内无法获利。分散投资是不可避免的。本杰明·格雷厄姆在其著作和在格雷厄姆纽曼公司（Graham-Newman）的实践中都明确强调过分散投资的重要性。但是他所说的分散投资与基金经理所说的分散投资组合并不相同，主要取决于对风险的理解、在分散投资之外是否有其他降低风险的策略，取决于基金经理利用什么来代替普通股和债券投资以及对客户的期望等。

现代投资理论将分散投资看作适当的投资策略方法的两个核心特征之一。因为正如该理论所坚持的，投资者可能通过分散投资来分散只持有一只或者几只证券带来的风险，但投资者不会因为承担了这些风险而获得回报。唯一能够获得相称回报的风险是波动性风险，它指的是分散投资组合的波动性大于更多元化投资组合标准（比如标准普尔500指数或者威尔希尔5000指数）的风险。有效市场假说（即市场总是能够准确估计证券的真实价值）在这种风险和分散投资的概念中体现出来了，否则聪明的投资者或许能够精心挑选出几只股票，并因此获得回报。

这两个观点都受到价值投资者的排斥。他们认为股票选择的确至关重要，而且他们不接受仅仅把风险定义为相对波动性。所以，虽然我们听说真正的价值投资者没有把所有的鸡蛋都放在一个篮子中，但是作为一个群体而言，他们的投资组合确

实比非价值导向型投资者的投资组合更为集中。[①] 这有几个方面的原因。第一，价值投资者在他们的能力范围内进行操作。他们选择的唯一证券是那些他们认为自己了解的证券，他们偏好的公司是那些能够被可靠估值、地位稳固、有稳定的盈利史和不容易受到技术或者消费者喜好突然变化影响的公司。如果这些要求使价值投资者不能拥有那些成长性很好的技术公司或者进入正在经历转型的其他行业，那么他们愿意接受这种限制。第二，对安全边际的要求提供了一种完全不同于分散投资的降低风险的机制。以远低于有形账面价值或者盈利的可靠价值的价格买入一家公司的股票已经是一种低风险策略了。用基于资产的估值来检验基于盈利能力的估值，拒绝为成长前景支付过多，就进一步限制了风险。如果一个普通的投资组合（不是基于价值基础选择的）需要20或者30只股票来实现分散化，那么也许安全边际投资组合只需要10或者15只股票。

正如我们在第1章探讨的那样，波动性并不是唯一的，甚至不是最好的风险衡量指标。每当证券价格的跌幅超过可比市场指数时，其波动性就会增加，但是投资者可能还有足够的安全边际。正如沃伦·巴菲特在谈及他对华盛顿邮报公司的投资时被问的问题：如果他能够用8000万美元收购一家至少值4亿美元的公司，如果该公司的价格跌至4000万美元，那么这笔投资的风险会更大吗？如果我们认为风险是对资本的永久性损失的回避，那么运用我们已经讨论过的包括安全边际原则在内的原则来选股，可能比采用分散投资来分散波动性以外的风险更重要。

分散投资不只可以通过计算投资组合中的头寸数量或者其代表的行业数量来衡量。所有分散投资者的任务是找出那些彼此回报没有很强相关性的资产，甚至是回报具有负相关关系的资产。雨伞制造商和防晒霜制造商构成的投资组合是表达这一理念的适合所有季节的投资组合。困难的是事先预测各种资产之间的相互关系，无论它们过去的历史数据有多可信。一些有声望的投资者因为押注于自己预测相关性的能力而变得声名狼藉。他们用大量借来的钱来支持他们模型的预测是没有意义的。借钱的结果是，即使他们的预测只是出现了短时间的偏差，这个错误仍然是致

---

① 20世纪90年代末期确实出现了一种更为集中的投资组合的时尚，甚至以成长性为导向的投资者也是如此。名字中带有数字“20”或“30”的共同基金以及那些自称“集中投资”的共同基金开始出现。这可能是现代投资理论在该行业内地位下降的结果，或者仅仅是因为人们希望利用“最好的想法”来获利。在长达15年的牛市行情过去之后，调节市场水平的恐惧与贪婪的天平可能已经向贪婪倾斜，我们认为这是一个令人不安的迹象。

命的。

一些价值投资者利用整体股票市场与我们所说的事件驱动型投资之间的低相关性来进行分散投资。套利头寸、投资于将被收购的公司或者刚被分拆出去的公司、投资第 11 章提到的处于破产保护中的公司的证券以及投资处于清算流程中的公司，都能提供不依赖市场整体方向或者与市场整体方向不相关的高回报。投资于不动产或者其他硬资产也可能有同样的效果。买入整家公司是降低回报率与整体市场回报率相关性的可靠方法之一。现在投资者是企业的所有者，他的收益取决于企业的经营情况，而不是其他人将为该企业的部分债权支付多少钱。沃伦·巴菲特领导的伯克希尔哈撒韦公司就是由最受尊敬的价值投资者直接拥有企业所有权的最著名例子。

价值投资者还通过不断地挑战自己的判断来控制风险。由于他们的很多决策都与华尔街的主流想法格格不入，所以他们寻求对自己的观点的可靠确认。例如，如果聪明的内部人士在市场忽略某只股票的时候买入了它，那么投资者就获得了一定程度的保证。虽然这些内部人士并不总是对的，而且他们往往买入过早，但是公司外部没有人比他们更了解公司的前景。第二种确认来自发现其他备受尊重的投资者持有类似的头寸。美国价值型基金经理传奇人物麦克尔·普里斯（Michael Price）说，他在早期投资中学到，在一笔交易中，不要站在普利茨克家族（Pritzkers）的人或者托马斯·梅隆·伊万斯（Thomas Mellon Evans）这样的人的对立面。当他们买入他所买入的股票时，他就会感到放心。最后，价值投资者们会经常问自己，是什么神圣的力量给予了他这次宝贵机会？也就是说，如果它有如此令人惊叹的价值，为什么其他投资者没有蜂拥而入抬高价格？为了回答这个问题，价值投资者会仔细回顾他们从投资策略到估值步骤的所有分析，试图找出他们在哪里犯了错误。这种情况是否像他们以前遇到过的收益不佳的情况？这是以前他们掉进的那种类型的价值陷阱（即价格低廉到可以买进，然后永远保持低价）吗？永远不犯错是不可能的，但这种自我检查的练习有助于检验他们的智慧。

头寸限制是另一种保障。投资者制定的策略限制了他们投资一只证券的投资组合的数量。他们可以对首次购买有一个限制，对投资组合内的证券有另一个标准。如果一个头寸的升值幅度超过了这些限额，发出的信号就是需要卖掉一部分走强的证券以保持平衡。这当然也是一种分散风险的形式，但更多的是为了限制对任何特定投资的敞口，而不是为了模仿整个市场的表现。一些价值投资者会从相反的角度来使用头寸限制。如果他们不愿意在一只证券上投资一定的金额，比如说他们投资组合的5%，他们就不会买入这只证券。这种策略的目的是确保他们已经做了所有必要的工作，以树立对所采取的集中性头寸的信心。由于Metapunt公司的股票占他们资产的比例很小，所以只需进行粗略分析就可以了，这样的借口对他们来说并不适用。

还有一种大多数价值投资者都会回避的风险管理方法。在资金管理业务中有做空者，还有更多的人是对冲基金经理，其所运营的投资组合由多头头寸和空头头寸组成。最极端的一种策略被称为市场中性策略，即保持多头头寸和空头头寸的平衡，使投资组合免受市场的影响。所有做空行为背后的假设都是证券当前的价格是不可持续的，随着价格的下降，投资者将回购他们已经卖出的证券，并从中获利。做空者和套期保值者使用技术分析、基本面分析和事件导向分析来做出选择。有人可能认为，正统的价值投资者凭借他们的估值方法会很容易发现定价过高的证券，当股价下跌时，他们就会受益。问题是没有人可以肯定地说股价什么时候下跌。本杰明·格雷厄姆说，从短期来看，市场是一台选票机；从长期来看，市场是一台称重机。他没有说转换会在何时发生。市场上有太多被高估的证券价格在继续翻倍上涨，价值投资者无法确认自己是否触到了最高价。空头头寸给价值投资者带来了更多的威胁，因为价格上涨得越高，它们在投资组合中所占比例就越大。

最后，当价值管理人无法找到更多适合投资的领域时，他们就面临着如何处置托管资金的问题。最糟糕的情况是，市场可能被严重高估，以至于没有明显的价值机会。还有一些不那么极端的情况也会带来挑战。假设一家价值投资公司拥有1亿美元的资产，投资组合经理已经找到了足够多的价值股和其他投资，足以吸收8000万美元的资金，但是他们所关注的其他投资选择似乎要么定价过高，要么太不确定。他们应当如何处理剩下的2000万美元吗？一个答案是将这些资金分散在现有投资上。他们可能决定不这样做，要么是因为他们持有全部头寸，不愿意增加新的头寸，要么是因为价格已经上涨到了一定的水平，尽管他们不想卖出，但可能是因为税费原因，他们也不会再买入了。对于非价值型投资经理来说，这个问题可能不会出现。他们可以接受始终保持满仓的投资方针，而且他们在任何时候都可以找到“相对”便宜的或者符合其他比较标准的证券。大多数价值投资者都会避免使用这种“相对”方法。

沃伦·巴菲特以棒球为例的比喻描述价值投资者的典型反应。投资者可能一整天都在球场上而不必挥棒，因为在投资中没有事先预测好的击球。因此，将缺乏新的投资机会视为整个市场被高估的信号是有道理的。这并不是一个基于宏观预测或者宽泛的估值标准（比如标准普尔 500 指数的市盈率）做出入市时机的判断。这是一种为了寻找好投资而做的自下而上的研究。如果市场被高估，那正是持有现金、无风险资产并等待机会重新出现的好时机。对于价值投资者来说，持有现金是默认策略，是最佳方法。但现金的积累就像矿工的金丝雀一样，是情况不妙的迹象。

然而，在这种每天公布证券价格的投资氛围中，并非所有的投资经理都能负担得起持有大量现金。如果伯克希尔哈撒韦是一只开放式共同基金，而不是一家有着公开流通股票的公司，许多投资者会在 1999 年之后和 2000 年撤出资金，在这期间，该公司的股价下降了大约一半，而市场却在上涨。在 20 世纪 90 年代的最后几年，一些价值投资经理看到自己管理的资产大幅缩水，原因是投资者撤出了资金，转而追求科技类成长型基金或者类似产品的更高回报。为了保住职位，一些价值型投资经理也可能需要一种除持有现金之外的策略。

这又带我们绕回到了现代投资理论和有效市场假说。如果价值投资者不相信从价值角度进行的基本面分析，在某些情况下（但并不是在所有情况下）能够识别出一只证券的内在价值与市场报价有明显的差异，那么他们就没法做生意。信息和理解确实起到了重要作用。但是当价值投资者对新理念的寻找未能带来任何好的结果时，他们的默认选择可能变为一只基础广泛的指数基金或者其衍生品。如果将基金经理与其他权益投资经理进行比较，那么持有大量现金的选择可能并不明智。持有指数基金能成为投资组合的一部分，理由很简单。从历史角度看，在大多数的五年期限中，股票市场跑赢了债券或现金[①]。在缺乏特定知识或者信息时，指数确实是所能获得的最佳选择。事实上，如果投资经理根本没有独到的见解，那么指数就应该是整个投资组合的选择。在这种情形下，投资经理是多余的。只有当投资经理知道对市场有更多的知识或更深的理解时，主动管理才是有意义的。当情况变化时，可能就要服从市场先生了。

① 1871 年至 1992 年间，在所有的五年期中，71% 的股票跑赢了债券。在 75% 的时间中，股票跑赢了美国国债。

第三部分

价值投资实践：八位价值投资者的简介

之前我们详细介绍了价值投资的经济基础，之后我们要介绍一些价值投资者所做的实际工作。我们的投资者既有90岁以上的，也有35岁以下的，这不仅证明了价值投资作为一门学科存在，而且证明了价值投资的持久性。在这些投资者中，有三位曾为本杰明・格雷厄姆工作，或者与他共事过。有四位曾就读于哥伦比亚商学院，学习了格雷厄姆本人或者与其继任者的课程。麦克尔・普里斯和塞思・克拉曼（Seth Klarman）是价值投资中的另一派。他们都曾经与马克斯・海涅（Max Heine）共事过。马克斯・海涅是投资界的另一位传奇人物，因其在破产投资方面的专长而闻名，他也是纽约市一个由价值投资者组成的非正式组织的成员。该组织的成员还包括格雷厄姆、沃尔特・施洛斯和罗伯特・赫尔布伦（Robert Heilbrunn）。

价值投资领域远远不止有这群学识超群且相似的人。然而，我们也不必以这群人为标准去界定不同风格的价值投资。我们在这里介绍的投资者，其中一些仅投资于优质公司，并打算长期持有（如果不是永远）。其他一些人则正在寻找已经被扔进垃圾堆的受损“商品”，尽管这些资产或者企业仍然值一些钱。有些投资者的投资组合中有六至八只股票，有些投资者的投资组合在任何时候都拥有100多家公司的股票。他们中的一些人会购买即将或者已经破产的公司的债券，他们认为要么债券会以超过他们成本的价格被赎回，要么他们最终将拥有重组后公司的股权。一些人寻求特立独行，他们投资于那些小微公司；另一些人青睐于有良好业务的老牌企业，它们稳定且具有可预测性。一些人购买那些可能被行业收购或整合的公司股票，卖出的时候从收购方获得溢价；另一些人则自己扮演收购者的角色，买下整家公司。

在选择公司时，价值投资者会基于不同的维度，比如规模、质量、成长前景、资产支持、地理位置（仅在国内或者是国际化公司）等。他们在构建投资组合方面也有所不同，比如多元投资、行业加权以利用能力圈、适度集中或者紧密聚焦。我们在图III–1中列出了将要介绍的八位投资者以及其他一些投资者。这些投资者最重视“公司质量”这个维度。质量维度包括估值方法（资产、收益和增长）、投资组合的广度（更好的公司通常意味着更集中）和持有股票的预期时间（对于大幅折价的股票，一直持有到其价格恢复；对于伟大的公司，则永远持有）。

该图中名字加黑的投资者不在本书介绍之列。除了本杰明・格雷厄姆以外，他们还包括已故的共同基金的基金经理马克斯・海涅；美国价值和全球价值共同基金的经理特维迪·布朗尼（Tweedy Browne）；温莎基金经理约翰·内夫（John Neff）；Royce and Associates公司的查尔斯·罗伊斯（Charles Royce），该公司管理着多家基金；《股市天才：发现股市利润的秘密隐藏之地》（*You Can Be a Stock Market Genius*）一书的作者乔尔·格林布拉特（Joel Greenblatt）；第三大道价值基金经理和《马丁·惠特曼的价值投资方法：回归基本面》（*Value Investing: A Balanced Approach*）的作者马丁·惠特曼（Martin Whitman）；曾长期担任红杉基金（Sequoia Fund）经理的威廉·鲁恩（William Ruane）和理查德·库尼夫（Richard Cuniff）。

价值投资的不同方法

经典	混合	当代
格雷厄姆	加贝利	巴菲特
特维迪·布朗尼	**内夫**	格林伯格
施洛斯父子	普里斯	**鲁恩，库尼夫**
海涅	**罗伊斯**	
赫尔布伦	**格林布拉特**	
克拉曼	**惠特曼**	
索金		
分散投资组合	重置价值	集中投资
有形资产	充分的研究	大量深入研究
粗略的调研	私人市场价值	特许经营权价值
不体面的	催化剂	吸引人，但缺少诱惑
“受伤的鸭子”	相对价值	拥有企业
在阴影里	温和的	“受伤的老鹰”
	常规化收益	藏在不经意的地方
	临时离场	

图 III–1　价值投资的模式

这些描述性的标签旨在解释每组投资模式的一些关键要素。博学的读者也许不同意其中的许多描述和分类。将这些投资者放在这些分组中有点儿像放猫[①]，而选

① 放猫（herding cats），指不可能完成的任务。——译者注

择合适的词汇来描述每个阵营则是一场徒劳的游戏——虽然没什么结果，但仍然很有趣。

需要提醒大家的是：投资可能不是神经外科学或者粒子物理学，但也不是小孩子的游戏。我们在这里介绍的专业人士以及许多其他有技能、专注的基金经理都花了很多年的时间来掌握他们的技艺，并且每天花几个小时的时间练习。能够轻易地获得实时证券价格以及廉价的交易已经使很多原本理性的人确信，按照自己的意愿进行投资既能带来乐趣，也能带来利润。大量的广告向我们展示了交易是多么简单，却没有提到知道应该交易什么是多么困难。如果有效市场假说正确，那么一般而言，这种宣传不会造成太大的伤害。但是学费还是要交的，退休金不是轻易就能筹集到的，而是某些人从特定账户筹集的。

我们认为，直接和主动投资是一种危险的游戏，并非人们可以在家里随便玩的把戏。毕竟，市场先生代表整个投资者群体。当市场先生由于对信息的过度反应或者其他极端行为为价值投资者创造了机会时，大多数参与者都是随大流，而不是坚持立场。回想一下沃伦·巴菲特经常引用的一句至理名言：如果你玩扑克牌游戏玩了 30 分钟还不知道谁是容易受骗的人，那你可以相当确信的是，容易受骗的人就是你自己。

第 9 章

Value Investing: From Graham to Buffett and Beyond

沃伦·巴菲特：投资就是资本配置

沃伦·巴菲特是迄今为止最杰出的投资家之一，很少有人会对此有争议。他赢得的声望既来自 40 多年里他为其合伙人和股东所创造的非凡回报，也来自他在阐释他所从事行业的复杂情况时的非凡能力，他的阐述清晰、谦逊和幽默，从不虚伪或者自鸣得意。1956 年到 1969 年，在运营有限合伙公司期间，以及从 1977 年担任伯克希尔哈撒韦公司的董事长起，巴菲特每年都会撰写致股东信。在致股东的信中，他会报告他在这一年当中所做的重要选择，而且更有持久意义的是，信中也会说明指导其行动的投资哲学。所有从这些信件挖掘内容写书出版并收到版税的作者都可以证明，如果仅仅说这些信件是投资智慧的丰富源泉，那就是低估了它们的真正价值。

尽管我们介绍了其他投资者的情况，但是我们认为让沃伦·巴菲特先生为自己说话是更明智的选择。我们从巴菲特在伯克希尔哈撒韦公司任职期间发表的信件中挑选了一些章节，并重新整理了一下，以揭示我们认为的沃伦·巴菲特投资方法中最重要的因素。这些信件的全文可以向伯克希尔哈撒韦公司索取，也可以从该公司的网站上阅读和下载。所有材料的版权归沃伦·巴菲特所有，以下引用的部分获得了他的允许。

除了摘选和编排这些摘录以外，我们的贡献限定在有关巴菲特作为投资者的三句评论上。

第一，正如巴菲特本人经常在信中提到的那样，他与伯克希尔哈撒韦公司的合伙人查理·芒格的合作帮助他远离了本杰明·格雷厄姆传统的投资理念。这种理念倾向于当一家公司资产大幅贬值的时候，就应买进，而不管公司经营状况如何。它并不赞同以合理的价格购买优质或者优秀公司。尽管巴菲特在伯克希尔哈撒韦公司任职期间仍然对格雷厄姆充满敬意，但是他寻找的是那些有着坚不可摧的特许经营权的公司，尽管这些公司的售价可能是其账面价值的数倍。

第二，尽管很多投资者表示他们认为自己愿意购买企业，而不是股票或者债券，但巴菲特却是真正这么做的人。伯克希尔哈撒韦本身是一个综合体，它直接拥有一些公司，包括一些保险公司，而且大量投资了那些股票上市交易的公司。卡罗·卢米斯（Carol Loomis）是一位观察家，也是巴菲特多年的朋友，他写道：

> 对于投资者巴菲特和商人巴菲特，关键的一点是，他们以完全相同的方式看待公司所有权。投资者巴菲特看到的是在股票市场上以低于内在价值的价格，即以低于理性买家为拥有整个企业而支付的价格购买企业部分股权的机会。管理者巴菲特看到的是以不超过内在价值的价格购买整个企业的机会。
>
> 巴菲特想要的商品也可以简单地描述为“好企业”。对他来说，这本质上指拥有强大的特许经营权、高于平均水平的股本回报率、相对较小的资本投资需求，以及有能力释放现金的企业。这些清单可能听起来像母亲和苹果派一样平常。但是，找到并买下这样的公司并不容易，巴菲特将这种寻找比作捕获“稀有且行动敏捷的大象”。

或者，换句话说，不论买的是什么，巴菲特都将投资视为资本配置。

第三，价值投资者们都有相同的信念，那就是当他们在自己的能力范围内进行投资时，他们是最成功的。巴菲特反复说过要寻找他能理解的公司，同时他会避开那些依靠技术优势发家的公司。在他完全理解的业务范围（包括保险公司、媒体公司以及消费品公司）内经营，这些年来，他为自己和与他一起投资的人赚了很多钱。最伟大的投资者都会遵循“坚持自己认定的事情”这样谦卑的准则来赚钱。当然，巴菲特的出众表现不仅仅是源自他坚持了这一准则。不过，投资大众对天才们亦步亦趋，但天才们在离开了自己熟悉的区域时也会跌倒。正如可口可乐公司发现自己更擅长制造和销售软饮料，而不是制作电影，巴菲特的过人之处也是认识到自己的优势范围。

一般准则

1996 年，沃伦·巴菲特撰写并发表了《股东手册》（*An Owner's Manual*），以

“解释伯克希尔哈撒韦公司在运营方面的经济原则”。在这些原则中，我们发现了以下这些对于理解巴菲特这位价值投资者尤其重要的准则。

伯克希尔哈撒韦是一个渠道

尽管我们在组织形式上是公司制，但是我们以合伙制来运作。查理·芒格和我将我们的股东视为所有权合伙人，将我们自己视为管理合伙人。因为无论是好是坏，从持股比例上看，我们都是控股合伙人。我们并不把公司本身视为资产的最终所有者，而是将其视为我们的股东拥有企业资产的一个渠道。

吃自己做的饭

与伯克希尔哈撒韦的所有者导向一致的是，我们的大部分董事都将其大部分净资产投入了公司。我们吃的是自己做的饭，查理和我都愿意把所有鸡蛋放在一只篮子里，因为伯克希尔哈撒韦本身就拥有种类繁多的出色业务。事实上，我们相信，伯克希尔哈撒韦拥有在质量和多元化方面都很独特的业务，它在这些业务中要么拥有控股权，要么拥有重要的少数股权。查理和我无法向你承诺结果，但是我们能够保证，无论你选择在什么时期成为我们的合伙人，你的财务情况都将与我们的保持同步。

使内在业务价值最大化

我们的长期经济目标（更倾向于质量方面的目标）是最大化伯克希尔哈撒韦公司的每股内在价值的年平均收益率。我们并不是依据伯克希尔哈撒韦的规模来衡量其效益如何，而是依据每股收益的增长率来衡量。我们确信，未来每股收益的增长率将会下降，这是由于资产规模在不断扩大。但是，如果我们的增长率没有超过美国大公司的平均水平，我们将会感到失望。

内在价值的定义

内在价值可被简单地定义为：在企业剩余的生命周期中能够从该企业获得的所有现金的现值。然而，内在价值的计算并没有这么简单。正如我们的定义所表述的那样，内在价值是一个估算值，而不是一个精确的数值；如果利率波动或者对未来现金流的预测发生改变，那么这个估算值也要改变。另外，即使两个人看到的是同一系列数据（这甚至适用于查理和我），也可能得出多少有些不同的内在价值数字。这也是我们从来不给出我们对内在价值的估算值的原因之一。

控制权和组合投资各自发挥作用

我们更倾向于直接拥有一个多元化的企业集团来实现我们的经济目标，这些业务能够产生现金，并持续获得高额的资本回报。我们的第二个选择是拥有类似企业的部分股份，这主要是通过我们的附属保险公司购买上市流通的普通股股票实现的。企业的价格和可获得性以及对保险资金的需求决定了任何给定年份的资本配置。

其他准则可以在年度股东信中找到。

股权投资策略 = 从整体上评估企业（摘自 1992 年的致股东信）

我们的股权投资策略与 15 年之前相比变化很小。我们在 1997 年的年度报告中说："为了收购一家企业，我们会从整体上评估企业，我们也以大致相同的方式选择流通股。我们想要的是这样的企业：（1）我们能够理解的；（2）有良好的长期前景；（3）由诚实而称职的人经营；（4）能够以非常有吸引力的价格购得。我们发现有理由对这些信条做出一点改变：由于市场状况和我们公司规模的变化，我们现在用"有吸引力的价格"代替了"非常有吸引力的价格"。

但是，你会问，如何确定什么是"有吸引力的"？在回答这个问题的时候，大多数分析人士都认为他们必须从"价值"和"成长性"这两个通常被认为彼此对立的方法中做出选择。实际上，很多投资专业人士都能看到二者的共同之处。

我们认为这种认识是模糊的（必须承认，我自己几年前也有这样的想法）。在我们看来，这两种方法是密切相关的：成长性始终是价值计算的一个因素。作为一个变量，其重要性可能有时候微不足道，有时候又非常巨大。影响可能是消极的，也可能是积极的。

另外，我们认为"价值投资"这个词本身是多余的。如果"投资"不是寻找那些价值至少可以抵偿支付价格的目标，那么投资是什么呢？有意识地以高于其价值的价格购买股票，期望能够迅速以更高的价格卖出该股，这应该被称为投机（在我们看来，这虽然不违法，也不违背道德，但也不会让人们致富）。

无论合适与否，“价值投资”这一术语在被广泛地使用。通常，它指的是购买具有低市净率、低市盈率或者高股息率的股票。遗憾的是，这样的特征即使一起出现，也远不能决定投资者是否真的按照价值投资的原则在购买物有所值的东西。相应地，相反的特征，比如高市净率、高市盈率以及低股息率也并非就不符合“价值型”购买的要求。

同样，企业的成长性本身并不能为我们提供多少关于价值的信息。成长性的确会对价值带来正面影响，有时甚至是惊人的影响，但是这种影响还是非常不确定的。例如，投资者们经常将资金投入国内航空公司，为无利可图的（或者更糟糕）的增长提供资金。对于这些投资者来说，如果当初奥维尔·莱特（Orville Wright）未能从基蒂霍克起飞，情况就会好很多。该行业增长越快，对投资者就越不利。

只有当企业的投资能够获得更多的回报时，换句话说，只有当为成长提供的每一美元资金创造出超过一美元的长期市场价值的时候，成长才会使投资者受益。在需要增量资金的低收益企业中，成长会损害投资者的利益。

约翰·伯尔·威廉姆斯（John Burr Williams）在其50多年前撰写的《价值投资理论》（*The Theory of Investment Value*）一书中提出了价值的公式，我们在此将它概括如下：任何股票、债券或者企业今天的价值，是由可以预期将在企业存续期内发生的现金流入和流出（以适当的利率折现）决定的。注意，计算股票价值的公式与计算债券价值的公式是一样的。尽管如此，两者之间仍有一个重要且难以处理的区别：可由息票率和到期日来确定债券未来的现金流；对普通股而言，投资分析师则必须自己估计未来的现金流。另外，管理质量很少影响债券，主要是在管理不善或者不诚实时，债券利息才可能被暂停支付。相反，管理能力能够显著影响股票的股息。

用贴现现金流计算得出的最便宜的投资，就是投资者应该购买的资产，不论企业是否增长，其收益显示的是波动还是平稳，或者相对于其当前收益和账面价值，价格是高还是低。另外，尽管价值公式通常显示股权比债券便宜，但这种结果并不是必然的：当计算出来的债券是更具吸引力的投资时，就应该购买债券。

把价格问题先放在一边，我们所能拥有的最好的公司是那些在较长时期内有大量增量资金并能获得非常高的回报率的公司，最糟糕的公司所做的事情则必然与此相反，新增量资本总是获得极低的回报。遗憾的是，第一类公司很难被找到：大多数高回报的公司需要的资金相对较少，这类公司的股东通常获得股息收益或者从大规模股票回购中受益。

尽管为权益估价所需的数学计算并不复杂，但是分析师（即使是那些有经验且聪明的分析师）在估算未来的股息时也很容易出错。在伯克希尔哈撒韦，我们尝试用两种方法来解决这个问题。

第一，对于我们理解的企业，我们努力坚持持有其股票。这意味着这些企业的特征必须相对简单而且稳定。如果一家企业比较复杂，并且容易受到环境变化的影响，我们还没有聪明到能够预测它未来的现金流。我们不会受到这种缺点的困扰。在投资中，对于大多数人来说，重要的不是他们知道什么，而是他们不知道什么。投资者只需要做对少数几件事情，同时避免出现大的错误。

第二，同样重要的是，我们在购买价格上坚持安全边际。如果我们计算得出一只普通股的价值仅仅略高于其价格，我们就没有兴趣购买。我们相信，这个被格雷厄姆推崇的安全边际原则是投资成功的基石之一。

财富增长与规模增长并不相同（摘自1992年的致股东信）

关于发行伯克希尔哈撒韦公司的股票，我们有一个坚定的政策，即只有当我们获得的价值与我们付出的成本一样多时，我们才会发行股票。然而，同等价值并不容易获得，因为我们的股票定价很高。那就顺其自然吧：只有在发行股票也能增加所有者的财富时，我们才希望扩大伯克希尔哈撒韦的规模。

这两个目标并不一定是并驾齐驱的。过去有过有趣的但却损害了公司价值的事例。当时，我们向一家银行投资了一大笔钱，这家银行的管理层固执地想要进行扩张。他们不都是这样吗？当这家银行想要收购一家较小的银行时，小银行的所有者要求基于如下条件进行换股：被收购方的净资产和盈利能力以收购方的两倍以上进行估值。我们所投资的这家银行的管理层（明显是头脑发热）很快做出了让步。接着，被收购方的所有者提出了另一个条件："你们必须答应，一旦我们合并完成，我成为主要股东后，你们就再也不会做这样的交易了。"

分散与集中，风险与收益（摘自1993年的致股东信）

我们采用的策略不同于标准的分散投资原则。许多专家因此会说，这种策略的风险一定比大部分传统投资者所采用的策略更大。我们不认同这种说法。我们相信，如果集中投资的策略（也应该）使投资者在买进之前对该公司进行深入的思考，并对该公司的经济分析感到满意的话，那么这种策略很可能会降低风险。在阐述这一观点时，我们用字典上的术语，将风险定义为“损失或者伤害的可能性”。

然而，学术界喜欢以不同的方式定义投资的“风险”，他们声称风险是股票或者股票投资组合的相对波动性，即这些股票相对于所有股票的波动性。利用数据库和统计技能，这些学者精确地计算出股票的 β 系数，即股票在过去的相对波动性，然后围绕这种计算建立起晦涩难懂的投资和资金配置理论。然而，当他们渴望用一种单一的统计数据来衡量风险时，他们忘记了一个基本原则：近似正确总比完全错误要好。

对于企业的所有者（这也是我们看待股东的方式）来说，学者们对风险的定义太离谱了，以至于造成了荒唐的情况。例如，基于 β 系数理论，一只相对于市场已经大幅下跌的股票（正如 1973 年我们买进华盛顿邮政股时的情形），它在较低价位比在较高价位的风险更大。这种描述对于那些以大幅下跌的价格购买整家公司的人来说有意义吗？

实际上，真正的投资者欢迎波动性。格雷厄姆在其所著的《聪明的投资者》一书第 8 章中解释了原因。他介绍了“市场先生”——一个乐于助人的家伙，它每天都会出现，按你的意愿，要么从你手中买入，要么让你卖出。这个家伙越狂躁抑郁，投资者的机会就越多。这是事实，因为市场的大幅波动意味着稳健的企业将会定期出现不合理的低价。不可理解的是，这种价格的可能性会被认为增加了投资者的风险，投资者是完全自由的，他们要么无视市场，要么利用市场的愚蠢获利。

在评估风险时，完全相信 β 系数理论的人将不屑于考察一家公司生产什么、它的竞争对手在做什么或者公司利用了多少借款。他甚至可能不知道公司的名字，他珍视的是其股票的历史价格。相反，我们会很高兴地放弃对历史价格的了解，而去寻找任何有助于我们进一步了解公司业务的信息。因此，在我们购买了一只股票之后，如果市场关闭一两年，我们将不会受到困扰。我们不需要每天派人核实资产来验证我们的幸福感。那么，为什么我们要求在可口可乐股票上要有 7% 的收益呢？

在我们看来，投资者必须评估的真正风险是在其预期持有期限中，他从一项投资中获得的税后总收益（包括他在卖出时获得的收益），至少要等于他起初的投入成本加上适当的利息报酬。虽然无法机械地精确计算这种风险，但在一定的情况下，还是可以准确计算并加以利用的。影响这种评估的主要因素有：

（1）能够准确评估企业的长期经济特征；

（2）对管理层进行可靠性评估，包括充分实现企业的潜力和明智地运用企业现金流的能力；

（3）管理层有能力将回报从企业传递给股东，而不是企业自身；

（4）企业的收购价；

（5）税收和通货膨胀的程度，它们将决定投资者要从总收入中扣除多少购买力回报。

这些因素或许会让许多分析师感到糊涂，因为他们无法从任何数据库中提取这些因素。准确量化这些因素虽然困难，但不能否定这些因素的重要性。正如贾斯提斯·斯图尔特（Justice Stewart）发现很难明确指明什么是“淫秽”，但是他仍坚称：“当我看到它时，我就知道了。”因此，投资者也可以不用参考复杂的公式或者历史价格，而以一种不准确却有用的方法“看到”某些投资的内在风险。

收购和投资：两者适用同样的规则（摘自 *1978* 年的致股东信）

只有当我们发现（1）我们能够理解的企业；（2）它有良好的长期前景；（3）由诚实且能胜任的人经营；（4）价格非常有吸引力时，我们才会兴奋，并将我们保险公司的大部分资产净值投资于该股票。我们常常能够发现符合条件（1）、（2）以及（3）的少量潜在投资，但是条件（4）往往阻止了投资。例如，1971 年，我们在伯克希尔哈撒韦旗下保险公司的普通股成本达到了 1070 万美元，按市值计算为 1170 万美元。当时，有很多优秀公司的股票可供选择，但是价格有吸引力的却寥寥无几。

值得注意的是，1971 年，养老基金经理前所未有地将可用净资金的 122% 投资于股权，他们以全价买入，因此无法买到足够多的权益。1974 年，在市场已经见底之后，他们将可用净资金的 21% 投入股市，创下当时的历史新低。

过去几年对我们来说又是另一番景象。在 1975 年年底，我们的保险公司持有的普通股的市场价值为 3930 万美元，刚好等于成本。到 1978 年年底，我们持有的股票（包括可转换优先股）的成本为1.291亿美元，市场价值为2.165亿美元。在这中间的三年内，我们也从普通股中实现了大约2470万美元的税前收益。因此，在这三年内，我们在股权上已实现和未实现的税前收益总计为1.12亿美元。在同一期间，道琼斯工业股票平均价格指数从852点跌至805点。对于以价值为导向的股权购买者来说，这是一段了不起的时期。

我们继续通过证券市场的拍卖定价机制，为我们的保险投资组合寻找一小部分真正优秀的企业，价格远低于那些谈判出售的劣质企业的价格。

人们对于这种廉价收购一小部分企业（普通股）的行为几乎没有什么兴趣，这与人们热衷于公司并购的行为形成了鲜明对比。看起来很清楚：要么是企业在谈判交易或者并购投标中犯了大错，以谈判或者并购要约价格买下了整个企业；要么是我们在市场上以较低价格买下部分股权，最终大赚了一笔（1978年，按理应有最深远投资视角的养老基金经理群体只将净资金的9%投入股票——打破了1974年与1977年的历史低水平）。

一般的并购行为（摘自1981年的致股东信）

正如我们的投资历史所示，我们拥有企业全部股权和拥有企业一小部分的有价证券的结果都很好。我们一直在寻找在每个领域实现大量投资的方法，但是我们试图避免小打小闹——“如果某件事情根本不值得做，就不值得做好”。事实上，我们的保险和邮票交易公司的流动性要求我们对有价证券进行大量投资。

我们的收购决定将使经济利益最大化，而不是管理层的权限，也不是财务报表中的数字。从长期来看，如果管理层强调会计表现而不是经济实质，那么通常收效甚微。

如果不考虑对即期报告收益的影响，我们宁愿以每股X的价格买下T公司10%的股份，而不愿意以每股X两倍的价格买下T公司100%的股份。大部分公司经理刚好相反，他们也不乏明确的理由来解释他们的行为。

然而，我们猜测，在大多数高溢价收购中，有三个最重要的动机（通常是不会公开的），它们要么单独发挥作用，要么一起发挥作用。

（1）领导者，无论是企业还是其他领域的领导者，都不缺乏活力，他们以行动或者挑战为乐。在伯克希尔哈撒韦，公司的脉搏在并购时跳得更快。

（2）大部分组织，无论是企业还是其他机构都是让别人来衡量自己的，并且用规模尺度而非其他尺度来衡量管理者的报酬。如果问任何一个登上《财富》杂志 500 强企业的管理者，他的公司在这个著名榜单上的位置，那么他能毫不犹豫地说出按照销售规模排名的名次。但是他可能不知道他的公司在同样是由《财富》杂志精心编纂的、对同样 500 家公司按照盈利能力排名的榜单中处于什么位置。

（3）许多管理者显然对童年时代听到的青蛙王子的故事印象深刻。在故事中，美丽的公主吻了一只青蛙，从而将囚禁于青蛙身体中的英俊王子解救了出来。因此，他们确信，他们的“管理之吻”将为 T 公司的盈利能力创造奇迹。

这样的乐观是必不可少的。如果没有这种乐观的看法，A 公司（收购方）的股东还有什么理由要以 X 两倍的价格，而不是市场价格 X（如果他们直接购买，他们将支付的价格为 X）来购买 T 公司的股权呢？

换句话说，投资者始终能够按照青蛙的现行价格买下青蛙。相反，如果投资者为公主提供资金，这些公主愿意付出双倍代价亲吻青蛙，那么这些亲吻最好具有真正的魔力。我们已经目睹过许多“亲吻”，但很少看到奇迹。尽管如此，许多管理层的公主仍然平静地相信她们的吻具有魔力，即使在她们的公司后院里，没有反应的青蛙多到没膝之深，来不及处理……

伯克希尔哈撒韦的收购目标

我们将继续寻求以有意义的价格收购整个企业，即使该企业未来在很大程度上会沿着过去的路线发展。如果我们确信可以得到什么结果，我们就很可能为第一类企业（这些企业能够提高价格，而不担心失去市场份额或者单位销量）开出高价。但是，我们通常不会为只能得到一部分的东西支付很多钱，因为我们发现通常这样做并不能带来太多回报。

1981 年，我们差点就收购了一家我们很喜欢的企业，而且我们也非常欣赏它的管理者。然而，考虑到所涉及资金的其他用途，如果按照最终要求的价格收购，会使我们的股东遭受损失——帝国会变得强大，但是公民变穷了。

派息政策（摘自 1984 年的致股东信）

派息政策往往会报告给股东，却很少被解释。一家公司可能会说："我们的目标是支付 40% 到 50% 的收益，并以至少等于消费者价格指数（CPI）涨幅的速度增加股息。"公司不会解释为什么这个特定政策将对该企业的所有者最有利。然而，对于企业和投资管理而言，资本配置是至关重要的。因此，我们相信管理者和所有者都应当认真思考在什么情况下要保留盈余，在什么情况下应当将盈余分配给股东。

我们首先要理解，并非所有的盈余都是在同等条件下被创造出来的。在很多企业中，尤其是在那些资产 / 收入比率高的企业，通货膨胀会使部分或者全部账面收益变得虚幻。如果企业想要保持其经济地位，虚幻的这个部分（我们把这些收益称为限制性收益）就无法作为股息被分配出去。如果这些收益被支付出去，那么该企业将在以下一个或多个领域变弱，比如单位销量能力、长期竞争能力以及融资能力等。不管一家公司的股息分配比例多么保守，如果它持续分配限制性收益而不注入权益资本，终将被淘汰。

限制性收益对股东来说还是有价值的，但是它们的价值往往要大打折扣。事实上，无论其经济潜力有多糟糕，限制性收益都是被企业征用的。十年前，颇具讽刺意味的是，爱迪生联合电气公司（Consolidated Edison）使用了留存收益，然而它的投资回报却非常不尽人意。当时，该公司的股价跌至其账面价值的 1/4，主要源于一项惩罚性的监管政策。也就是说，每留存一美元的收益用于再投资，这一美元仅能转化为 25 美分的市场价值。但是，尽管有这个"黄金变成铅"的过程，大部分收益还是被再投资于企业，而不是分发给股东。与此同时，纽约各地的建筑和维修地的招牌上都骄傲地竖立着公司的口号："我们必须不停地挖掘。"

在关于股利的讨论中，我们不再进一步关注限制性收益。让我们转向更有价值的不受限制的收益。这些收益既可以被留存，也可以被分配，具有很大的弹性。在我们看来，管理层应该基于让股东利益最大化的目标来决定是否分配收益。

这一原则并没有被普遍接受。出于各种原因，管理者喜欢留存不受限制的收益，而不是分配给股东，以扩大管理者统治的企业帝国，在优越的财务条件下进行运营。但是我们相信，这只是留存收益的一种有效的理由。只有该公司留存的每一美元至少能为股东创造一美元的市场价值的时候（这个前景最好有历史证据支持，或者在适当的时候，有对未来的全面分析来支持），公司才应当留存不受限制的收益。只有当留存的资本产生的增量收益等于或者高于投资者通常可获得的收益时，才会出现这种情况。

在判断管理者是否应当留存收益时，股东不应仅仅将近年来的增量收益总额简单地与增量资本进行比较，因为二者的关系可能会被核心业务的状况所扭曲。在通货膨胀时期，拥有以超常经济特征为核心业务的公司，可以将少量的增量资本用于该核心业务，并获得高额回报。但是，除非这些业务在经历巨大的单位增长，否则出色的业务显然会产生大量的剩余现金。如果一家公司逐渐减少投资其他回报率较低的业务，那么该公司总留存资本的回报肯定会很好，因为投资于核心业务的增量资本获得了超额回报。这种情况类似于一场职业选手和业余选手混合的高尔夫赛事：如果所有业余选手的球技不好，专业选手具有绝对的技术优势，那整个球队的最佳得分仍将十分突出。

资本配置、控制权投资以及税收（摘自1987年的致股东信）

在并购企业和购买股票时，我们不但试图买下一家好公司，而且希望这家公司最好是由高水平、有才华且令人喜爱的管理者经营。如果我们看错了管理者，对公司的控制权会提供一些优势，因为我们有能力更换管理层。然而，在实践中，这种优势多少有些不合实际：管理层的变化，就像婚变一样，过程是痛苦的、旷日持久的和带有高风险的……

我认为控股公司有两个主要优势。第一，当我们控制一家公司时，我们可以分配资本，而在持有流通股的情形下，我们很可能对这个过程很少有发言权。这一点可能很重要，因为许多公司的管理者并不擅长资本配置。他们的不足之处不足为怪。大多数老板之所以能够升到高层是因为他们在市场营销、生产、工程、管理等领域，或者有时候在机构政策方面表现出色。

一旦他们成为首席执行官，就会面临新的责任。他们现在必须做出资本配置决策，而这项至关重要的工作他们可能从未处理过，也很难轻松掌握。进一步说，这就仿佛一位才华横溢的音乐家并没有得到在卡耐基音乐厅演出的机会，而是被任命为美国联邦储备委员会主席。

许多首席执行官缺乏资本配置的能力，这可不是小事。如果一位首席执行官任职的公司每年的留存收益相当于净资产的12%，那么十年后，该首席执行官应当对该企业60%的运营资本负责。

那些认识到自己缺乏资本配置能力的首席执行官（并非所有人都做到了这一点）往往会求助于员工、管理顾问或者投资银行人士，以弥补自己的不足。查理和我常常看到这种“求助于人”的情况。总的来说，我们认为这更可能加剧而不是解决资本配置问题。

控制公司相对于购买有价证券的第二个优势与税收有关。伯克希尔哈撒韦作为一家企业股东，通过部分持股承担了大量税收成本，而当我们的持股比例达到80%或者更高时，我们就不会这样做。我们曾经长期面临这样的税收劣势，但是税法的变化导致这种劣势在过去一年明显加剧。因此，如果伯克希尔哈撒韦持有80%或者更多的股份，而不是较少的股份，那么伯克希尔哈撒韦的财务业绩会提高50%。

拥有有价证券的劣势有时候会被一个巨大的优势抵消：股票市场偶尔让我们有机会以明显低于谈判的并购价格，买下业绩良好的企业控股权。例如，我们在1973年以每股5.63美元的价格买下了我们的华盛顿邮报股票，该公司在1987年的税后每股营业收益为10.30美元。类似地，我们的政府雇员保险公司GEICO的股票是在1976年、1979年和1980年以平均每股6.67美元的价格买下的，该股1986年的税后每股营业收益为9.01美元。在这些情况下，市场先生已经被证明是一个非常好的朋友。

智者千虑，必有一失，或者为什么好企业比糟糕的企业好（摘自1989年的致股东信）

头二十五年的错误（缩减版）

美国评论家罗伯特·本奇利（Robert Benchley）说：“养狗教会一个男孩忠诚、永不放弃以及在卧倒前要转身三次。”这是经验的缺点。不过，回顾一下过去的错误是一个好主意，以免再次犯错。让我们快速回顾一下过去的25年。

- 我的第一个错误是买下了伯克希尔哈撒韦的控制权。尽管我知道它的纺织制造业务是没有前途的，但是由于价格看起来低廉，我还是禁不住诱惑买下了它。

事实证明，我早年购买的这类股票已经带来了合理的回报，但是到 1965 年获得了伯克希尔哈撒韦的控制权之后，我开始意识到这种战略并不理想。

如果你以非常低的价格买入了一只股票，即使公司的长期业绩可能很糟糕，通常也会有一些短暂的好转，让你有机会以不错的价格抛售该股。我将这称为“雪茄烟蒂”投资法。在街上发现的只剩下一口的雪茄烟蒂可能抽不了很久，但是便宜的价格将使这个烟蒂有利可图。

除非你是公司的债务清算人，否则这种购买企业的方法是愚蠢的。第一，最初的“便宜”价格或许最终被证明并不便宜。在一家身处困境的企业中，一个问题得到解决，另一个问题又会出现了，厨房里永远不会只有一只蟑螂。第二，你获得的任何最初优势都将被该企业的低回报迅速侵蚀掉。例如，如果你以 800 万美元的价格买下了一家企业，该企业能够被以 1000 万美元的价格卖出或者清算，并且能够迅速地选择其中任何一种方式，你就能够实现高额回报。但是如果该企业在 10 年内被以 1000 万美元的价格出售，在此期间实际赚到的和分配的仅占成本的几个百分点，那么这笔投资将是令人失望的。时间是好企业的朋友，是平凡企业的敌人。

你可能认为这个原则是显而易见的，但我费了很大的周折才明白这一点。事实上，我已经被教训好几次了。在买下伯克希尔哈撒韦后不久，我通过多元零售公司（Diversified Retailing）买下收购了巴尔的摩孔恩百货公司（Hochschild Kohn），后来多元零售公司与伯克希尔哈撒韦合并。我是以账面价值的大幅折扣买下的，公司拥有一流的人才，而且这笔交易还包括一些未入账的固定资产以及一批重要的以后进先出（LIFO）计价的存货。我怎么能错过呢？结果，三年之后，我幸运地以大致等于我当初支付的价格卖掉了该公司。在结束了我们与孔恩百货公司的联姻之后，我像一首流行的乡村歌谣中所唱的那位丈夫一样想：“我妻子和我最好的朋友私奔了，而我仍然十分想念她。”

我能够为你列举关于“廉价购买”的其他愚蠢例子，但是我相信你已经明白了：以中等价格买下一家优秀的公司远远好于以很好的价格买下一家中等公司。查理早就明白了这一点，而我学得很慢。但是现在，在购买公司或者普通股的时候，我们寻找的是由一流的管理者管理的一流的企业。

- 这正好引出了一个相关的教训：好骑手在好马上表现良好，但是在衰弱的老马上就不行了。伯克希尔哈撒韦的纺织业务和孔恩百货公司都由能干且诚实的人在经营。同样的人员只有在好的企业中才能成功。如果在流沙中奔跑，他们永远不会有任何进展。

我已经说过许多次，当一个有着辉煌声望的管理者面对一家业绩糟糕的企业时，这家企业的名声不会受到任何影响。我真希望我当初没那么多精力创造出那些失败的例子来。我的行为恰如美国女演员梅·韦斯特（Mae West）所说："我曾经是白雪公主，但是我随波逐流了。"

- 另一个相关的教训是，要从容行事。在进行了25年购买和管理大量企业之后，查理和我还没有学会如何解决复杂的企业问题，我们学会的是绕开它们。我们取得了成功，是因为我们把精力集中在识别我们可以跨越的那点障碍上，而不是因为我们获得了跨越更高障碍的能力……
- 最令人惊奇的发现之一是，企业存在一种非常重要的无形力量，我们或许可以称之为"制度性强制力"。在商学院，没有人告诉过我存在"制度性强制力"；当我进入商界时，我也没有直观地理解它。当时我认为，体面、聪明和有经验的管理者会自动做出理性的商业决策。但是随着时间的推移，我发现情况并非如此。相反，当制度性强制力发挥作用时，理性往往起不了作用。

例如：（1）如果一家机构受牛顿第一运动定律支配，那么它就会拒绝对当前方向做出任何改变；（2）正如增加工作需要增加可用的时间一样，公司完成项目或者进行收购，也要增加可用的资金；（3）领导者任何强烈的商业愿望，不论多么愚蠢，都会迅速得到他的团队准备的详细的回报率和战略研究的支持；（4）无论同类公司正在进行扩张、收购、确定高管薪酬还是做其他事，都将被盲目地模仿。

制度性动态，而不是唯利是图或者愚蠢往往使企业误入歧途。由于忽视了制度性强制力，我犯了一些代价高昂的错误。之后，我尝试通过将制度性强制力的影响降至最小的方式，来组织和管理伯克希尔哈撒韦。此外，查理和我试图将我们的投资集中在那些似乎对这个问题有所警觉的公司……

- 我们一贯保守的财务政策可能是个错误，但是在我看来并非如此。回想起来，显然，伯克希尔哈撒韦的杠杆率虽然仍属传统水平，但明显高得多，其股本回报率将比我们实际实现的平均23.8%高得多。即使在1965年，或许我们也可以判断出高杠杆99%可以带来好处。相应地，我们或许也应该看到，某种外部或者内部的恐慌因素使一般债务比率产生不良结果的可能性只有1%。

我们过去不喜欢 99：1 的赔率，而且将来也永远不会喜欢。在我们看来，大概率的额外回报无法抵消小概率的损失。如果你的行为是明智的，你一定会获得好的结果；在大多数这样的情况下，杠杆仅仅是在推动事物更快地前进。查理和我从不仓促行事，我们对过程的享受远远超出了对收益的享受，尽管我们也已经学会了接受这些过程。

能力圈：巴菲特的专长领域

保险（摘自 1977 年的致股东信）

身处在一个可以犯错误，但总体表现仍然能令人满意的行业是令人欣慰的。从某种意义上说，这与我们纺织业务的情况正好相反。在纺织企业中，即使有非常好的管理，或许也只能实现一般的业绩。你的管理层已经吸取（遗憾的是，有时候是再次学到）的教训是：在顺大流而非逆大流的企业中。

1977 年，保险业蓬勃发展。1976 年，整个行业大幅度提高了费率，以抵消 1974 年和 1975 年灾难性的保险业业绩。但是，由于保单通常是一年期的，定价错误只能在续保时得以纠正，因此直到 1977 年，人们才感觉到早期的费率提高对收益的全面影响。

现在，钟摆开始向另一个方向摆动。我们估计，我们所经营的保险业务涉及的成本每月增长 1%。这是由于持续的通货膨胀（或者大众所称的“社会膨胀”，即社会和陪审团对保单承保范围的定义有所扩大）影响了弥补人寿和财产损失的成本。除非费率以每月 1% 的速度增长，否则保险业的利润必然会缩水。最近，费率的增长速度已经明显放慢，我们预计，很快承保利润率将普遍下降……

保险公司提供的标准化保单，任何人都可以复制。它们唯一的产品是承诺。获得牌照并不难，而且费率是公开的。它们没有商标、专利、地理位置、公司寿命、原材料来源等方面的重要优势，而且客户差异化很低，无法避免竞争。在公司的年度报告中只能强调员工的作用。有时这是真的，有时不是。但毫无疑问的是，保险业务的性质放大了个别管理者对公司业绩的影响。我们非常幸运地拥有一群能够与我们并肩作战的管理者。

继续谈保险（摘自1979年的致股东信）

传统观点认为，1980年保险承保总体上将表现不佳，但是费率将在一两年内开始企稳，导致周期在1981年的某个时候出现逆转。我们不同意这种观点。目前的利率鼓励在从前被认为完全不可接受的承保损失水平上获得业务。管理者谴责为了获得投资收益而在亏损的情况下承保的愚蠢行为，但是我们相信许多人会那样做。因此，我们预计，竞争将为承保亏损容忍建立一个新的门槛，而且未来的平均混合比率将高于过去……

尽管如此，我们相信保险是一项非常好的业务。保险倾向于将人的管理才能（或者管理才能的缺乏）放大到一个非同寻常的程度。我们的许多管理者的才能既得到了证明，又在不断提升。此外，通过对安可保险公司（SAFECO）和政府雇员保险公司（GEICO）的投资，我们从两个真正杰出的管理团队获得了非常大的间接收益。因此，我们希望在今后的几年中，能够在保险业中有良好的表现。然而，这项业务有可能在某一年业绩很糟糕。如果汽车领域的事故发生频率迅速变化，我们和其他人很可能会遇到这种情况。

继续谈保险（摘自1980年的致股东信）

我们在过去的报告中写过，失望通常是源于购买和经营那些“存在转机”的公司。实际上，在这些年里，我们已经描述了在数十个行业中的数百种转机的可能性，无论是作为参与者还是观察者，我们已经追踪了很多与预期不符的业绩。我们的结论是，除了少数例外，当一位有着辉煌声望的管理者面对一家有着糟糕的经济状况名声的企业时，不变的只有这家企业的名声。

政府雇员保险公司似乎是个例外，该公司已经从1976年的破产边缘扭亏为盈了。该公司的复苏离不开管理层的杰出能力，这当然是真的，杰克·拜恩（Jack Byrne）在那一年一到该公司，就让公司走上了复苏之路。

同样真实的是，政府雇员保险公司所拥有的基本业务优势（这种优势此前已经创造了惊人的成功）仍然在该公司内部存在，尽管它被淹没在财务和运营双重苦海中。

政府雇员保险公司本打算在一个巨大的市场（汽车保险）中以低成本运营，而这个市场主要由那些适应力受营销架构影响的公司组成。按照设计的方向运营，该公司可以为其客户提供不同寻常的价值，同时为自身赚取高额回报。几十年来，该公司一直在这样运营着。该公司在 20 世纪 70 年代中期遇到的困难，并不是由这种基本的经济优势的减少或者消失而造成的。

政府雇员保险公司当时面临的问题使其处于类似于 1964 年美国运通（American Express）公司在色拉油丑闻后的境地。两家公司都是独一无二的公司，暂时遭受了财务打击，但这没有破坏它们出色的基础经济。政府雇员保险公司和美国运通公司都拥有特殊业务特许经营权，同时都有局部可治疗病症，应当将它们的情况与真正“有转机”的情况区分开来。在这种情况下，管理者期待并且需要一个使梦想变成现实的奇迹……

一个没有被报道却特别有害的问题很可能延长并加剧即将到来的行业痛苦。这不仅可能使许多保险公司在承保损失达到创纪录的水平时争夺业务，还可能导致它们在这个时候加倍努力。

该问题是由债券价格下降以及保险会计惯例造成的，该惯例允许公司按摊销成本为债券记账，而不考虑市场价值。许多保险公司持有的长期债券以摊销成本计算，相当于其净值的两到三倍。当然，如果达到三倍，债券价格较成本缩水 1/3，将抹去净值。如果在账面上确认，就会侵蚀掉相应部分的公司净值。目前，一些最大、最知名的财产保险公司发现，当持有的债券按市场价值计算时，它们的净值是有名无实的，甚至是负的。当然，它们的债券价格可能会上涨，从而部分地或者完全地等同于净值。或者这些债券的价格可能会进一步下跌。我们相信，对股票或者债券价格的短期预测是没有用的。预测可能会告诉你很多关于预测者的情况，而它不会告诉你关于未来的任何东西。

可能让一些人感到奇怪的是，当一家保险公司的股票投资组合价格下跌至足以使其净值大幅降低时，该公司的生存就受到了威胁，但是债券价格的大幅下跌根本没有引起任何反应。保险行业的反应指出，不论当前价格如何，这些债券将在到期时被全额偿付，从而最终消除阶段性价格下降的影响。这种观点声称，这可能要花上 20 年、30 年甚至 40 年的时间，但是只要债券不被出售，最终它们的价值都将回到面值。当然，如果债券被出售，即用价值更好的类似债券来替代，损失就会立刻反映在账面上。而且，公司公布的净值必须是扣除损失金额后的净值。

在这种情况下，大量的投资选择消失了，或许会消失数十年。例如，当预计有大额的承保损失时，一些保险公司会将免税债券转换为应税债券，这或许是一个很好的商业逻辑。不愿承认债券的重大损失可能是阻止这种明智之举的唯一因素。

大量未实现的债券损失的全部影响远比固化的投资智慧要严重得多。购买和持有这些债券的资金来源是保单持有者和索赔者的资金池。事实上，这些钱是临时存放在保险公司的。只要这个资金池保持其规模，就不必卖出债券。如果资金池缩水（业务量显著下降就会如此），那么就必须出售资产以偿付负债。如果这些资产由大额未实现损失的债券组成，那这些损失就将迅速实现。在这个过程中，净值将大幅缩水。

因此，如果一家保险公司的债券市场价值缩水至接近所述的净值（现在有许多这样的公司），而且该公司还面临费率水平不充分且进一步恶化的局面，那么该公司有两个选择。管理层的一个选择是告诉承销商继续根据涉及的风险敞口来定价，即确保每一美元的费用成本加上预期的损失成本都能够获得一美元的保费。

这一指令的结果是可预测的：（1）由于大多数业务既对价格敏感，也可每年更新，目前账面上的许多保单将相当迅速地流失到竞争对手手中；（2）随着保费规模的明显缩水，负债（未实现的保费和应付的索赔）会出现一个滞后的相应下降；（3）必须出售资产（债券），以便与负债的下降相匹配；（4）在该保险公司公布的财务报表中，此前未被确认的净值消失将得到部分确认（视这种债券出售的程度而定）。

这种令人沮丧的变化可以降低财富净值的缩水。一些公司对第三种结果的反应是要么按照市值出售股票，要么出售近期购买的损失不那么严重的债券。这种鸵鸟式的行为，即卖出较好的资产和保留损失严重的资产，尽管在短期内投资者不那么痛苦，但不大可能成为长期赢家。

第二个选择就简单多了：无论费率水平以及可能出现的巨大的承保损失如何，仍然继续开展业务，从而维持目前的保费、资产和负债水平，然后祈祷保险业和债券价格变好。为了获得资金，以便在当前的高利率环境下进行，而大量出售保险，却不管可能出现的承保损失如何，行业刊物《现金流》对这一行为有大量批评。第二个选择或许可以被恰当地称为“资产维持”保险，即接受糟糕的业务仅仅是为了保持你现有的资产。

当然，你知道选择哪种方法，也很清楚地知道，只要许多大型保险公司认为有必要选择第二个选项，保险业就不会有好日子过。因为如果行业内大部分人认为无论价格水平如何，都必须维持保费总量水平的话，那么所有的保险公司将不得不迎合这些价格。除了自身的财务问题，下一个最糟糕的困境是有一大群同样面临财务问题的竞争对手，他们可以用“以任何价格出售”的保单来拖延这些问题……

我们在这方面的做法是令人满意的。我们相信，在所有股份制财险公司中，如果用摊销成本来评估债券，我们的净值与保费规模的关系是最强的。当以市场价格为债券估值时，我们的相对优势就会变得更加明显（但是为了避免变得过于骄傲，我们会提醒自己，我们的资产与负债到期日仍不符合我们的预期，我们也在债券上损失了大笔资金，因为董事长在本该采取行动的时候却在说话）。

我们有充足的资本和投资灵活性，这将使我们能够在未来较长的定价不合理时期内做我们认为最有意义的事情。但是，行业有麻烦就意味着我们有麻烦。我们的财务实力并没有使我们摆脱目前整个财险行业所处的不利定价环境。它只会给我们更多的忍耐力和更多的选择。

传媒公司（摘自1984年的致股东信）

一家占主导地位的报纸的经济效益越好，在商界就越有优势。所有者们自然愿意相信，它们之所以实现盈利仅仅是因为它们能够生产出一种出色的产品。这种论调会在令人不适的现实面前变得苍白无力。尽管一流的报纸利润丰厚，但是三流报纸的利润也同样好，甚至更好，只要这两种报纸在其所在社区内各占据主导地位。当然，产品质量对于报纸获得主导地位可能是至关重要的。我们相信，《布法罗晚报》（*Buffalo Evening News*）就是这样，这在很大程度上是因为诸如阿尔弗雷德·柯克霍弗（Alfred Kirchhofer）等人先于我们干了这一行。

一旦占据主导地位，报纸本身，而不是市场，将决定这份报纸的好坏。不管好坏，它都将蓬勃发展。但大多数企业的情况并非如此：低劣的质量通常会造成糟糕的经济状况。但是，可能一份质量糟糕的报纸，仅仅由于其自身的“告示”价值，对于大多数市民来说也是便宜的，所以销量不错。在其他条件相同的情况下，一份糟糕的报纸将不会获得像一流的报纸那样多的读者。然而，差的报纸对于大多数市民来说，仍然是必不可少的。这也就使得这样的报纸可以吸引到广告商的注意。

既然市场并没有施加高标准，那么管理者就必须强调自己的高标准。我们承诺在新闻上的付出高于平均水平，这是一个重要的定量标准。我们相信，斯坦・利普西（Stan Lipsey）和默里・莱特（Murray Light）将继续采用更重要的质量标准。查理和我相信，报纸在社会中扮演着重要的角色。我们为《布法罗晚报》感到自豪，并期望在未来可以获得更大的自豪。

继续谈传媒业（摘自 1990 年的致股东信）

对于过去一年传媒业的发展，包括我们的《布法罗新闻报》（*Buffalo News*）等报纸，查理和我都感到吃惊。与过去相比，该行业对经济衰退初期的反应比以前要脆弱得多。问题是，这种衰退仅仅是一场经济周期的一部分（将在下一个上升周期中被完全弥补），还是该行业已经永久全面下滑了？

因为我过去没有预测到发生了什么，你可能会质疑我对未来的预测的价值。尽管如此，我还是要提出一个判断：尽管一些传媒业与美国一般行业相比仍将能创造经济奇迹，但是传媒业将会证明其远远不如我自己、这个行业或者放贷机构前几年认为的那样神奇。

传媒业过去如此出色并不是因为其实体业务在增长，而是大多数参与者拥有不同寻常的定价权。然而，现在广告收入的增长在放缓。此外，那些很少做或者不做媒体广告的零售商（尽管它们有时候使用邮政服务）已经逐步占据了某些商品类别的市场份额。最重要的是，印刷和电子广告渠道的数量大大增加了。因此，广告费更为分散，广告供应商的定价权已经减弱。这些环境实质性地降低了主要媒体投资的内在价值，也降低了我们运营的《布法罗新闻报》的价值，尽管它们都还是好公司。

继续谈传媒业（摘自 1991 年的致股东信）

媒体经济状况和估算方法的变化

在去年的报告中，我陈述了我的如下观点，我认为传媒公司的盈利能力下降既反映了现实因素，也反映了周期性因素。1991 年的事件强化了这一点：随着零售模式的变化以及广告和娱乐选择范围的增加，曾经强大的传媒企业的经济实力继续受到侵蚀。遗憾的是，在商界，后视镜总是比挡风玻璃更清晰：几年前，与传媒业有关联的人（比如放款机构、所有者和金融分析师）都没有预见到这个行业的经济恶化环境正在积累（但是给我几年时间，我或许将确信我做到了）。

事实上，报纸、电视和杂志的资产已经开始像它们经济行为中的特许经营权一样对企业产生了影响。让我们迅速地回顾一下区分这两类企业的特点，要记住，许多业务落在某个中间地带，它们最好被描述为弱特许经营权企业或者好的普通企业。

经济上的特许经营权源于这样的产品或者服务：（1）被需要或者渴望的；（2）顾客认为没有接近的替代品；（3）不受价格监管的约束。如果一家公司有能力定期为其产品或者服务定价，并因此获得高额的资本回报率，那么该公司就具备了以上三个条件。此外，特许经营权能够容忍管理不善。无能的管理者可能会削弱特许经营权的盈利能力，但是他们无法造成致命的损害。

相反，普通企业只有在由低成本运营或者其产品或服务供不应求的情况下，才能赚取超常利润。供应紧张通常不会持续很长时间。如果有出色的管理层，公司可以在较长时间内保持其低成本经营者的地位，但是也会不断面临竞争攻击的可能性。一家普通企业与特许经营权企业不同，它们可能会因管理不善而倒闭。

直到最近，媒体资产拥有了特许经营权的三个特征，因此可以强有力地定价，管理也很宽松。然而，现在寻找信息和娱乐的消费者（他们的主要兴趣是后者）拥有了更广泛的选择范围。遗憾的是，需求不能随着供给的增加而增加：美国五亿只眼球和一天 24 小时，这些就是全部。结果是竞争加剧了，市场支离破碎，传媒业已经失去了一部分特许经营权优势，尽管并非全部。

消费品公司（摘自 1991 年的致股东信）

投资一家糖果店 20 年

我们刚刚跨过了一个里程碑：20 年前的 1972 年 1 月 3 日，蓝筹印花公司（Blue Chip Stamps，当时是伯克希尔哈撒韦的一家子公司，后来并入伯克希尔）买下了 See’s Candy Shops（一家盒装巧克力制造商和零售商）的控制权。卖家当时要求的价格是 4000 万美元（以我们最终获得 100% 的所有权计算）。但是，该公司有 1000 万美元的剩余现金，因此真正的出价是 3000 万美元。查理和我当时还尚未充分理解经济特许经营权的价值，只是看到了该公司区区700万美元的有形净资产，于是说我们愿意接受的最高价格是2500万美元（而且我们是认真的）。幸运的是，卖家接受了我们的出价。

蓝筹印花公司的商品券销售额从1972年的1.025亿美元下降至1991年的120万美元。但是，同期See's公司的糖果销售额从2900万美元增长至1.96亿美元。而且，See's公司的利润增速甚至超过了销售额的增速，从1972年的税前420万美元增至去年的4240万美元。

要对利润增长进行正确的评估，就必须将其与产生利润增长所需的增量资本投资进行比较。在这一点上，See's公司的表现令人震惊：该公司现在仅用2500万美元的净资产就轻松实现了运营，这意味着我们初始的700万美元只需要补充1800万美元的再投资收益。与此同时，在这20年里，See's公司剩余的4.10亿美元税前利润被分配给了蓝筹印花公司/伯克希尔公司，供这些公司（在缴税后）以任何最合理的方式使用。

在我们对See's公司的收购中，查理和我有了一个重要的领悟：我们看到了该公司拥有尚未被利用的定价权。我们在两方面是幸运的。第一，我们对2500万美元价格的愚蠢坚持并没有阻碍交易的进行。第二，我们找到See's公司当时的执行副总裁查克·哈金斯（Chuck Huggins），并立即指派他负责此事。我们在业务和个人交往上与查克的关系都非常好。例如，当进行此次收购时，我们与查克握手商定的一份赔偿协议（大约五分钟敲定，但从未变成书面合同）到今天都没有改变。

债券作为业务（摘自1984年的致股东信）

华盛顿公共供电系统

1983年10月至1984年6月，伯克希尔哈撒韦旗下保险子公司持续购买了华盛顿公用电力供电系统（Washing Pubic Power Supply System，WPPSS）项目1、2和3的大量债券。同样是这家机构，1983年7月1日，它在22亿美元的债券上违约了，发行这笔22亿美元的债券是为了给目前已经放弃的项目4和项目5的部分建设筹集资金。尽管这两类债券在债务人、承诺和资产方面存在实质性的不同，但是项目4和项目5的问题给项目1、2和3蒙上了一层巨大的阴影，并且可能会给项目1、2和3的债券发行带来严重的问题。此外，与项目1、2和3直接相关的大量问题可能削弱或者破坏担保人邦维尔电力局（Bonneville Power Administration）强大的信用地位。

尽管有这些重大的负面因素，但查理和我认为，盈利前景将完全能补偿我们购买这些债券时的风险以及伯克希尔哈撒韦支付的价格（远低于当前的价格）。

正如你们知道的那样，我们为我们的保险公司购买上市股票是基于我们在购买整个公司时所用的标准。对于这种公司估值法，专业基金经理使用得并不广泛，并且很多学者并不重视。不过，这种方法还是很好地服务了它的追随者。对此，学者们似乎会说："好吧，它在实践中可能行得通，但是在理论上永远行不通。"简单地说，如果我们能以整个公司每股价值的一小部分购买经济状况良好的公司的小部分股票，那么我们可能遇到了好事，尤其是当我们拥有许多这样的证券时。

我们甚至将这种公司估值法扩展到了债券购买，比如购买 WPPSS 债券。我们将在 WPPSS 上投资的 1.39 亿美元看作运营一家企业的成本。就投资 WPPSS 而言，该"企业"通过合同赚取了 2270 万美元的税后利润（通过该债券上的利息支付），并且这些利润目前以现金形式提供给我们。我们无法购买经济状况接近这些企业的正在运营的企业。只有相对少数的企业能够像我们投资 WPPSS 那样，利用没有杠杆的资本赚取 16.3% 的税后利润，而且这些企业在可购买的情况下，卖价会高出现在的投资额。在一般的企业并购谈判中，税后盈利 2270 万美元（相当于税前盈利大约 4500 万美元）没有杠杆的企业或许值 2.50 亿 ~ 3 亿美元的价格（有时候远高于此）。对于一家我们非常了解和喜欢的企业，我们愿意支付这么多钱。但这是我们购买 WPPSS 债券以获得同样收益所支付的价格的两倍。

然而，就 WPPSS 债券而言，我们认为存在一个非常轻微的风险，即在一两年内它可能一文不值。同时也存在利息支付可能被中断相当长时间的风险。此外，该企业的最大价值大约是我们拥有的债券的 2.05 亿美元账面价值，只比我们支付的价格高 48%。

这一上升潜力的上限是一个证券投资的重要负面因素。然而，我们应当意识到，大多数运营企业拥有的上升潜力也是有限的，除非持续地向它们投入更多的资本。这是因为大多数企业即使在通货膨胀环境下也无法显著提高它们的平均股本回报率，尽管通货膨胀环境一度被认为会自动提高回报。

让我们把我们的将债券视为企业的例子向前再推进一级：如果你选择通过运用股息收入来“留存”12%的年回报，以购买更多的债券，那么该债券“企业”收益的增长速度，将与那些将所有收益进行再投资的大多数类似运营企业的相差无几。在第一种情况下，今天以1000万美元的价格购买的30年零息、利率为12%的债券到2015年将价值3亿美元。在第二种情况下，一家1000万美元的企业股本回报率通常为12%，并留存所有收益以实现增长，它在2015年最终也将拥有3亿美元的资本。该企业和该债券在最后一年赚到的钱将超过3200万美元。

我们的债券投资方式，即将债券作为具有特殊优势和劣势的不寻常“企业”对待，可能让你觉得有些古怪。然而，我们相信如果投资者以商人的视角来看待债券投资，他们犯的许多令人震惊的错误本来是可以避免的。例如，在1946年，20年期AAA级免税债券的价格相当于收益率略低于1%。实际上，这些债券的买家当时是买下了一家能够赚取“账面价值”大约1%的“企业”（而且，该“企业”的账面价值永远不可能超过1%），且为这家糟糕的企业支付了全款。

如果一个投资者有足够的商业头脑来思考这些问题——的确是惊人的低价交易，他就会对这些提议一笑置之并走开。因为，与此同时，他可以以账面价值或接近账面价值的价格买到具有良好前景的企业，并且账面税后利润可达10%、12%或者15%。1946年，在美国按账面价值交易的企业中，没有哪家企业被买家认为缺乏就账面价值赚到超过1%的回报的能力。但是，习惯于债权投资的投资者在该年却按照这一条件非常急切地达成了交易。类似但没那么极端的是，之后20年的普遍状况是，债券投资者兴高采烈地签下了20或者30年的合约，而合约条款远不符合商业标准（我认为，迄今为止，最好的投资书籍是本·格雷厄姆的《聪明的投资者》，书中最后一章最后一节的开头写道：“当投资最像商业的时候，投资是最智慧的。”）。

我们将再次强调，在WPPSS交易中无疑存在着一些风险。这是一种难以评估的风险。如果查理和我要在一生的时间里面对50次类似的评估，我们希望自己的判断能被证明是相当令人满意的。但是我们没有机会在一年里做出50个甚至5个这样的决定。尽管我们的长期结果可能最终是好的，但在任何给定的一年，我们都将面临自己显得格外愚蠢的风险。

大多数管理者几乎都没有多少动机做出这种“明智的却有可能显得不太聪明”

的决定。他们的个人得失比实在太明显了：如果一个非常规的决定最终成功了，他们会得到鼓励；如果失败了，他们会被解雇。传统上，失败是应该走的路；作为一个群体，旅鼠可能有一个很差的形象，但是从来没有单独一只旅鼠受到过负面报道过。

逆流而上：当一切都不奏效的时候（摘自 1985 年的致股东信）

关闭纺织业务

7 月，我们决定关闭我们的纺织业务。到年底，这项令人不愉快的工作已经基本完成了。这项业务的历史是有教育意义的。

当一家我担任普通合伙人的合伙企业巴菲特合伙公司于 21 年前买下伯克希尔哈撒韦的控制权时，它的账面净值为 2200 万美元，全部投给了纺织业务。然而，该公司的内在商业价值要低很多，因为纺织资产没有能力获得与其会计价值相称的回报。事实上，在之前的九年（伯克希尔和哈撒韦合并运营那段时间）里，5.30 亿美元的总销售额已经产生了 1000 万美元的总亏损。公司时不时会报告利润，但是净效应总是进一步退两步。

在我们进行购买的时候，美国南方的纺织厂（大部分都没有工会）被认为具有一个重要的竞争优势。美国北方的大部分纺织公司都已经关闭，许多人认为我们也会清算我们的业务。

然而，我们觉得，该公司的一位长期雇员——肯·蔡斯（Ken Chace）能够将公司运营得更好，我们立即选择他担任总裁。在这方面，我们是完全正确的。肯和他的继任者加里·莫里森（Garry Morrison）都是杰出的管理者，在各方面都与我们利润更高的业务的管理者不相上下。

1967 年年初，纺织业务产生的现金被用于并购国民保险公司（National Indemnity Company），从而使我们进入了保险业。一些资金来自盈利，一些资金来自纺织存货、应收账款和固定资产投资的减少。事实证明，这种回调是明智的：尽管肯的管理大大改善了纺织业务，但是纺织业务从来没有成为一个好的收入来源，即使在周期性上升中也是如此。

伯克希尔哈撒韦此后进一步进行了多元化经营，随着纺织业务在公司业务中所占的比例越来越小，其对我们总体回报的负面影响逐步减弱。我们继续保留该业务的原因如我在1978年的年度报告中所陈述（在其他时候也是这样总结的）的："（1）我们的纺织公司是其社区中的重要雇主；（2）管理层一直在直接报告问题，并尽力解决问题；（3）在面对我们共同的问题时，劳动者是合作的，也是能理解的；（4）相对于投资，该业务能获得平均水平的现金收益。"更进一步说，"只要这些条件存在，我们也期望它们会存在，我们就打算继续支持我们的纺织业务，尽管资本有更具吸引力的其他用途。"

事实证明，我在上述第四点上错得很离谱。尽管纺织业务在1979年有适中的盈利，但是此后消耗了大量的现金。到1985年年中，就连我都看清楚了，这种情况必然会持续下去。如果我们能够找到一位愿意继续运营该业务的买家，我肯定宁愿出售该业务，也不愿清算它，即使对我们来说，这意味着收益多少会有些下降。但是，在我看来已经显而易见的经济状况在其他人看来也是显而易见的，人们对该业务的兴趣为零。

我不会仅仅为了使我们企业的回报率提高几个点而关闭盈利能力低于正常水平的业务。然而，我也认为，即使对于一家盈利超常的公司来说，一旦一项业务出现了无休止亏损的前景，为这样的业务提供资金也是不适当的。亚当·斯密会反对我的第一个主张；卡尔·马克思会反对我的第二个主张；令我感到舒适的唯一立场是中间立场。

我应当再次强调，肯和加里在设法使我们的纺织业务获得成功方面是足智多谋、精力充沛和富有想象力的。为了实现可持续的盈利能力，他们改进了产品线、机器配置和分销安排。我们也进行了一项重大的收购，即收购了Waumbec Mills公司，希望能产生重要的协同效应（商界广泛运用这个术语来解释一项收购，否则收购没有任何意义）。但是最终这一切都没有起作用。我应当因没有更早地退出而受到责备。《商业周刊》最近的一篇文章指出，自1980年以来，已经有250家纺织厂倒闭。它们的所有者掌握的信息并不比我多，他们只是更客观地处理了这些信息。我忽略了孔德的建议，即"智慧应当是心灵的助手，而不是它的奴隶"。我相信了我更愿意相信的东西。

美国国内纺织行业在商品经济环境中经营，在一个存在大量过剩产能的世界市场中占有一席之地。我们经历的大部分麻烦都可以直接和间接地归因于来自外国的竞争，那些国家的工人的工资只相当于美国最低工资的一小部分。但是，这绝不意味着我们的劳动力应当为我们工厂的关闭承担任何指责。事实上，与美国工业的雇员相比，我们的工人工资很低，整个纺织行业都是如此。在合同谈判中，工会领导人和工会成员对于我们在成本方面的劣势很敏感，不会推动不切实际的加薪或者非生产性的工作实践。相反，他们和我们一样努力保持着我们的竞争力。即使在我们的清算期间，他们的表现也是非常好的。颇具讽刺意味的是，如果我们的工会在几年之前表现得不那么明智，我们的财务状况本可以有所转变，那样的话，我们就会意识到我们面对的是不可能的未来，我们会迅速关闭工厂，避免未来的重大损失。

这些年来，我们有机会把大量资金投入本应该降低变动成本的纺织工序。每个这样的提议看起来都能让我们成为一个赢家。事实上，根据标准的收益 / 投资指标来衡量，这些建议通常承诺的经济收益高于在高利润的糖果和报纸进行同等投资带来的收益。

但是这些纺织业的投资承诺是虚幻的。我们的许多竞争对手，无论是国内的，还是国外的，都采用了相同的支出方式，一旦有了足够多的公司这样做，它们降低后的成本就成了整个行业降价的底线。单独来看，每家公司的资本投资决策似乎都具有成本效益和合理性；从整体上来看，这些决策相互抵消，是不理性的（正如每个观看庆祝游行的人都认为踮起脚尖能看得更清楚一样）。在每一轮投资之后，所有的玩家都在游戏中投入了更多的钱，而回报仍然是乏力的。

因此，我们面临一个痛苦的选择：巨额的资本投资本可以帮助我们的纺织业务继续生存下去，但却让我们在投资规模增长的同时，回报却极其糟糕。此外，在投资之后，国外竞争对手仍将在劳动力成本方面保持主要的可持续的优势。然而，拒绝投资将使我们越来越缺乏竞争力，甚至与美国国内的纺织品制造商相比也是如此。我一直认为自己处在伍迪・艾伦（Woody Allen）在他的一部电影中所描述的境地："人类面临的十字路口比历史上任何其他时候都要多。一条道路通向绝望和彻底的绝望，另一条道路通向彻底的毁灭。让我们祈祷我们有智慧做出正确的选择。"

要理解"投资还是不投资"的两难困境在商业经营环境中是如何演变的，不妨看看伯灵顿工业公司（Burlington Industries）的情况，无论是 21 年之前还是现在，该公司都是美国最大的纺织品公司。1964 年，伯灵顿工业公司的销售额为 12 亿美元，而我们的销售额为 5000 万美元。它在分销和生产方面都有我们永远无法匹敌的优势，当然，它的盈利纪录也远远优于我们的。1964年年底，该公司的股价为60美元，我们的股价为13美元。

伯灵顿工业公司做出了坚持做纺织业务的决定，1985年伯灵顿工业公司的销售额大约为2800万美元。在1964年至1985年间，该公司的资本支出大约为30亿美元，远远超过美国其他任何纺织品公司，相当于在每股60美元的股票上支出了200美元以上。我确信，这些支出中的很大一部分被用于成本改善和扩张。考虑到伯灵顿工业公司承诺将继续留在纺织业，我也猜测，该公司的资本决策是十分理性的。

然而，以实际美元计算的话，伯灵顿工业公司的销售额已经下降了，而且现在的销售回报率和股本回报率都远远低于20年前。1965年，该股进行了一拆二的拆分，经调整后现在的股价为34美元，仅仅略高于其在1964年每股60美元的价格。与此同时，美国的消费者价格指数（CPI）已经增长了两倍以上。因此，每股股票的购买力约为其在1964年年底的1/3。该公司已经定期派发股息，但是它们的购买力也大幅缩水了。

对股东来说，这种灾难性的结果表明，当大量的脑力和精力被用于一个错误的前提上时可能会发生什么。这种情况使人想起了英国作家塞缪尔·约翰逊（Samual Johnson）的马——“一匹能数到十的马是一匹了不起的马，而不是一位了不起的数学家”。同样，一家在其行业内出色地分配了资本的纺织品公司是一家了不起的纺织品公司，而不是一家了不起的公司。

我从自己的经验和对其他企业的大量观察中得出的结论是，良好的管理记录（以经济回报衡量）更多地取决于你登上的是什么商船，而不是你的船划得有多好（当然，在任何企业中，智力和努力的帮助都很大，无论是好是坏）。几年前我曾写道：“当一位有着辉煌声望的管理者面对的是一家基本经济状态糟糕的企业时，不变的只有这家企业的名声。”从那以后，我对这件事的看法就再也没有变过。如果你发现自己身处一条长期漏水的船上，更换船只可能比努力修补漏洞更有成效。

第 10 章

Value Investing: From Graham to Buffett and Beyond

马里奥·J. 加贝利：发现并揭示自由市场的价值

1967 年，马里奥·加贝利从哥伦比亚大学商学院毕业，在那里，《证券分析》第五版的合著者之一罗杰·默里带领他走进了价值投资领域。毕业后，加贝利直接进入了华尔街，并作为一名卖方分析师工作了 10 年。他先是专攻汽车行业，然后进入娱乐业。1977 年，他成立了加贝利资产管理公司（Gabelli Asset Management）。到 2000 年，该公司已经成长为管理超过 200 亿美元的共同基金，分别为个人、机构以及私人投资伙伴开设账户。1999 年年初，该公司上市，并在纽约证券交易所挂牌，股票代码为 GBL。加贝利本人是《巴伦周刊》年度投资圆桌会议的常客，并经常在电视上露面，这正适合那些像他一样成功投资传媒股的人。除了精于选股，他还讲述了一个伟大的股票故事。

对于像马里奥·加贝利这样有着本杰明·格雷厄姆式传统教育背景的价值投资者来说，他必须解决的问题是：互联网已经使“净流动资产价值法”股票消失了吗？当格雷厄姆审阅成堆的财务报表，寻找他的“净流动资产价值法”股票时，他和他雇用的人都是采用古老的手工方式来完成的。他们不是孤军奋战，但也没有太多同伴。如今，格雷厄姆的秘密已经公布于世数十年了。更重要的是，现代化的电子信息系统（包括互联网，但不限于互联网）使扫视数据库易如反掌，很方便就能找到那些售价低于净营业资本或者其他一些最低价值尺度的公司。如果鱼儿这么容易就上钩，海洋就会变得贫瘠，我们就会挨饿。因此，在信息不再是稀缺资源的时代，价值投资者面临的挑战之一是找到一些比“净流动资产价值法”更不易计算、但识别价值被低估的证券的能力也不差的价值衡量指标。

定义自由市场价值

或许当代的价值投资者中，没有谁能够像马里奥·加贝利与自由市场价值的关系那样，被如此紧密地与“净流动资产价值法”的现代变体联系起来。自由市场价值是马里奥·加贝利对价值投资宝库的巨大贡献。这里的“自由”（Private）并不是私人的、个人的或者秘密的意思。加贝利将自由市场价值定义为：“一位消息灵通的实业家为了购买具备类似特征的资产所愿意付出的价值。”这个简要的定义还需要一些详细的阐述。

自由市场价值与股市对公司的估值形成对比。在股市中，最后一笔交易决定了公司的价值。所有构成市场的参与者（市场先生）在价格方面有平等的发言权。他们来回交易股票，有一些交易是受他们对公司价值的判断所驱动的，另一些交易则是受到了股价先前波动的影响。在一天、一个月或者一年的时间中，股票的价格可以朝一个方向或另一个方向波动，而不会对公司的业务产生根本性影响，或者甚至在更大的范围内，不会对整体的经济前景产生根本性影响。当然，有时候，市场价格是公司内在价值的一个很好的反映，但是如果这种情况一直存在，那么价格就不会如此剧烈地波动了。实业买家关心的是企业的价值以及该企业所能产生的现金流，他的性情不像市场那样狂躁，他将价格的大幅下跌视为一个机会，而不是导致恐慌的原因。从这个意义上说，自由市场价值仅仅是买家所确定的公司内在价值，买家比市场更了解该公司值多少钱。

作为一项投资策略，自由市场价值有三个额外的特征，这些特征使其成为一种真正的创新。第一，正如罗杰·默里对加贝利的评论，自由市场价值等于内在价值加上控制权溢价。与买下一只证券并期待该公司表现超出预期的被动投资者不同，实业买家能够改变公司的基本业务。他们可以解雇无能的管理层、处置非生产性资产、将公司的业务与其他公司的业务合并、调整资产负债表，并且做很多其他事情使资产更有效率和增加现金流。由于这些买家对行业很熟悉，因此用不了多久，他们就可以扭转乾坤。由于相比被动投资组合投资者，他们能对公司做更多的事情，因此他们可能愿意为此支付比当前市场价格更多的钱。这些多付出的资金就是控制权溢价。像加贝利这样的投资组合投资者的回报是，如果他们能够识别出那些售价明显低于其自由市场价值的公司，他们就可以购买这些公司的股票，并在实业买家开始对公司采取行动时获得那些控制权溢价。

自由市场价值的第二个创新特征是由加贝利及其同事开发出的分析工具，这些分析工具使他们能够估算他们追踪的公司的自由市场价值。与许多价值投资者一样，他们也在寻找因美国通用会计准则（GAAP）形成的差额，即通过接受会计准则而被掩盖并因此未在标准财务报表中显示的资产或者盈利能力。其中一些可能是旧的备用品，即根本没有在资产负债表上报告的资产或者以成本而不是当前市场价值持有的资产，以及由于一些不寻常的财务结构或者将利润丰厚的部门与那些亏损部门的报表合并而没有在损益表中披露的营业收入。当然，实业买家不会对这些价值视而不见。如果加贝利的公司能够首先发现它们，该公司一定会获利。

发现自由市场价值有别于股价的另一种更新颖的方法是，越过财务数据，聚焦于经营统计数据。曾出现在加贝利投资组合中的公司大部分都处于通信行业，比如电话公司（既包括固定电话也包括移动电话）、有线电视和广播电视公司、无线电广播运营商、杂志和报纸出版商等。这些公司的共同点是拥有订阅用户，他们为这些公司提供的服务付费。订阅用户的数量是一个经营统计数据。了解订阅用户数量有助于金融分析师对比同一行业中不同公司的表现，即它们的每订阅用户的收入或者营业收入是多少。分析师能够基于该行业内公司的近期销售情况，看出行业买家愿意为每位订阅用户支付多少钱。如果一家拥有 50 万订阅用户的无线电话公司刚刚以 10 亿美元的价格被收购，这意味着每位订阅用户的价格为 2000 美元，这将成为确定另一家无线电话公司的价值的起点。当然，其他的分析是必须的，而且必须做出调整，但是估值方法始于自由市场价值交易，即实业买家为每单位的收入流支付的价格。从这里到获得整家公司的估值只是一小步，然后就可以将整家公司的估值与当前的市场价值进行比较了。差异显著则说明存在投资机会。其他有用的经营统计数据包括酒店客房的数量、一家广播公司所能触及的人口数量、市场空间大小以及森林的面积。在所有这些情况下，每项资源都代表着一些实业买家会为之定价的收入流。

自由市场价值作为一种策略的第三个特征是，人们认识到需要某种东西，比如一个事件、一个人、一种看法的改变，来缩小市场价格与自由市场价值之间的差距。加贝利将这个动因称为“催化剂”，投资界已经广泛采用了该术语来表示变化的来源。所有的投资策略都需要一种催化剂来让它们获得回报。即使是最有耐心的投资者也希望投资的价值在合理的时间内上升，也就是在相对短的时间内上升，因为等待的时间越长，年化回报就越低。在大多数情况下，催化剂是不确定的，这意味着它只是让市场认识到股票的价格应当更高。影响盈利预期的正是这种催化剂：这不仅取决于公司的业绩，还取决于它是否有令追踪该公司的分析师感到惊讶的能力。总体而言，价值投资者，尤其是自由市场价值投资者，都宁愿不依赖这种不确定且敏感的工具。

催化剂有两种：特定催化剂和环境催化剂。特定催化剂指的是那些要么是预期，要么是近期出现的因素改变了一家具体公司的前景。被称为“死亡关注”的股票对于以下投资者很有吸引力，这些投资者相信，一旦首席执行官或者大股东离开公司，将会使公司摆脱限制。公司要么会改善业绩，要么会进行重组，包括被整个卖掉。超市连锁店 Giant Foods 的创始人去世后，加贝利对其进行了投资，他预计要么公司收益会增长，要么公司会被出售。公司确实被出售了，是以较加贝利的成本高出 50% 的溢价出售的，但是出售用了三年时间才完成。催化剂发挥作用比预期慢，导致他投资的年化回报率多少有些下降了。其他催化剂包括所有类型的财务重组或者经营重组，比如剥离一个部门、大量回购股票、管理层变动以及投资发展新业务。像这样的变化会改变局面，为那些了解该公司并能够在市场之前预计到公司收益正在改善的投资者带来回报。

环境催化剂是企业经营环境的颠覆性变化。这不仅包括全球气候变暖（显然，无论是谁使用这个术语，它都是环境催化剂），还包括政治、社会和经济气候的变化。例如，1989 年柏林墙的倒塌是典型的未来若干年变革的主要催化剂。随着冷战的结束，波音、通用电气、可口可乐和西门子等西方公司以及其他大量公司将能够在苏联及其前盟友国出售它们的商品。与此同时，冷战的结束预示国防预算将会缩减，这对于那些严重依赖军事业务的公司来说是一个坏消息。有人本应预计到国防工业将出现整合潮，尽管很难提前确定谁会被接管以及以什么价格被接管。

在许多情况下，我们讨论的环境是指政府，即政府的立法、行政和监管角色。即使在大多数自由市场国家中，政府也给经济以及在经济中运营的企业投下了巨大的阴影。法律、监管、税收规则的变化以及货币政策和合同标准等其他行政决定都能够改变规则，改变引导商业决策的盈利状况。《1996 年电信法案》（*Telecommunications Act of* 1996 年）的通过使新进入者能够在当地市场与原有的地方电信运营商竞争。各种额外的立法，加上司法和监管决策，促进了美国和国外电信业的彻底重组。五年前还不存在的公司现在拥有数十亿美元的市值，每周都在被收购、出售、合并或者转型。同样，对于那些有能力和工具把握这些由政府引发的变化所产生影响的投资者来说，投资机会比比皆是。

其他的环境催化剂，作为技术的颠覆性变化促进了整个行业的重组。在我们这个时代，最无法避免的是互联网以及所有打破时间和空间的保护性壁垒引发的相关变化。尽管目前还远远不清楚哪类公司和哪些行业将从更快、更深入的交流带来的腐蚀性影响中获益，但可以肯定的是将出现输家和赢家，而且许多行业的图景将被重新绘制。

整合是这些环境催化剂的结果之一：大公司买下小公司（有时候反过来），以利用突然出现的法律或者商业上的新机遇。通过打破一些空间和时间壁垒，互联网以及电信领域的其他进步成了支撑"全球化"的力量。"全球化"在这里指的是企业以前所未有的规模跨越国界。"想成为电信行业中的一家全球重量级机构吗？最好是买下那家位于美国印第安纳州的小型无线公司，以扩展你的业务并完善你的服务领域。"无论动机是什么，各种整合如火如荼。自由市场价值在整合狂潮中迅速地显现出来。对于加贝利来说，这是令人兴奋的时代，因为他已经掌握了评估自由市场价值的技术并且精于发现催化剂。

除了一些特定的国际基金之外，加贝利的公司将其业务范围局限在美国国内的、产生现金的特许经营权业务上。他将"产生现金"定义为营业收入加上折旧和摊销减去特许经营权维护费（息税折旧和摊销前利润 – 资本支出）。方法是一次一只股票，坚持持有，这是大多数价值投资者使用的典型方法。这种方法试图识别那些有助于或者阻碍该公司盈利前景的大规模趋势，包括经济的、人口的、政治的或者文化的趋势。1999 年，影响该公司想法的趋势是职业女性（导致以下想法，即认为猫将成为最受欢迎的宠物，对猫砂的需求大量增加）、速度、数字革命、全球化、人口老龄化、资本和观念的自由流动、教育、娱乐以及欧元区充满机会。但是，这些主题仅仅识别出了潜在富饶的渔场，在公司做出购物决策之前需要为这些主题补充估值工具。

自由市场价值案例：通用家居用品公司

全球化如何影响一家生产厨房用品和其他小型家庭用品的公司呢？1994 年，通用家居用品公司（General Housewares Corporation）销售的产品中大约 75% 是自行设计和生产的。到 1998 年，它外包的设计和制造业务数量与自己销售的相等。那些制造设备被设置在劳动力成本较低的国外。该公司还在将其资本支出从升级旧工厂转向实现配送中心的自动化。表 10–1 展示了该公司这些年的财务业绩，它反映了处于转型阶段的公司其销售额和各种收入指标会有较大的波动性，尤其对于这样一家身处美国国内家居用品行业的公司来说。

该公司的经营业绩在表 10–1 中被利息支出、税收以及不明确的项目所掩盖，这些项目包括退休金负债和外汇交易损失调整等。如果我们只看加贝利关注的那些项目，我们就会得到一个稍微清晰的画面，如表 10–2 所示。

表 10–1　　1994—1998 年通用家居用品公司损益表

	1994 年 12 月	1995 年 12 月	1996 年 12 月	1997 年 12 月	1998 年 12 月
销售净额	96.5	119.3	105.5	104.5	97.0
商品销售成本	61.5	79.0	68.3	62.1	54.5
销售及一般管理费用	28.4	33.2	37.3	38.0	39.4
营业收入	6.6	7.1	（0.1）	4.5	3.1
利息支出	1.7	3.1	2.8	2.7	2.3
税前收入和特别项目	4.9	4.0	（2.9）	1.7	0.8
所得税支出	2.2	1.7	（0.8）	1.1	0.7
特殊项目、税收净收益	0.0	0.0	（2.0）	0.0	0.0
营业净收入	2.8	2.3	（0.6）	0.7	0.0
净收入	2.8	2.3	（2.6）	0.7	0.0
外汇调整			（0.1）	（0.2）	（0.5）
退休金负债调整			0.1	0.4	0.0
综合收入	2.8	2.3	（2.6）	0.8	（0.4）
已发行股票	3.4	3.8	3.8	3.8	4.0
每股收益（美元）	0.80	0.61	（0.69）	0.21	（0.11）

注：数字以百万美元计，每股收益除外。

通过使用这种经营现金流的衡量指标，通用家居用品公司在这段时期经历了一个极差的年份、一个平常的年份以及三个尚可的年份。但是，我们或者一位实业买家，会收购该公司以获得现金流吗？这依然取决于价格。如果我们要买的是经营现金流，那么比较的标准是与企业价值进行比较。企业价值指的是股东权益和所有债务的市场价值，减去超出正常运营所需资金后的数值。经营现金流除以企业价值就得到了资本化率，即全部投资的税前收益率。因为它既包括债务，也包括股东权益的市场价值，并使用息税前收入，所以资本化率使人们可以比较资本（债务和股东权益）结构不同的公司。通用家居用品公司这些年的数字并不吸引人。除非这些财务数据掩盖了一些价值，否则我们会放弃这家公司。

表 10–2　　通用家居用品公司的现金流

	1994 年 12 月	1995 年 12 月	1996 年 12 月	1997 年 12 月	1998 年 12 月
息税前收入	6.6	7.1	（0.1）	4.5	3.1
折旧和摊销	3.6	4.5	4.9	5.4	4.9
资本支出	2.5	4.3	4.2	2.6	3.7
息税折旧和摊销前利润减资本支出	7.8	7.3	0.5	7.2	4.2
债务 + 股权 – 现金盈余	78.1	69.5	68.6	71.2	68.6
资本化率	9.9%	10.5%	0.7%	10.1%	6.1%

注：数字以百万美元计，百分比除外。

通用家居用品公司在年度报告中将其业务划分为六个经营部门并提供了每个部门的财务简报。表 10–3 给出了 1998 年的这些经营部门的业绩。

表 10–3　　通用家居用品公司的经营部门　　（百万美元）

	K&HT	PCT	CUT	COOK	RET	其他	总计
净销售	38.4	18.7	28.0	2.4	7.1	2.3	97.0
息税前收入	12.1	7.5	7.4	0.2	1.5	0.2	28.8
折旧和摊销	1.1	0.4	1.9	0.2	0.3	0.0	4.0
可识别的资本支出	2.4	0.1	0.8	0.0	0.0	0.1	3.5
可识别资产总额	11.0	10.9	26.2	0.0	1.7	1.1	50.9

从这张表中可以看出三点。第一，六个部门中的三个占了销售额和营业收入的约 90%。第二，这些部门整体有着非常高的经营（可识别）资产回报率——57%。第三，由于整个公司的营业收入只有 310 万美元，而所有这些部门的营业收入总计为 2900 万美元，说明有大量的钱都被花在与这些经营部门没有直接联系的公司层面。表 10–4 中的报告证实了这一点。这些部门产生的营业收入几乎被公司层面的常用开支消耗了。

表 10–4　公司管理费用和利息支出　（百万美元）

部门的营业收入	28.8
未分配的公司销售成本（综合的及一般管理费用）	25.7
息税前收入	3.1
未分配的利息支出	2.3
税前收入	0.769

任何实业买家都必须问的一个问题是，这种管理费用是“脂肪”还是“肌肉”？这项支出可以被大幅削减，而不会损害公司盈利或者对公司至关重要的职能。加贝利设想，合适的买家（可能是一家经营相同业务的公司）能够大幅削减公司的管理费用。如果是这样，那么该公司的自由市场价值将远高于其市场价格。以下是粗略计算的结果。

计算过程	百万美元
目前已发行的股票有 400 万股，股价为 11 美元	44
公司拥有债务	24
企业价值等于	68
三个最大的部门的营业收入	27
公司日常开支需要	2
调整后的营业收入为	25
以 68 美元为基数的税前回报率	37%

注：数字单位为美元，百分比除外。

这是一个非常高的上限，尤其是对于一家只销售厨房用品的公司来说。

这个故事很快就有了结局。当入侵者在公司董事会中获得了一个席位时，出售整家公司的催化剂就出现了。我们需要的只是那些被低企业价值和高回报率吸引的实业买家。1999 年春天，第三方以每股 11 美元的价格收购了整家公司。通用家居用品公司当时聘用了一家投资银行，以寻找更好的交易。到 7 月底，它们已经收到了三个邀约，其中一个来自一家并购公司，该公司此前已经收购了康宁公司（Corning）的家居产品部门，并最终以每股 28.75 美元的价格收购了通用家居用品公司。如果将之前计算中的权益数额改为 115 美元，我们仍然能在整个投资上获得 18.1% 的税前回报率。这种回报是相当好的，而且尽管它确实假设公司管理费用大幅减少，但并没有把销售的增加考虑在内。通用家居用品公司被一家与其有互补产品线的更大的公司并购，它的销量可能会在此推动之下出现激增。另外，计算该回报率时，也没有考虑收购者不必再收购更小的公司而节约的投资成本。在公司层面存在如此多的“脂肪”说明，这些部门本可以削减支出。自由市场价值最终远高于公开市场的定价。

自由市场价值案例：电话和数据系统公司

1999 年 4 月，加贝利公司发布了一份关于电话和数据系统公司（Telephone and Data Systems，TDS）的报告。该报告的开头写道，TDS“在美国 35 个州为大约 300 万顾客提供本地、长途、无线和个人通信服务。该系统目前持有美国蜂窝公司（United States Cellular Corporation）81% 的股份和航空通讯有限公司（Aerial Communication，AERL）82.3% 的股份”。2000 年 1 月，新报告以完全相同的信息开始。唯一不同的是，到 2000 年 1 月，美国蜂窝公司的股价从大约 45 美元上涨至 98 美元，而 AERL 的股价从大约 8 美元上涨至大约 52 美元。自然，TDS 的股价也从大约 58 美元飙升至大约 116 美元。2000 年的头几个月是科技股和电信股的黄金时期，电话与数据系统公司股价上涨的部分原因可能是影响整个行业的不良情绪。但上涨的部分原因可能是人们意识到，在大多数情况下，整体价值不应低于各部分价值之和。

截至该报告发布之日，持有一股 TDS 股票的买家将拥有价值 112.7 美元的美国蜂窝公司的股票和价值 49.56 美元的 AERL 的股票（见表 10–5 所示）。两者加起来，总和远高于持有一股 TDS 的股票的成本。TDS 公司股东的境况甚至比看起来更好。在该报告发布时，声流（VoiceStream）公司正在购买 AERL 的股票。基于当前的市场价格，在完成该交易后，TDS 所持声流公司的股票价值将变为每股 68 美元的 TDS 的股票，较 AERL 当前股票价值高出 18 美元。在此基础上，还要加上其他公司公开交易的每股 11.3 美元的价值。如果只计算 TDS 在其他公司的股票所有权，其每股资产价值为 192 美元。减去每股大约 30 美元的债务，其股票价值为 162 美元，而该股的市场价格为 116 美元，这意味着有接近 30% 的安全边际。

表 10–5　　TDS 在其他公司的权益

项目	TDS	USM	AERL	VSTR 的额外部分	其他公司	所有的其他股票
价格	115.88	98.00	51.50			
股票	61.4	87.8	71.8			
TDS 持股百分比	100%	81%	82%			
每股 TDS 股票	1	1.15	0.96			
市场价值	115.88	112.70	49.56	18.00	11.30	191.56

注：股票和市场价值的单位为百万美元，价格的单位为美元。

在第二份 TDS 公司报告完成时，声流公司完成了对 AERL 公司的收购。TDS 公司最终持有 3560 万股声流公司的股票，在交易结束时的估值为每股 TDS 公司股票价值 69.2 美元。整合浪潮横扫了声流公司；德国电信（Deutsche Telecom，DT）拟以 3.2 股股票加上 30 美元现金的价格置换声流公司的 1 股。即使在 2000 年年末电信股尸横遍野以及 DT 股价较其高位下跌了 2/3 的情况下，这一出价也相当于声流公司的每股价值达到了 133 美元，相当于每股 TDS 公司股票的价值为 76.5 美元。

公司拥有其他公司的股票有许多原因，并非所有的公司都能让股东获利。管理者可能认为他们更擅长投资，而不是经营企业（有些管理者可能这样认为），或者他们可能有其他荣耀的梦想。股东可能希望从这些嵌入式股票的增值中受益，但并不总是清楚如何实现。对于 TDS 公司的股东来说，这不是问题。第一，管理层拥有 TDS 公司大约一半的股权，这意味着他们的利益与普通股东的利益一致。第二，他们已经将 AERL 公司的大量股权出售给了声流公司，这表明他们关切持股者的利益。没有理由相信管理层会以不同的方式对待其他资产。

这种套利估值仅仅是分析的开始。TDS 电信（TDS Telecom）是一家真正的电话公司，也投资于其他公司的股票。1999 年，它的营业现金流为 2.4 亿美元，收入为 5.5 亿美元。这些数字都在增长，而且利润率也在提高。在该公司的三项业务中，每一项业务都有一定数量的订阅用户，他们购买特定类型的电信服务。由于处在一个管制放松、提倡技术创新和大规模重组的时代，电信行业中的所有交易，至少是在一个合理的范围内，所有这些单位都存在自由市场价格。由于这个价值是以每位用户的美元价值、销售额或者税息折旧和摊销前利润的倍数来计算的，该估值显然是有比较意义的。自由市场购买者总是可以决定降低他们对可比性交易的报价。

不过，这种方法是基于当前的可比价值（在充分了解信息的买家和卖家之间的公平交易中实现），而不是基于未来多年的贴现现金流实现的。经营企业的自由市场价值与 TDS 公司的公开市场价值结合使用，可以为运营企业的自由市场估值锦上添花。就 2000 年来说，加贝利的公司将整个公司的自由市场价值，包括其在上市公司中的所有权益，定为每股 226 美元。尽管在 2000 年，该股票的交易价格较其在报告发布时的价格下跌了，但是估值的目的不是预测市场的波动，而是给加贝利公司及其客户提供一个内在价值，让他们可以将该内在价值与当前的市场价值进行比较。它是估值技术工具箱中另一个有用的工具。

第 11 章

Value Investing: From Graham to Buffett and Beyond

格伦·格林伯格：调研、集中投资并看好那只篮子

格伦·格林伯格（Glenn Greenberg）既没有声称自己还在坐婴儿车的时候就买了他的第一只股票，也没有说用他送报纸赚的钱订阅了《华尔街日报》。在大学里，他学的是英国文学，对于一位打算把更多的时间花在阅读财务报表而不是狄更斯、劳伦斯或乔伊斯作品的人来说，这不是很好的知识储备。不过，马克·吐温在《傻瓜威尔逊的日历》（*Pudd'nhead Wilson's Calendar*）中的提到了少数一些出色的价值投资者，其中包括格伦·格林伯格。

> 傻瓜说："不要把你所有的鸡蛋都放在一只篮子里。"这只不过是另一种方式说："分散你的钱和你的注意力。"但是聪明人说："把你所有的鸡蛋都放在一只篮子里，然后看好那只篮子！"

格林伯格并不认为他学到的关于投资的一切知识都是他在美国文学课中学到的，但是在这个过程中，他确实学到了集中注意力和集中投资。

他从大学毕业后的第一份工作是在学校教书，最初是在小学，然后是在一所中学，后来他在那所中学担任了校长。三年后，他意识到教书并不是他的最爱。他最大的满足感来自管理那所中学，当他的上级建议他去读商学院时，格林伯格并不认为这是一种责备，而是将其视为一个机遇。他申请了哥伦比亚大学商学院，因为该学院全年开课，他可以不必等到第二个秋季就开始学习。在工商管理硕士课程中，他发现自己最喜欢金融学课程。他上的一门金融学课程让每位学生从潜在投资者的角度分析一家公司。他要分析的公司是 TWA，他的建议是不要投资，这为他的职业投资生涯奠定了良好的基础。他还撰写了一篇对他的家族企业金贝尔兄弟

（Gimbel Brothers，它拥有萨克斯第五大道）的长篇分析，在文中，他从上到下对他们的规划过程进行了批评。他的叔叔，也就是公司的首席执行官，为此大发雷霆。在之后一年里，该公司几乎破产，随后被出售给英美烟草公司（British American Tobacco），这是该公司冒险尝试进军零售业的一部分。尽管格林伯格参与了咨询和投资银行的一些面试，但是他决定接受 J.P. 摩根公司的一个职位。J.P. 摩根公司当时是美国最大的资产管理公司。

格伦・格林伯格声称，在他任职的五年里，他并不是一个好的资产管理者。当他从 1973 年开始工作时，他所在公司主要担心的是无法以 100 倍的市盈率买到足够多的雅芳或者宝利来公司的股票，以满足客户的需要。正如一些读者可能回忆起的那样，雅芳和宝利来是所谓的“漂亮 50 股”的创始成员，在这段时期深受机构投资者的青睐，原因是它们是“一锤定音”证券，即你买了它们，然后可以永远持有它们。很快人们就发现，他们并没有因此获益。道琼斯指数从 1973 年年初的 1000 点左右下跌至 1994 年年底的 570 点，跌幅超过 40%。这种经历给一个在该行业刚刚起步的人留下了不可磨灭的烙印，并提醒他在投资市场中始终存在风险威胁和损失痛苦，尤其是在兴高采烈的时候。

这也教会了格林伯格对主流观点要持怀疑态度，并确保他理解为什么会购买自己所选的每一只股票。他以前经常与这家投资公司的同事们开会讨论他们在投资组合中持有的头寸。令他沮丧的是，在讨论中，他清楚地意识到没有人知道他们所持股票的公司的任何事情，无法说出持有那些股票的理由。不知何故，投资经理的关键职责随着时间的推移已经消失了，而且股票数量太多也使投资经理们无法清楚地了解每一只股票的情况。在 J.P. 摩根公司工作五年后，格林伯格离开了公司，加入了一家规模较小的公司，该公司为他提供了到那时为止一直没有得到的基础培训。他的新雇主相信，至少在投资界，任何人经过足够的学习都能够理解任何事情。格林伯格的第一个任务就是掌握宾州中央交通公司（Penn Central）破产重组的复杂情况。从此，他开始格外关注投资的细节了。

两英寸[①]的推杆：精选股票构成集中性投资组合

格伦·格林伯格不是一位普通的投资者，按照我们在本书中已经介绍的价值投资准则，他甚至不是一位典型的价值投资者。他和约翰·夏皮罗（John Shapiro）于1984 年创立了首领资本管理公司（Chieftain Capital Management），他们为委托给他们的资金赚取了超额回报。从 1984 年到 2000 年，他们的账户实现了每年 25% 的复合年增长率（在扣除管理费之前），而同期标准普尔 500 指数的复合年增长率为16%。对于一位价值投资者来说，在标准普尔 500 指数历史上表现最佳的 17 年（当时成长股表现尤其好）里跑赢了该指数，这是非同寻常的。

这些令人满意的回报得益于他和同事们在首领资本管理公司实践的打破传统的投资方法。《傻瓜威尔逊的日历》中的“把你所有的鸡蛋都放在一只篮子里”，实际上暗示了集中投资的策略。对于初学者来说，更重要的是选择合适的鸡蛋放进篮子里，而不是一旦选择了这些鸡蛋就看好它们。再多的警惕也无法使臭鸡蛋变得美味可口。格林伯格将成功大部分归功于该公司寻找到合适股票的方法。

集中

根据他们为自己确立的规则，除非首领资本管理公司的合伙人愿意将其至少5% 的资产投入某只股票，否则他们不会开始购买这只股票。这是一种反对分散投资的策略，对他们整个投资过程造成了多方面的影响。第一，他们需要对其选择持有两种信心：对自己了解该公司、所处行业及其商业前景的能力有信心；对该公司有信心，相信该公司将继续表现良好，能够增加股票持有者的财富。他们的投资组合并非没有“追踪头寸”，即投资者基于仓促的研究买下多只股票，每只股票的数量很少，以提醒自己需要进行额外的工作才能做出真正的承诺。在完成大部分调研工作从而熟知了某家公司之前，他不会购买该公司的股票。显然，总是有更多的东西需要学习，在他持有该股票的时间里（可能长达数年），他对该公司的认识和理解都会得到加深和拓展。

首领资本管理公司按照严格的 5% 规则选择的投资组合中的股票数量远远少于20 只。合伙人通常在他们的账户中持有 8 至 10 只股票，他们愿意在完全确信某种

① 1 英寸≈2.54 厘米。——译者注

预期结果将会实现的情况下才大量投资。为了提高他们的胜算，该公司的四位专业人士都研究同样的股票，他们在购买一只股票之前必须达成一致。如果分散投资替代了知识，那么对公司的认识和了解就会发挥相反的作用。

购买好公司

他们寻找的公司必须通过精挑细选，以符合他们的标准。他们想要买“好”公司，这里的“好”公司指的是那些没有受到新进入者的挑战，收益在增长，在技术上不容易被攻击，并能够通过派息、股票回购或者是治理再投资，定期产生足够多的自由现金流，以使股票持有者满意的企业。他们对那些陷入困境并需要复苏的公司不感兴趣。尽管他们买股票的时候期望有朝一日会卖出这些股票，但是他们更愿意持有这些股票若干年并从公司的成长中获益。如果他们打算将自己至少 5% 的资产投给一家公司，他们必须确信该公司产生预期结果的概率相当大。尽管他们不想控制企业，但是会将自己视为公司及其盈余现金流的所有者。由于公司的盈利业务反映在其股票的价格中，他们希望从该公司的盈利性运营中获利。这种做法与价值投资者有很大的不同，价值投资者购买的通常是价格低于资产重置成本的廉价股票，等待市场意识到股价被低估时再卖掉。

他们会寻找其他迹象来识别他们觊觎的好公司类型。高利润率是一个好的迹象，这使公司的收入不易受到销售量的影响。高利润率也可能显示公司是在特许经营权下进行经营，其利润不易受到新进入者的侵蚀。他们喜欢像房地美和房利美那样的双寡头企业，由于这两家公司通常彼此之间并不会激烈地竞争，当然也不会在价格上竞争，因此两家公司都可以获得较高的资本回报。相比之下，垄断企业总是受到政府的干预，政府要么是将其分拆，要么是监管其收入。即使政府什么都不做，新的竞争对手也会进入，试图通过使用新技术夺取垄断企业的一些非常有利可图的业务，新技术使新进入者以更低的价格或者更好的产品超越现有企业。

在长期投资方面，首领资本管理公司想要投资那些管理良好且时刻关心股东利益的公司。他们犯过试图影响管理者经营方向的错误，而且他们不喜欢在公司引起争斗。一家由出色的管理者经营的公司，一旦这些高管离职后，会导致公司经营恶化；而以极低价格购买一家经营不善的公司的股票，一旦管理层改善，投资者就可能获利。但是，这是一种投机性的押注，有时候糟糕的管理会持续几十年不变。格林伯格希望持有他的股票四至五年。他不想等待管理改善后卖出股票，也不想通过领导股东反抗促使公司改善管理。他关心的是目前的管理者是否足够健康和年轻，是否可以确保公司在未来几年内持续经营。

购买低价股票

首领资本管理公司为客户管理着 30 亿美元资金。如果它通常只持有 10 个甚至更少公司的股票，那么它需要平均在每只股票上投入数亿美元。由于很难找到好的投资机会，因此他们准备购买每家公司 20% 或者更多的股份。尽管他们可以持有大约 1500 家或者更多公司的股票，但他们对“好”公司的要求或许将使这个名单缩减 80%，留下不超过 300 个候选者。即使是在这个有限的范围内，格林伯格和他的合伙人也是非常挑剔的。格林伯格说，他们寻找的是“两英寸的推杆”，他的意思是这些投资将为他们提供高回报率，同时风险比较低。他们只有一种方法能实现这个目标，那就是他们必须找出那些符合他们的标准且股价合适的公司，这将使他们基于未来盈利增长获得高额回报。

他对转型的或者有周期性的公司不感兴趣，对于这些公司而言，成功的投资取决于时机。他不相信一家表现不如预期的公司会被收购，因为大多数管理者会拒绝出售。因为存在无法预测的环境的因素，所以这种投资机会出现得不规律。例如，政府监管的变化可能是个契机。20 世纪 80 年代后期，整个储贷行业都受到不良贷款以及其他非法行为的影响。美国国会决定，采用一种低成本的资本注入方式（不需要纳税人的钱）允许储贷机构将它们持有的联邦家庭抵押贷款公司（即房地美）的股份出售给公众。尽管联邦国民抵押协会（即房利美）的股票已经上市数十年，但是这两家公司的业务没有实质性区别，格林伯格在房地美股票第一天被出售时就以很大的折扣买入。至少在初期，储贷协会的问题、股票发行的新问题以及股票被大量抛售使这些股票价格很低廉。一年之内，它们的价格翻了一番。

有时候，人们对整个行业的未来会有各种不确定的假设。20 世纪 90 年代中期，人们几乎都相信卫星电视将取代有线电视，成为电视迷们的娱乐信息工具。1996 年，《商业周刊》在封面故事中对这一观点表示了赞成，有线电视公司的股票进一步走低。格林伯格和他的合伙人不确信这一点。卫星媒体有若干显著的缺点：它不支持地方广播电视台；它价格昂贵并且安装复杂；家里所有的电视机必须调到同一个频道，否则就需要额外的昂贵设备；它并不适用于所有的地区，比如人口稠密的城市环境。格林伯格预计，卫星不会取代有线，而是两者往往在同一家庭中共存。有线电视将受益于新服务和新技术，这些新服务和新技术能够很好地提供诸如数字电视、电话服务以及互联网宽带连接。客户将为这些功能支付额外的费用，尽管提供这些功能将要求有线电视公司购买新设备，但是它们最大的投资，即接入住宅的最后一英里线路，已经完成。据传对有线电视行业的管制也即将放开，这将会抬高有线电视公司的股票价格。

由于卫星电视可能带来的威胁所产生的悲观情绪，1996 年和 1997 年年初，运营良好的有线电视公司的股票只以其当前现金流的六至七倍出售。所有来自新订阅用户、新服务和费率提高的潜在成长都可以免费获得。格林伯格的公司没有选择这个行业中最大的两家公司，即 TCI 公司和时代华纳公司，原因是 TCI 公司债务缠身，而时代华纳并不是专业有线电视公司的一部分。相反，他们买下了两家规模较小的公司，即 TCA 有线公司和美国西部传媒集团（U.S.West Media Group）。在这两项投资中，他们都获得了丰厚的回报，股价上涨了五六倍，而且随着行业的整合，这些公司最终被收购了。然后，他们发现了另一家被低估的加拿大有线电视公司。这家公司的股价受到了加拿大总体投资环境不景气的打压。到 1998 年年底，他们总共有 40% 的资产投资于有线电视公司。

20 世纪 80 年代末和 90 年代初，首领资本管理公司获得了“两英寸的推杆”，当时储贷协会正在从共有制向股份制转变。当这些公司股票开始发行时，获得了购买股票的期权的储贷经理试图将发行价维持在尽可能低的水平。那些负责这一转变过程顺利进行的监督机构也有兴趣确保所有新发行的股票都卖得出去，它们都选择了低价。因此，人们可以以每股 25 美元或 30 美元的价格买到每股账面价值为 50 美元的储贷协会的股票。随着卖出股票获得新股本，储贷行业现在被过度资本化了。保守派经理对发放高风险贷款不感兴趣。因此，在这些储贷机构上市后不久，它们便开始回购自己的股票。因为这些股票仍在以低于账面价值的价格出售，这些机构所回购的每一股股票都增加了仍然流通在外的股票的账面价值。这是纯粹的金融工程，账面价值的提高不是由于留存收益，而仅仅是因为折价回购股票。由于金融领域正在进行大规模的整合，几年之内，这些储贷机构都被以高于账面价值的价格收购了。那些支付了每股 30 美元，获得了账面价值为 50 美元的股票的投资者，可以以 75 美元的价格卖出，获利 150%。整个过程可能花费了两三年时间，使得投资者在承担最低风险的情况下获得了不低于 35% 的年化回报率[①]。如果所有进球都如此轻松，那失意的高尔夫球手就不会认为这种比赛是个休闲娱乐的好方式了。

集中投资组合中的股票估值

对于所有的价值投资者来说，估值都处于核心地位。对于像格伦·格林伯格这样运营一个仅仅投资于少数几家公司的投资组合的人来说，估值尤其重要。他必须非常相信自己了解自己想要买的公司的真正价值。分散投资对他无效。他无法依靠大数定理将他粗略的估算转变为胜算，因为他的样本规模太小了。而且，考虑到他所选公司的类型，他需要一种适合这些公司特点的估值方法。他不是一位贪婪的投资者。他不希望他所选择的公司会倒闭，它们的“尸体”能够卖多少钱与他无关。他对于基于资产方法估值的公司持怀疑态度。正如他指出的那样，许多老牌工业企业，比如钢厂和纺织厂，其账面上拥有的资产不再产生收入。来自外国的竞争对手，有时能够获得政府补贴，或者能够利用比美国同类公司低许多倍的劳动力成本的优势，耗尽这些公司的设施和设备的价值。除非有工业买家来购买这些公司的设施和设备（考虑到设施和设备的特殊用途，不大可能有工业买家），否则这些资产即使在清算时也值不了多少钱。本杰明·格雷厄姆不会反对这种观点。他试图以低于公司净营运资本 2/3 的价格购买该公司的股票，而固定资产在他眼里根本就一文不值。

格林伯格喜欢那些能够产生一连串自由现金流的公司，因此他运用对现金流的估算来告诉自己这些公司的价值是有道理的。在个人电脑和电子数据表格问世之前，他和他的合作伙伴会通过将公司不同的业务部门分离开，并预测它们未来两到三年的收入和支出的方式来分析一家公司。通过假设从那时起公司将稳步成长，他们只需要一台计算器，利用现金流贴现的方式就可以计算公司的当前价值。现在，有了电子数据表格，他们可以更详细地做出预测，并将预测的时间进一步延长。我们在本书第一部分表达了对贴现现金流分析方法的看法，而这一方法是格林伯格投资时所用的估值技术。

---

① 其他价值投资者，包括麦克尔·普里斯和塞思·克拉曼，也参与了储贷机构转型。克拉曼对投资算法的解释与格林伯格略有不同，他指出，即使在成功的价值投资者中，通往同一个目标也有不同的道路。

格林伯格的贴现现金流方法受到了很多限制，这使他能够安全地置身于价值投资阵营中。他只对那些有着稳定收入和相对可预期现金流的公司感兴趣。他的每一笔投资都要进行“互联网测试”，以预测互联网这种新的且具破坏性的技术对公司业务的影响。他不会投资某家预期好但尚未赚到任何钱的公司。他不会用夸张的和不具有可持续的增长率对未来四五年的现金流进行贴现。他会投资于那些终端价值（即该公司在未来 10 年或者更长时间的预测价值）对近期和中期现金流没有决定性影响的公司。他小心地确保现值分析中的所有假设都是合理的和保守的，包括销售增长率、利润率，石油、天然气和其他原材料的市场价格，以及资本支出要求和贴现率。常识是评估所有电子数据表格预测结果的试金石。格林伯格使用模型，但不允许模型控制他。

你会买这只股票吗

1999 年 11 月，格林伯格在哥伦比亚大学商学院的价值投资课上问学生，他们是否愿意购买拥有表 11–1 中所示特征的股票。一个小信封的背面有足够的空间来计算一些常用的估值比率。该股的市盈率近乎 27 倍；如果我们每年将年收益减记 7 美元，那么市盈率会升至 31 倍。在股息率每年为 1.5% 的情况下，寻求 10% 回报的投资者只能获得 8.5% 的资本增值。如果我们假设增长率很高，那么 PEG 比率（即市盈率除以增长率）为 3.35。PEG 并不是价值投资者经常使用的比率，但即使是热衷成长性的人见到如此高的比率也必然会望而却步，对于一家业务多样化的和周期性经营的公司来说更是如此。大量未到期期权的存在只能降低投资者的回报，随着期权的行使，收益会被稀释。该股看起来是如此没有前途，以至于很难想象有人愿意购买。

表 11–1　可以买这只股票吗

价格	1340 美元
每股收益	50 美元（每年平均减记 7 美元之前）
股息	20 美元
增长率	每年 6%~8%
业务	多样化、周期性
期权	大量，期权兑现之前不会稀释收益

现在，许多人已经意识到，这根本不是某只股票，而是1999年11月标准普尔500指数的一个缩影。一年之后，情况并没有多大变化。价格下降了一点，市盈率也下降了一点。尽管多年来该指数已经击败了大多数活跃型基金经理，但这笔投资看起来仍不可靠。只有未来才能明确地告诉我们这些乘数能否持续下去。如果不能持续，那么该指数将不再是明智投资的选项了。

贴现现金流法应用：一家多元化经营的能源公司

为了表现得比标准普尔500指数好，格林伯格和他的合伙人必须在公司估值方面表现优异。尽管他们可能会测试其他方法，但是只有当贴现现金流法表明股票的价格具有吸引力时，他们才会投资。他们将这个方法应用于一家主要在加拿大运营的多元化能源公司，以确定他们愿意以什么价格购买该公司股票。这个过程很简单，但是需要进行大量的工作。这家公司有石油和天然气探明储备。它拥有输油管道、油储设施和非常强的加工能力。尽管该公司有一个勘探和开发部门准备增加这些储备，但格林伯格忽略了其未来的开采潜质，并假设该公司只拥有目前的储量。分析中的主要假设是每年的能源基准价格、美元和加元的汇率以及该公司的必需支出，包括能源使用费和税费。格林伯格使用西得克萨斯中质原油的价格作为能源定价的基准。他预计油价从每桶20美元的较低基准价格开始每年以2%的速度上涨。

格林伯格的分析延续了12年，然后加上了公司当时的终值。他假设届时大部分油井已经干涸，该公司的输油管道、油品加工和石油存储将使公司收益每年增长2%，而且会一直持续下去。然后分别用10%、12.5%、15%和17.5%的贴现率将每年的现金流和终端价值贴现，这就产生了如表11–2所示的每股估值。

表11–2　　能源公司按不同贴现率计算的现值

贴现率	10.5%	12.5%	15.0%	17.5%
每股现值（美元）	77.31	64.31	55.43	48.85

上述每股现值数字是该公司在四种不同回报率要求下的内在价值。每期预测的现金流是相同的，唯一的不同是它们现在的价值，而这取决于贴现率。如果该股票的股价为77美元，那么那些愿意就其投资获得10%回报的投资者将会购买。只有在该股股价达到49美元或者更低的价格时，那些坚持17.5%回报的人才愿意买入该股。1999年，该公司股票的实际交易价格在32美元至49美元之间。寻求获得

15% 回报的人有大量机会买入该股，而且除了股价处在其波动的高点时，他们还有相当大的安全边际

贴现现金流法所需全部工作的真正价值在于，它迫使投资者带着长远和审慎的眼光思考影响该企业未来的所有因素，包括该公司可能面临的意料之外和不可预见的风险。如果格林伯格管理的投资组合中有 200 只股票，他就没有时间，也不值得付出努力来做所有这些工作。但是，由于他采取集中管理的方法并决心不浪费客户的资金，所以他不会花钱去建立公司关系。

贴现现金流法要求明确对未来的所有关键假设，比如生产率或者能源价格。这样可以防范未经检验的投机行为。格林伯格还会检验贴现率是否合理。假设能源价格将在未来十年以每年 2% 的速度上涨，这是否合理？除非未来有某种目前尚未被注意到的新能源能够大规模地替代这种碳氢化合物，否则价格很可能至少会涨那么多。该公司将能够维持对石油存储备和管道传输的收费吗？这需要关注潜在的竞争对手以及是否有新的产能正在形成。如果人们知道应该关注哪里以及向谁咨询的话，就能够找到答案，但是事情没有这么简单。

当油漆干了的时候：保持信息灵通

由于他们客户的投资组合中股票的数量很少，每只股票都会长期持有，首领资本管理公司的合伙人不需要找到许多新公司来加入自己的名单。有些年份，他们不会购买新股票，在其他年份也只会买三四只股票。这种资金的低周转率使他们有时间全面了解自己持有股票的公司，鉴于他们在每家公司都持有大量股份，这种全面了解是很必要的。所有合伙人都会去参加他们所投资公司的会议，会仔细审查公司的季度文件，了解行业的最新动态。他们定期与那些公司的管理层谈话，阅读行业刊物和其他相关的材料。除了为客户带来了高额回报，他们的工作还为他们赢得了这些公司管理层的尊重。那些管理者告诉他们，他们比所有卖方分析师都更了解公司。

听到这种称赞是令人欣慰的，也证实格林伯格与外部分析师接触的时候情形很糟糕。在这些场合，当首领资本管理公司聘请行业专家作为顾问，就某家具体的公司为他们提供建议时，这些行业专家的表现令人失望。零售业专家在 20 世纪 90 年代初期为首领资本管理公司做了一项调查，并建议他们在耐克和锐步二者中，选择

购买锐步，因为锐步是一只拥有强大特许经营权的更廉价的股票。但锐步的股价两年来没有什么起色，而耐克的股价则上涨了六倍。格林伯格从这些经历中得到的信息是，他和他的合伙人在进行投资时依靠自己的努力和判断会做得更好，没有什么能替代自己做的工作。

格林伯格及其合伙人的知识、经验以及辛勤工作已经给他们带来了丰厚的回报。但是，正如格林伯格爽快承认的那样，他们也犯过许多错误，而且对公司的收入和盈利的估计往往不是很准确。他们往往会高估，这使他们和大多数分析师一样。既然这样，他们的表现为何如此之好呢？首先，作为价值投资者，他们的投资决策并不是基于完美的预期。他们不会购买高市盈率的股票，因为一旦公司有事，股价将会出现惩罚性的下跌。他们投资组合中的公司足够稳健，能够从短期问题中快速复苏。因此，他们犯下的错误没有带来毁灭性灾难。格林伯格说，他们糟糕的投资更多带来的是亏损，而不是股价的致命下跌。

由于不需要抵消严重的损失，公司表现依然突出，那些在三四年时间里股价上涨了六倍至八倍的股票，足以确保整个投资组合每年上涨 25%。因此，价值投资者不会亏本的准则在格林伯格这里起到了两方面的作用：他的投资组合不必从股灾中恢复；他获胜的投资不必抵消亏损，以确保整个投资组合达到盈亏平衡。如果篮子里只有几个鸡蛋，这些鸡蛋最好质量都很好。

第 12 章

Value Investing: From Graham to Buffett and Beyond

罗伯特·H. 赫尔布伦：对投资者进行投资

1929 年，罗伯特·H. 赫尔布伦进入沃顿商学院不久后，他的父亲就去世了。赫尔布伦离开学校，接管了家族的皮革贸易生意。对他这个年纪的人来说，这个担子已经够沉重了，而大萧条的爆发更是雪上加霜。除了这些生意，他父亲还留下了一些股票和债券。管理好这些证券也成了赫尔布伦的责任。当时并不是什么投资的好时机。尽管整个夏季和假期赫尔布伦都在忙于皮革生意，但是他没有理财方面的经验。

为了获得理财知识，他参加了纽约证券交易所和纽约大学的课程，但是并没有获得他需要的实用知识。这时他想起了父亲认识并信任的一位投资顾问——本·格雷厄姆。赫尔布伦在电话簿上查到了格雷厄姆的联系方式，并给他打了电话。格雷厄姆确实还记得赫尔布伦的父亲，于是两个人约好了见面时间。格雷厄姆后来告诉赫尔布伦，考虑到当时的环境，他以为赫尔布伦是来申请贷款的。事实上，赫尔布伦想要的更多：他希望格雷厄姆成为他的投资顾问，并帮助他管理证券。格雷厄姆同意了，但他告诉赫尔布伦，每月要收取 25 美元的费用。赫尔布伦知道这已经是很优厚的价格了，于是他就接受了。

他们开始研究手头的股票和证券。赫尔布伦的父亲购买了大量高级公共事业债券。尽管公共事业公司并不多，有些在大萧条中损失惨重，但赫尔布伦持有的债券表现却不错；这些债券能支付利息，且能平价卖出。格雷厄姆的建议令赫尔布伦有些吃惊。格雷厄姆建议卖出这些债券。“为什么？”赫尔布伦问，“它们是好证券。”“正因为是好证券，”格雷厄姆告诉赫尔布伦，“它们以后再也不会比今天更值钱了。”赫尔布伦也想知道他们卖出债券的钱要来买什么。格雷厄姆推荐了菲斯克轮胎橡胶公司（Fisk Tire and Rubber）的债券。他告诉赫尔布伦，尽管该公司处于破产状态，但是其债券的售价为1美元卖0.30美元，格雷厄姆相信菲斯克将会重组，那是每700美元的新债券就相当于现在1000美元的债券。这是赫尔布伦上的价值投资入门课。

赫尔布伦决定听从格雷厄姆的建议，毕竟他每月要为这些建议支付25美元。他给他的经纪人打电话，要求经纪人卖出公共事业公司债券，买进菲斯克轮胎橡胶公司的债券。在赫尔布伦下令大约一小时后，经纪公司回复说他们不会购买菲斯克的债券，理由是它们是一家信用等级高的公司，如果传出它们在交易破产票据的消息，它们的声誉可能会受损。当赫尔布伦将经纪公司的回应告诉了格雷厄姆时，格雷厄姆告诉他说，这家经纪公司完全错了，购买菲克斯债券绝对是划算的买卖。赫尔布伦将他的资金转给了另一位经纪人，此人是格雷厄姆的兄弟，随后两人一起合作了很多年。投资菲斯克债券确实如格雷厄姆预测的那样成功了，赫尔布伦确信格雷厄姆的确是一位杰出的投资家。他让家族中的其他成员也去拜访格雷厄姆，并建议他们学习格雷厄姆的知识和眼光。

1934年，格雷厄姆和多德出版了《证券分析》一书。赫尔布伦非常喜欢这本书，于是他选修了格雷厄姆在哥伦比亚大学开设的课程，当时这门课是安排在晚间授课的进修课，这样白天工作的人就可以来上这门课了。赫尔布伦发现格雷厄姆是一位非常好的老师，虽然格雷厄姆在课上分析的财务报表正是赫尔布伦购入债券的公司，赫尔布伦依然兴趣十足。到课程结束时，赫尔布伦意识到自己已经受够了皮革贸易。他想为本·格雷厄姆工作，许多有幸选修了这门课程的学生也有此愿望。但是，格雷厄姆当时并不想要什么员工。相反，格雷厄姆建议赫尔布伦去做独立的投资商。赫尔布伦有时候会和格雷厄姆探讨某些投资理念，他愿意为格雷厄姆再做一些跑腿的工作：给公司打电话，对公司进行拜访，并用尽可能少的方法来获得更多有关它们的信息。尽管当时《1933年证券法》和《1934年证券交易法》刚通过不久，但公司要公布我们现在期待的所有信息还需要一段时间。当时没有互联网，没有EDGAR数据库，没有Free Edgar，也没有只需要投资者一点鼠标就能完成工作的神奇工具。调研员只需要精力充沛且头脑聪明就行了。

1937年前后，格雷厄姆为格雷厄姆–纽曼公司（Graham-Newman）购买了天然气管道运输公司的大量股票。格雷厄姆–纽曼是格雷厄姆与杰罗姆·纽曼（Jerome

Newman）建立的一家合伙人投资公司。为了得到他所需要的信息，格雷厄姆去了州公共事业委员会，所有的公共事业公司都被要求向州公共事业委员会提交详细的文件来描述它们的业务。赫尔布伦采用这种方法来调查位于得克萨斯州的政府雇员保险公司，并找到了他在国家保险局没有找到的东西。格雷厄姆－纽曼公司拥有该保险公司的大量股权，赫尔布伦可以借此加深对该公司的认识和了解。但是赫尔布伦也发现，投资公司拥有一家保险公司的绝对数量的股权是违法的。格雷厄姆－纽曼公司将股权直接分给了有限公司的合作伙伴，让他们直接持有这些股份，才解决了这个问题。数十年来，政府雇员保险公司（现为GEICO）一直是价值投资者感兴趣的对象。在格雷厄姆－纽曼公司分配了这些股份不久后，政府雇员保险公司引起了沃伦·巴菲特的注意，他前往华盛顿充分了解了该公司的情况，并在星期天与该公司的董事长进行了交谈。在经历了一些沉浮之后，该公司几乎破产，它最终被伯克希尔哈撒韦公司全部买下。

赫尔布伦也参与了格雷厄姆－纽曼公司在大萧条时期的其他投资，这些投资都获得了丰厚的回报。纽约的房地产市场受到了大萧条的重创，20世纪20年代的过度建设更是雪上加霜。当开发商和业主拖欠了抵押贷款时，产权公司会将其中一部分打包在一起，作为债券出售（贷款证券化的历史比我们很多人想象的要长）。这种债券由贷款抵押品为支持，并且以低于票面价值很多的比率打折出售。赫尔布伦和格雷厄姆－纽曼公司大量购买了这种债券。他们预计在未来的某个时刻，纽约市房地产的需求将会回升。另一系列债券的发行是为了给建设华尔道夫酒店（Waldorf-Astoria Hotel）的大楼融资。这些债券是在1929年发行的，利率为6%。20世纪30年代，即使是纽约市最有声望的酒店也没有客满过，利息都暂停支付。由于拖欠了利息，其价格跌至1美元债券卖0.30美元，或者1000美元的债券卖300美元。按照这个价格，这些债券看起来很有吸引力，而且由于大通银行愿意为每只债券支付250美元的贷款，所以投资者的实际支出仅为50美元。几年之后，这些债券被全额兑现，包含所有的利息。购买受损商品可以得到丰厚的回报。

赫尔布伦继续与格雷厄姆－纽曼公司合作进行投资，和他们一起研究证券，自己也会做一些投资。赫尔布伦后来卖掉了他的皮革业务，以集中精力做投资。赫尔布伦运用了他从格雷厄姆那里学到的方法，即寻找廉价品。在那段时期，《巴伦周刊》每年都会公布30只低价股票。赫尔布伦和格雷厄姆会仔细研究名单上的公司，并选择其中10家最好的公司做一个组合。其中一些公司可能会消失，但是那些脱颖而出的公司足以弥补损失。而且，赫尔布伦遵循了格雷厄姆比较同一个行业中两家公司的做法，比如比较伯利恒钢铁公司和坩埚钢铁公司，基于内在价值判断哪家公司更廉价。他们关注的是资产负债表，而不是损益表。他们相互交流意见，并采取其他建议，这些建议来自以格雷厄姆为中心的价值投资者群体。

格雷厄姆及其圈子一直对研究定量分析的交易公式很感兴趣，目的在于将它们直接用作市场投资策略。赫尔布伦发表于1958年的文章促进了这类规则的发展。今天的价值投资者在定量分析时使用的很多公式都源于此。赫尔布伦仔细研究了具体公司的股票价格、收入和股利历史，以确定该证券此前交易的市盈率范围以及成交范围内证券的股利分红情况。基于这些信息的投资策略是，当股票的卖价低于历史市盈率范围，或高于股利分红范围，或在两者兼备的情况下卖出股票。为了正确地估计区间，有一种方法可以避免不良情绪影响投资判断，防止错误判断。这些错误情绪包括市场上涨时的盲目乐观，也包括市场下跌时的悲观。这种方法就是低价时买入，高价时卖出，后者对投资者更有意义。赫尔布伦写下过一段警告的话，这段话在今天依然适用：

> 专业投资者和业余投资者都必须警惕牛市中过度乐观的情绪，原因是人们普遍认为，金融领域的报纸和杂志、演讲、报告和分析等资料对于牛市的大量渲染最终会影响这两类投资家的决策。决不能把这种观点理解为对价值投资者的批评，它是对普通人的批评，这可能是投资家职业上的一个劣势，他跟所有其他人一样承受着同样的心理压力。

赫尔布伦的创新之处在于，重点研究一只股票在其历史交易区间内交易时的波动情况，以识别该股票与自身相比后的波动高点和低点。更常见的风险分析方法是找到一种股票，它与该领域中的其他股票相比有着低市盈率、高股利分红或者低账面价值。主要价值投资者桑福德·伯恩斯坦（Santord Bernstein）等人创立的现代定量分析法已经将这两种方法结合起来了。他们将股票的现在成交范围与其历史范围进行比较，然后基于这些结果对股票进行比较。他们确定了那些处于波动范围偏低的股票，然后根据其他标准测试每只股票。当宣布了新的坏消息时，该股票的价格不再下跌，这就是一个好迹象。如果业内人士和其他经验丰富的投资者正在买入，这是另一个积极的迹象。最初使用定量法筛选股票，然后逐个分析，这就是一个严格的完整评估。

赫尔布伦在他的实践中体现了价值投资的一个核心原则。在以本·格雷厄姆为核心的一群专家中有两个人实际上效力于格雷厄姆–纽曼公司工作，他们分别是沃尔特·施洛斯和20世纪50年代中期的沃伦·巴菲特。巴菲特所有的追随者都知道，巴菲特是在读完了《聪明的投资者》一书后，才到哥伦比亚大学商学院与格雷厄姆一起学习的。不久，赫尔布伦开始认为，他所能做的最好的投资是投资于格雷厄姆、施洛斯和巴菲特。在巴菲特的合伙人企业成立了一年左右之后，赫尔布伦把钱投给了这家公司，他把一些资金委托给了施洛斯，尽管他起初不打算这样做。在后来的几年中，赫尔布伦还找了其他一些杰出的价值投资者来管理他的证券。这些决策带来了丰厚的回报。赫尔布伦或多或少可以从直接参与投资的活动中退出了。

赫尔布伦将自己的资产委托给其他管理人管理，这个做法体现了价值投资一个经久不衰的原则：了解自己的长处，并留在能力圈之内竞争。投资记录不是决定性的，但很明显，极少数专业投资者（这些人大量受到价值投资理念的劝导）一直获得高于市场水平的回报率。仅仅用好运是解释不通的。当这种业绩被与精心设计的投资方案以及某个行业的专业知识联系起来时，当其他人能够以合理的价格获得相关能力时（格雷厄姆每月向赫尔布伦收取25美元，但那是1929年的事情了），那么通过这些人或者机构进行投资是明智的。知道其他专业投资者在什么时候可能比你兼职干表现更好，可能是所有的价值投资洞察中最重要的部分。

几年前，在价值投资者特迪布朗尼公司看来，对富国银行的投资是一桩好买卖，当时特迪布朗尼公司打算指派一位分析师来详细调查富国银行。后来他们发现，伯克希尔哈撒韦公司已经获得了富国银行大量的股权。特迪布朗尼公司给这位分析师指派了其他的工作，并直接购买了富国银行的股票。他们认为自己的研究不大可能比巴菲特的更好。多年来，赫尔布伦凭借自己作为价值投资者积累的经验，运用类似的判断来决定由哪些候选者来管理他的资金。赫尔布伦一直都在做明智的选择。

第 13 章

Value Investing: From Graham to Buffett and Beyond

塞思·克拉曼：苦恼的卖家，消失的买家

安全边际

和其他很多成功的基金经理的人一样，塞思·克拉曼在还没到能够驾驶汽车的年龄时，就用生日礼金买下了他的第一只股票。在大学毕业后的两年多时间里，他一直师从传奇的价值和破产投资者马克斯·海涅及其年轻助手麦克尔·普里斯。当时，公司里没有几个人。随后，克拉曼考入了哈佛商学院，并于 1982 年毕业。之后他帮助创建了 Baupost 公司。这是一家投资公司，目前管理着超过 20 亿美元的客户资产。员工包括 12 名投资专业人士以及一个大约 30 人的行政团队。

Baupost 成长的背后有很多有利的因素。两条最古老的投资原则是，第一，不要亏钱；第二，不要忘记第一条原则。卡拉曼总是把它们牢记在心。从一开始，他在 Baupost 的职位就是负责处理大量富裕家族的资产投资业务，因此他认为在开始思考潜在回报之前先考量风险是至关重要的。并不是只有富人才会考虑风险问题。以相同的概率赢得或者失去他们的一半财富，很少有人会接受这样的赌注。心理学研究一再表明，相对于赚钱，大多数人对于赔钱更敏感。这是有道理的，因为人们更看重这增加的一半财富。与海涅和普里斯的合作经验以及自己的工作体会让克拉曼明白，价值投资是唯一一种在谨慎限制风险的同时仍能保持客观的收益前景的投资策略。

克拉曼是哈珀柯林斯出版社在 1991 年出版的《安全边际》（*Margin of Safety: Risk-Averse Value Investing Strategies for the Thoughtful Investor*）一书的作者。我们已经反复讨论过安全边际的概念，它是由本杰明·格雷厄姆提出的，被广为使用。

对于克拉曼来说，更准确的说法是“安全多边际”（margins of safety）。他喜欢购买那些从多个指标来看都是低价的证券，比如市净率、市盈率、股价与现金流比、折卖价值、股息和自由市场价值等。他也考虑了内幕购买、公司股票回购等客观因素。如果其中一项因素令人失望，其他因素可能会为股价提供一些支撑。当他投资于其他类型的资产，比如房地产时，他要求有足够的因素证明这笔买卖有利可图。所有这些指标都可以分为两大基本类：资产和收益。当资产价值受到收益率的支持时，克拉曼感到最舒心。

正如克拉曼最先承认的那样，市场并不总是能够提供满足价值投资者所有要求或某项要求的证券。当克拉曼 1982 年上任时，道琼斯工业股票平均价格指数并不比之前 16 年的高，尽管经济和公司利润按实际价值计算已经增长了两倍。虽然当时没有人能够确定走势，但是事实证明，1982 年的夏天是历史上最长牛市的开始。因此，在克拉曼作为投资管理人的初期，他能够找到很多符合他严格的价值标准的证券。但是随着股市持续不断地攀升，加上债券市场利率多年来的下降，识别被低估的证券变得越来越困难。克拉曼不得不转向关注人数较少的非传统投资领域，比如被贱卖的债务、直接拥有不动产所有权以及外资企业和产权市场。他的基金牌照允许他可以自由选择投资，而且他充分利用了这个自由。他竭力追求价值，在实践方面是个机会主义者。

克拉曼原则

每位价值投资者都是基于一系列原则或者它们强加给自己的规则来行事的，这些原则和规则用于集中注意力以及限制他们的选择。所有的价值投资者都认同一个原则，最佳投资是证券的内在价值显著高于市场价值。克拉曼比大多数人都更清楚指导他工作的其他规则。

首先评估风险

正如我们所说，克拉曼在开始考虑投资回报之前会先研究投资的风险，即潜在的损失概率和规模。在风险调整的基础上，获利概率 10% 且无损失风险可能比获利概率 15% 但损失风险也高的情况更具吸引力。风险总是与收益相关。许多投资者声称自己会认真地考虑风险，但很少有人会像克拉曼那样致力于风险研究。例如，对冲基金一词现在用来指任何一种有限合伙制投资基金，而它最初指的是一种资金池，其管理者在价格上涨和下跌的市场都能成功保值。对冲基金的策略是在买入受青睐的证券的同时，做空基金经理认为会下跌的那些证券以实现“对冲”。即使整个市场没有变化，该基金也将从多头和空头中获利。但是，正如许多对冲基金经理所发现的那样，做出两次正确的期权买入决策比做出一次决策更难。即使是现代的被认为科学的对冲（这种对冲认为，随着时间的推移，某些头寸有望使价格收敛，可以在价格收敛点上将多头与空头搭配起来获利）也因为容易受到美国联邦储备委员会的干预而失效了。克拉曼深谙这种赌博的奥妙，他尤其懂得利用杠杆来避免这种套期保值。他没有将裸做空作为一种策略，因为他担心价格走高时空头会导致部分风险无限增加。他将把一部分基金用于购买股票指数的看跌期权，以对冲市场普遍下跌的风险。但这种策略实际上无异于购买保险，如果一切按照计划进行，成本将略微减少收益，但如果市场下跌，它会提供有效的保护。

动机驱动型卖家

在大部分投资领域，尤其是在交投活跃、监管严格的美国和其他一些发达国家的股票和债券市场上，人们很难找到一种边缘地带，即某种无效率的领域：在这里，知识分配不均，而聪明的或者消息灵通的投资者有真正的优势。在基金经理发现真相之前，公司内部人士显然已经知道要发生什么事了，但是他们无法充分利用这一信息优势。40年来，有关市场有效性的争论在学术界一直存在。而这种争论可用于区分那些认为资金经历很难超越市场平均收益水平的人和那些认为这虽然困难但却仍可能实现（至少对于少数天才来说是这样的）的人。

克拉曼试图在普通的二级市场（股票和债券）买卖以外寻找机会。他最注重的一个因素可能是“动机驱动型卖家”。正如克拉曼所说，“动机驱动型卖家”是出于某种非经济原因售卖。动机型卖出有很多原因。最可能出现这一现象的情况是，一只股票被从主要指数体系中除名。由于大量的资金投资于那些试图“复制”指数收益的基金，所以人们都知道，这些基金必须买入标准普尔500的股票。那些预计有大量买入指令的股票，在消息宣布的几天之后股价将会如期上涨，甚至创下新高。但是，该指数中只有500个席位，有一只股票获准进入，就有另一只股票被淘汰掉。一些股票是因为兼并或其他公司的措施而退出的，但有些股票则是因为经营业绩不佳。这些股票被动机驱动型卖家（他们根本不看公司的基本面，仅仅关注它们已经不在指数体系中）出售到市场上。克拉曼多次发现，动机驱动型卖家创造了投资机会。伍尔沃斯公司（Woolworth）选择更名为维纳多（Venator）是为了让人们忘记其被淘汰出标准普尔 500 指数体系的历史。当时，其股价在几天内从 6 美元跌至 3 美元。不到三个月后，该股股价上升为 10 美元。

当资产因非经济原因被出售时，最常见的解释是某种机构性约束条件迫使所有者采取行动。指数基金章程就是这样一种约束，即只能持有指数体系内的证券。给克拉曼带来良机的其他一些约束如下所示。

- **分拆上市。**大公司内部分拆，成立一家新公司，并按照现有的持股比例将新公司的股份分配给现有股东。与首次公开募股不同，分拆没有投资银行的支持，也就是没有投资银行在首次公开募股时采取的那种强有力的销售活动，而且几乎没有分析师愿意助推，从而导致买家不足。动机驱动型卖家通常都拥有雄厚的资金，没有时间和兴趣购买一家新的小公司的股票。他们往往会接受分配到的份额，然后按下卖出键，毫不关心卖出的是什么资产。那些不受此约束的投资者则能够基于新公司的基本状况做出决定。
- **破产申请。**公司向法院申请法律保护，使其免受债权人追讨，其目的通常是在债务重组的同时保证可以继续经营。公司申请破产的原因有很多（有些破产是贷方行为导致的，并不是公司的初衷），其中只有一部分破产预示着公司的结束和资产的清算。破产形式多样，对于那些有技能、有经验的投资者来说，大多数破产都有一定的盈利前景。然而，许多机构投资者受到合同的约束，不能持有那些已经申请破产的公司的证券（通常是债券）。因此，在破产消息宣布后不久，这些机构投资者就积极地在市场上出售它们持有的债券，即使售价远低于受约束较少的卖家的价格。减价出售为那些受约束少的投资者创造了机会。
- **不动产未得其所。**因为之前的房产所有者拖欠了债务，银行或者其他放款机构有时会拥有不动产，而且这些贷方认为自身受困于这些建筑物或者不动产。这不是它们愿意从事的行业，它们中的很多不能或者不愿意去琢磨应该做什么。对它们来说，最简单的方法就是摆脱这些资产，哪怕价格低得可疑也是值得的，因为可以解决让它们头疼的问题，或者使它们得以遵守自己的营业章程。它们为不受约束的投资者创造了另一个机会。

为数不多的买家

动机驱动型卖家的另一个优势是，只有少数买家考虑购买这一资产。理想的数字为零。沃伦·巴菲特曾有一句名言："如果你已经玩了30分钟扑克游戏，还不知道谁是受骗者，那么你就是那个受骗者。"克拉曼的不同之处在于，他从不参加拍卖会，那里有比他更有经验而且资本成本更低的竞标者。在这种情况下，他就想知道为什么最终是他拥有了那笔资产。

幸运的是，出于和动机型卖方相同的因素，一些买方并不适合购买这些不动产。这些因素包括规模小、无保险（让产易股）以及低价出售的债务（面临破产或者破产威胁）。克拉曼已经注意到，由于类似的资产被低价处置，随着时间的推移，会出现更多的买家。经验可能导致轻视，但当投资者开始习惯之前看起来很奇怪的资产时，就会蜂拥而至。像任何优秀的拓荒者一样，当克拉曼开始感受到来自大众的压力时，他转向了新的领域。20世纪90年代初，他购买了重组信托公司（Resolution Trust Company）的房地产投资组合证券，当时几乎没有投资者对此感兴趣。随着销售的继续和更多买家的出现，他又开始转战别的领域。

不受市场支配的催化因素

还记得股息吗？过去大多数股票都会向股东支付股息，股息是投资者预期收益的重要组成部分。1929年至1959年间，标准普尔500指数体系中的股息回报率高于长期债券的收益。20世纪80年代初，股息收益率高于4%，很少超过6%。从那以后，股息回报率不断下降，20世纪90年代末跌破了2%。许多公司，包括一些大公司在内，不再派发股息。随着股息的缩水，股东只剩下一条路可以实现投资回报。他们必须等到股价上涨，然后将股票出售给别人。除了极少数例外，股东们完全依赖于市场，即所有其他投资者的总和，指望市场回报他们付出的努力和承担的风险。并且，正如我们看到的那样，市场先生是一个反复无常的家伙。即使投资者投资于一家完全达到了业绩目标的公司，却仍可能发现市场是低迷的，于是不愿意再掏腰包。尽管人们可能很难记住这一点，但是事实确实如此：在投资繁荣时期过后，市场可能会原地踏步，长期来看，甚至还会下跌。当回报完全取决于股价上涨时，要想获得收益是很难的。

还有其他的选择。克拉曼致力于寻找那些市场之外的投资获利途径。假如他关注的是绝对收益，即他希望每年都能为投资者提供收益，那就必须拥有独立于市场的投资项目。在某种程度上，这类投资并不难找到。有固定利率的债券通常每六个月支付一次预定的金额，并在预定的时间归还本金。尽管债券售价会随着利率和信用评级的变化而波动，但违约的情况很少，收益比较稳定，而且市场情况是无关紧要的。但是这种可预测性的代价是回报率太低，克拉曼不满足于仅仅因为普通债券工具可能是安全的就投资于它们。他想找的机会是无论市场水平如何，都能在有限风险的情况下带给投资者丰厚的回报。

低价出售的债权，尤其是那些公司无法偿还的债券，正好符合这些要求。这些债券的价格较低，尽管形成了利息积累，但是当前不派发利息。本金何时偿还以及是否偿还都还不确定。克拉曼以及其他投资这类违约证券的投资者必须相信，他们所持有的这些票据有足够的能使自己获益的资产价值。但是，一旦他们下了这种决心，他们的收益将更多地取决于破产进程，而不是阴晴不定的市场。

有时，整体市场对收益的时机和金额几乎没什么影响。例如，清算，即有秩序的破产进程，是按照公司设定的时间表推进的。可能会有长时间的支付，投资者必须评估支付的确定性和每块资产的时间价值。接管是另一种取决于交易时机而非市场状况的投资。一旦已经确定了时间，投资者必须等到交易完成。对每项投资来说，收入越确定，收益率就越低。克拉曼需要找到那些在大众投资者关注范围之外的交易机会，以获得高于无风险收益率的回报。

自下而上，从一端到另一端

正如投资者可分为成长型投资者和价值投资者一样，它也可以被分为自上而下型投资者和自下而上型投资者。自上而下型投资者从观察宏观经济环境开始，只有在确定了在未来几个月或者几年具有良好前景的部门和行业之后，他们才会选择具体的股票。他们的投资与商业周期一致，他们也预测技术以及其他经济特征的长期趋势。像大多数价值投资者一样，克拉曼的工作自下开始，也就是说从一只看起来像是价值投资对象的特定证券开始。他认为，相比判断规模庞大、变化莫测的经济形势，单独对一家公司做出正确的判断要容易。自上而下型投资者必须比竞争对手更好、更快地做出正确的预测。他们还需要将这些预测与特定的投资工具相连，从而获利。预测通货膨胀容易，找到一只可以获利的股票则比较难，尤其是当其他许多分析师已经预测到了通胀率，哄抬了股价时。不过，如果他们的预测不准，宏观投资者就会陷入困境。如果通胀率下降而不是上升，他们是放弃投资选择，还是等待经济形势好转呢？面对价格已经下跌的股票，自下而上型价值投资者会重新审视自己的分析。如果他相信基本因素未变，那么现在就是大量买入股票的时候，因为此时价格便宜。宏观分析师则没有如此清晰的选择。

但即使对于自下而上型投资者来说，也并非每个投资决定都是独一无二的。有时，一整类公司都能够提供好的购买机会，在分析第一家公司时积累的知识和技能可以轻易地应用到类似的情形中。20 世纪 90 年代初，复兴一个产业需要筹集资金，许多储蓄机构（即储蓄银行和存贷协会）从信托基金形式转为股份制组织。对于不同的银行来说，这个转变过程都是一样的。公开发行股票之前，储蓄机构要获得对银行价值的公正评估，然后才能向公众出售与评估价值等同的股票。例如，ABC 储蓄银行拥有 1 亿美元的资产，9000 万美元负债（即客户存款）和 1000 万美元股权。他每年的收益为 100 万美元，这意味着股本回报率为 10%，资产收益率为 1%。评估结果（见表 13–1 所示）显示，该银行价值 1000 万美元。

表 13–1　　在转换前的储贷机构财务状况

资产	负债和股权	收入
100（贷款和现金）	90 负债（存款） 10 股权	100 资产收益率 =1% 股本回报率 =10%

注：除了百分比外，其余单位为百万美元。

现在转换一下。在首次公开募股中，100 万股股票以每股 10 美元的价格发行，筹集了 1000 万美元。该储蓄机构的管理者们意识到了这是一个绝妙的安排，他们尽可能多地买入股票，这与标准的首次公开募股不同。在标准的首次公开募股中，管理层和早期投资者都尽可能多地卖出股票。转换后的资产负债表最初如表 13–2 所示。

表 13–2　　转换后的储贷机构财务状况

资产	负债和权益	收入
110（贷款和现金）	90 负债（存款） 20 股权	1.35（约） 资产收益率 =1.2% 股本回报率 =6.8%

注：除了百分比外，其余单位为百万美元。

要注意的是，第一，1000 万美元的投资购买了价值 2000 万美元的股权，这意味着股东们不仅购回了自己的现金，而且免费获得了该公司的经营权。第二，这是一家银行，新的权益资产将使该银行能增加借款，并因此增加其资产。在克拉曼的保守模型中，1000 万美元的新资本最初将投资于美国国债，税后收益率仅为 3.5%。随着时间的推移，这笔资本将被分散部署和用于核心业务。如果债务权益比率回到转换前的水平，该银行的资产将增至 2 亿美元。这些资产中的 1.8 亿美元是借款，0.2 亿美元是股权。如果其资产收益率保持在 1%，那么该储贷机构的收入将增加一倍，达到 200 万美元。

这笔投资的真正妙处在于，它成了克拉曼的模型，被克拉曼用到了许多其他储蓄机构的转换问题中。尽管每个交易的规模都不大，但是作为整体，它们也为大量投资提供了高回报。起初，很少有竞争者进入这个领域。大型价值主导型共同基金原本可以与克拉曼共处这一领域（并降低他的回报率），但它们不愿花时间分析这么多交易，因为每笔交易都太小了，不足以在其上面投入大量的资金。在 20 世纪 90 年代末的另一轮合并浪潮中，价值基金在数年的表现不佳之后，资产正在逐渐减少，因此它们不得不放弃。最后，储蓄机构，无论是共同基金形式的还是股份制形式的，都不再是令人兴奋的行业。它们对那些寻求高额回报的投资者已经没有吸引力了。但是，因为进入时的价格是如此之低，而且市场迅速意识到了价值低估的程度，所以回报还是很可观的。

不同的投资情形是如此相似，以至于能够重复使用一个简单的模型来分析每一笔投资，这种情况并不常见。在这些情况中，政府行为对不同类别公司的影响是其中一种。监管变革促使储蓄机构从共同基金形式转变为股份公司形式，鼓励它们筹集更多的资本。克拉曼也曾购买了重组信托公司所出售的不动产证券组合。重组信托公司是一家联邦机构，旨在处理破产的储蓄机构和因财务危机而需政府出手的银行的资产。在这类情况下，一个简单的模型是不够的，因为在某些维度上，每一块不动产本身就是一个实体。但是，作为一名买主，克拉曼既学到了必要的谈价技巧，也学到了房地产投资者使用的特殊的评估技巧。当越来越多的竞标者开始出现在重组信托公司的拍卖会上时，克拉曼将他的注意力转向了购买银行和保险公司的单块房地产上，这些是银行和保险公司想要处置的违约债务人的房地产。在某种程度上，地账就是地租账。

新时代，新竞争对手，新市场

克拉曼寻找的是这样一种资产：卖家出于非经济原因处置资产，且很少有其他买家愿意购买。因此，克拉曼需要随着情况的变化从一个市场转战到另一个市场。20 世纪 80 年代末，破产债务提供了大量的机会，直到被巨额回报吸引的大型基金带着大量资金出现在这一领域。储蓄机构转型只是一个阶段，随着这个阶段的推进，其价值开始浮现，会吸引更多的投资者前来。同样的情况也发生在重组信托公司的证券组合上。那些在早年看起来稀奇古怪的东西随着时间的推移已经变得普通并受欢迎起来。对于一些大型基金的经理人来说，小公司的股票始终不是他们的目标，但有时也有大量资金涌入小公司，以至于利润大幅降低。此时，克拉曼又会转战他处。

20 世纪 90 年代中期，克拉曼将注意力转向西欧。他在那里见到的一切让他想到了大约十年前的美国。受税法改革的影响且意识到商业的没落，公司重组开始起步。公司开始剥离不必要的部门，回购股票，并试图变得更灵活。由于欧洲的主要投资者比美国的投资者更喜欢名牌公司，所有小公司的股票也有价值。这些公司有很大的空间改善其自身运营，因为它们的股权收益率远低于美国。作为一个自下而上的投资者，克拉曼没有仅仅因为整体环境看起来不错就买入股票。不过，他确实发现了一个可以捕鱼的新池塘。随着更多的投资者追随他，他继续东行。在某种类型的市场体系中，拥有新生的股票市场和看起来像是以公平价格出售的股票。即使是那些坐拥石油或者天然气的公司，比如俄罗斯的卢克石油公司（Lukoil），其股票定价也只能是其在西方国家定价的 1% 至 5%。考虑到这些国家内存在着巨大的政治风险，克拉曼意识到他可能会损失掉全部投资，于是他通过将风险控制在可控水平来控制风险。克拉曼在 1995 年和 1996 年买入了这些公司的股票，并赶上了股价的上涨。1997 年，他拿到了可观的利润。1998 年，由于俄罗斯拖欠债务，其余的股票经历了股价的下跌。这些公司的经济状况可能一直不错，但是政治风险压倒了财务数据。1998 年，俄罗斯使卡拉曼业绩受损，但是从 1995 年到 1999 年的五年时间来看，他仍然名列前茅。

德士古债券和得克萨斯州法律：破产如何带来收益

在20世纪80年代的收购浪潮中，鹏斯公司（Pennzoil）曾试图收购规模比它大很多的盖蒂石油公司（Getty Oil）。在该交易完成之前，德士古公司的出价高于鹏斯公司的报价，并赢得了投标。鹏斯公司以“侵权行为”为由对德士古（Texaco）公司提出民事诉讼。1987年4月，得克萨斯州一位法官判决鹏斯公司获赔超过110亿美元。根据得克萨斯州的法律，为了上诉，德士古公司将不得不发售一只与判决金额相等的债券。即使对于德士古这样的大公司来说，筹集这么多现金也是很困难的。为了避免赔付这笔钱，也为了防止鹏斯公司拥有德士古公司的资产抵押权，德士古公司申请了破产。这样一来，德士古公司有了喘息的机会，但是其债务规模依然让公司愁云惨淡。

这些债券中有些是欧洲债券（即面值为美元，但在美国以外发行的），每年支付12%的利息，一年只支付一次。克拉曼被这种安全性吸引了。它是德士古公司的一种优先债券，在他看来，该公司的资产很好地覆盖了这一债券的风险。克拉曼推断，无论油价如何，德士古公司无论要赔付鹏斯公司多少罚金，都有足够的资产来支付罚款，并偿还其债务。除了石油，它还有炼油厂、化工厂以及大量其他可售资产。1986年年末，该股权的账面价值超过了130亿美元。考虑到所有这些保护措施，克拉曼确信欧洲债券是一项安全的投资。

他期待得到什么样的回报呢？这只欧洲债券每年支付12%的利息。当该公司申请破产保护时，它就不需要支付这些利息了，尽管偿债责任在增加。1987年秋季，这些债券的交易价格约为90美元。当时，这些债券已经错过了一笔12美元的利息支付，并累积了另外六个月的利息，这意味着当该债券到期时，即1989年[①]德士古公司将欠债券持有人118美元。克拉曼进行了计算（如表13–3所示），他认为回报是可观的，即使要用数年时间才能收回利润。当然，越快收回越好。

大约9个月后，德士古公司以略高于30亿美元的价格与鹏斯公司达成和解，克拉曼获得的回报超过了他最好的预期。这是他管理资金以来最大的投资，成绩斐然。

① 克拉曼的公司拥有若干期债券。其最大的头寸在1989年到期，但是也有一些在1987年到期。

表 13–3　投资德士古债券的回报（概算）

	本金	利息	总额	年回报率（%）
目前	100	18	118	
1 年	100	30	130	44
2 年	100	42	142	26
3 年	100	54	154	20
4 年	100	66	166	17
5 年	100	78	178	15

注：除年回报率外，其余数字单位均为美元。

为什么？毕竟，德士古公司并不是一家默默无闻的公司或者小公司，其他分析师可以跟克拉曼一起推断，即使该公司不得不向鹏斯公司支付 100 亿美元，它也有足够的资产来偿付其债务。在这里，克拉曼遵循的若干原则解释了为什么他能够抓住这个机会。

动机驱动型卖家压低了债券的价格。他们中的一些人受合同限制无法持有违约证券。一旦德士古公司无法支付一次利息，这些债券就成了违约证券，而且违约是否只是暂时的并不重要。对于这些投资者来说，不良债权就是禁果，即便它只是表面上的瑕疵。

由于没有买家，克拉曼可以在 90 美元的水平上成交。尽管有些投资基金的策略是购买不良证券，但它们要求高回报率。如果德士古公司的债券两年内没有偿付，那么回报率将跌破 30% 的最低要求回报率，这些投资者将无法接受。因此，它们远离了这些债券。从克拉曼的角度来看，回报率只有在和风险比较时才有意义。德士古债券面临着他所说的程序风险和时间风险，即此案在法庭将如何审理以及需要多长时间？两种风险都比信贷风险更容易承受。信贷风险是投资者永远不能获得偿付的可能性。德士古公司的表现令克拉曼很满意，它印证了克拉曼的风险假定。

第 14 章

Value Investing: From Graham to Buffett and Beyond

麦克尔·普里斯：原则、耐心、专注和能力

作为一个年轻人，麦克尔·普里斯有着很长的价值投资经历并且取得了傲人的成绩。他在二三十岁的时候，先是为马克斯·海涅工作，然后又成为其事业上的合伙人。马克斯·海涅是该领域最受尊敬的人物之一，管理着共同股份这家共同基金公司。1975 年，普里斯从大学毕业就在那里开始了他的职业生涯。1988 年，海涅于一场车祸中丧生，普里斯接管了共同股份公司及其下属的一些规模较小的基金。1996 年，普里斯将他的基金业务出售给富兰克林资源公司（Franklin Resource），获得了一大笔钱。富兰克林资源公司在固定收益基金方面表现强劲，希望将事业拓展到权益产品。普里斯出售其基金业务既有机构原因，也有个人原因：他的基金规模已经成长到如此之大，以至于需要投入大量的人力和物力来管理，并且人力开支的大部分来自他自己。出于各自的考虑，富兰克林资源公司与海涅证券（一系列共同基金合并后的名称）达成了协议，成立了富兰克林和海因证券。普里斯同意继续留任几年，并将他的大部分投收入资于这些基金。在他看来，没有比这更好的地方来存放他的钱了。1998 年，当他真的离开后，他花了两天时间又重操旧业，尽管规模小了一些，股东也少了很多。为什么不呢？他擅长这件事，也能乐在其中。每个人都应该如此幸运。

真正使富兰克林资源公司与麦克尔·普里斯走到一起的是普里斯的成功。当普里斯在海涅证券刚起步时，共同股份管理的资产大约为 500 万美元。1973 年和 1974 年，对于整个市场而言是灾难性的两年，但该基金表现良好。在 20 世纪 70 年代之后的十几年中，该基金继续保持着高额回报。20 世纪 70 年代末，人们对股票的热情并非毫无节制。《商业周刊》杂志那个臭名昭著的封面故事《股票之死》是在 1979 年刊出的。该杂志列出了大量的理由来说明为什么即使是最有经验的投资

者也在放弃股票，转投房地产、黄金、钻石以及股票以外的其他任何资产。在这种环境下，即使像共同股份这样的成功基金也缺乏新的资金注入。但是，海涅和普里斯坚持他们的价值策略，当投资情绪在20世纪80年代发生逆转时，他们实现了令投资者都觉得极有吸引力的成功业绩。尽管没有把钱花在广告、促销或者销售佣金上，该基金依然随着时间的推移而增长，直到共同股份及其兄弟基金的资产规模超过了150亿美元。这相当于每年大约50%的复合增长率，这是由大约20%的投资回报和由共同股份与麦克尔·普里斯共同注入的新资本构成的。

这说明普里斯能够在其管理资金的规模不断膨胀时保持出色的业绩。我们在本书中提到过其他投资者更愿意远离拥挤的人群；参与者越少时，机会越有吸引力；无论从公司投资角度看，还是从资产管理角度看，小规模都是一种优势。尽管投资大量的资金可能很难获得高回报，但这并非没有可能。麦克尔·普里斯迎接了挑战，他既严格遵守原则（得益于所受教育），又用实践探索了规模的优势。在众目睽睽之下无处躲藏，也无法悄无声息地进入小型细分市场，普里斯意识到，拥有大量的证券可以让他在公司决策中拥有发言权。他不必耐心地坐等或者祈祷高管们扭转公司的局面；他可以鼓励管理者采取实际上会提高"股东价值"（用管理层最老套的话来说）的措施。

即使在可以利用规模作为催化剂时，普里斯也一直在坚持指导其实践的一系列价值投资原则。无论在共同股份规模小时，还是发展壮大之后，抑或在他运作的投资组合再度变小时，他都遵循着这些原则。

首先降低风险，然后才是更高的回报

在普里斯加入共同股份公司之前，该基金就因其强大的市场低迷承受能力而闻名。马克斯·海涅则是破产投资领域的先驱，他从重组企业购买的证券很少受到市场波动的影响。投资组合中的廉价股票也被证明不容易受到熊市的影响。这种稳定性在1973年和1974年对该基金很有帮助，当时道琼斯工业平均指数在这两年内下跌了40%。标准普尔500工业指数也出现了类似的下跌。两年后，这两个指数都未回升至它们在1972年年底的水平。相比之下，共同股份在1973年下跌了8.1%，然后在1974年上涨了8.2%，在1975年上涨了34.1%，在1976年上涨了55.2%。在这四年的时间里，该基金产生的复合回报超过了100%。这传递给普里斯的信息是清晰的：如果在市场低迷时，你的表现并不是特别糟糕，那么在市场高涨时你只要表现尚可，就能随着时间的推移跑赢市场平均水平。从那之后，他的目标就很明确：实现每年 15% 的复合回报率。按照这个回报率，资产不到五年就会翻一番。由于该策略的波动性低于整体市场水平，股东不必担心自己所持股份缩水一半。他们拿钱跑路的可能性要小得多。普里斯业务实现增长的部分原因是他不必应对大量的赎回。

构建与投资策略相匹配的投资组合

很少有职业资金管理人愿意承认，他们的投资方法超过了客户能够承受的风险水平。即使是最具冒险精神的投资者也会认为，他们的技术、止损机制，或者其他经过验证的技术，将使他们的投资组合免受市场崩盘的影响。因此，一个常常被提及的目标是，与市场同步上涨，但在市场下跌时跌幅要小于大市。这无疑是一个值得尊重的雄心壮志，但是要实现它，仅有希望是不够的。普里斯和他在共同股份公司的同事们反思了他们在 20 世纪 70 年代中期动荡岁月里的业绩，他们得出的结论是，他们的成功主要归功于他们的投资组合结构。他们将大约 2/3 的投资放在（用普里斯的专业术语来说）廉价股上。另外 1/3 被分给破产投资、套利头寸和现金，其中现金从未低于投资组合的 5%。

破产投资依据法律程序的时间安排进行，而不会随股票市场或者经济变化而波动。套利头寸都出现在公开交易中，主要是那些能够获得融资的收购。普里斯认为这些投资好于短期国债或银行承兑汇票等货币市场投资工具，是更有利可图的现金使用方式。所能获得的回报通常在年化 15%~20% 之间，交易中始终存在风险，比如交易失败或者超过预计期限。通过从流动性大、便于大规模买卖的大约 300 笔交易中挑选出五到十笔交易，普里斯得以保护了投资组合免受市场波动的影响，同时获得了更高的回报。多年来，他的投资组合的波动率平均比市场水平低 40% 左右。这套机制运行得如此之好，以至于当普里斯出售了海涅证券，开始为家人和朋友管理资金时，他自然地采用了同样的投资组合结构。

街头智慧和华尔街智慧

股票市场在 1998 年和 1999 年达到新高，一定程度上是受到人们对新兴的、前途光明但尚未盈利的公司股票的需求推动，普里斯当时并没有参与其中。和所有价值投资者一样，他不相信这些公司可以赚到钱。他认为市场愿意为仅仅是预期的东西所支付的价格高得荒谬。作为一名私人资金管理人，普里斯不用担心因表现不合规而被惩罚。从他长期以来的经营业绩和他坚持原则的历史来看，毫无疑问，即使他应当对股东负责，他仍然会远离那些已经被证明是泡沫的股票。

普里斯拒绝卷入互联网狂热，这既源于他的估值原则，也源于他对华尔街运作方式的理解。我们可能将新科技股的上涨和随后的下跌仅仅视为周期性席卷投资市场的众多狂热行为之一，但至少在近几年，这些狂热更多的是因为个人的动机而非大众疯狂。投资银行有许多赚钱的方式，传统的股票经纪业务对他们没什么吸引力，佣金率太低了。相比之下，投资银行的费用是高昂的。因此，这些投资银行在融资交易和帮助公司上市中赚的钱要远远多于交易中赚的钱。当公众渴望首次公开募股时，投资银行非常乐意效劳。它们可以从新股发行所筹集的资金中提取7%的佣金，而普通经纪交易一股只能赚几美分（如果交易量足够大，即使每股赚几美分，累积起来也是一大笔钱）。尽管对投资者来说，这种补偿性安排应当引起警觉，但是在公司铺天盖地的推销和宣传中，它被忽略了。

显然，首次公开募股极大地激励了卖家。但是与那些因为监管要求而要出售不良住房贷款的保险公司不同，投资银行、风险资本家以及即将上市的公司的所有者的动机是，将这家年轻且未经考验的公司描绘成一个目前正处于婴儿期的巨大市场上的绝对赢家。尽管美国证监会的规定要求，公司的招股说明书中必须包括有关公司潜力的各种免责条款，但是股票发行背后的利益驱使它们用对未来财富的美好预期使人们丧失了小心谨慎。对通货膨胀的预期推动了热门股的股价大幅上涨，尤其是因为可供人们购买的股票相对较少。对于那些足够幸运、能够以开盘价买入一些股票的人来说，持有几个小时然后卖出一直是回报极高的策略。对于那些在上市第一天结束时进入的人来说，整体业绩很糟糕。相比之下，投资银行的收益是非常好的，这就是市场以及市场内新股板块和科技板块升至以任何估值标准衡量都是史无前例高度的最重要的原因之一。

华尔街有其他游戏要玩。首次公开募股只是华尔街为上市公司筹集资金的一小部分。经验丰富的企业可能不愿意进入股票市场，因为它们担心会让世界误会其需要股权资本注入；但是它们会不断地发行债券、分拆，并寻找其他方法筹集资金。

公司规模越大，就越可能成为投资银行的客户。在排名靠前的公司中，道琼斯工业指数的成分股公司或者《财富》五百强公司与投资银行有稳定的业务往来，每家银行都想从这些公司的银行业务中获利。这并没有什么不对的，市场经济中就是这样融资的。但是，麦克尔·普里斯知道，我们应当牢记的是，正是这些投资公司撰写了关于其客户的研究报告，并建议买入或者持有这些股票（卖出建议已经消失）。尽管关于将大型投资/经纪公司中的各种职能分隔开的说法比比皆是，但是投资专家认为没有哪位买方分析师会损害其公司从被审查公司赢得银行业务的能力。商业生活的这一事实助长了分析师报告中的积极偏见，并有助于解释为什么许多价值投资者声称他们从来不依赖卖方研究报告。

麦克尔·普里斯当然不依赖卖方的研究报告，但是他愿意用卖方研究作为一家复杂公司的业务简介，也用来检验他的估值方法。例如，2000 年 10 月，通用电气公司以 450 亿美元通用电气公司的股票从竞争者手中抢回了霍尼韦尔公司。由于通用电气的债务成本可能是美国所有的工业企业中最低的，普里斯猜想，通用电气通过发行新股进行收购可能是承认该公司的股票被高估了。他是否应当做空通用电气呢？通用电气可能是世界上最受尊重的公司之一，其首席执行官已经被媒体推高到近乎神圣的地位，很难想象它的股票会贬值。为了加快自己的工作进度，普里斯从一家最大的投资和经纪机构的一份近期报告开始分析。

该报告正好是在通用电气公司宣布收购霍尼韦尔公司之前发布的，当时通用电气公司的股价为 56.63 美元。100 亿股流通股使通用电气公司的市值达到了 5700 亿美元。分析师预计通用电气公司 2000 年的每股收益将为 1.27 美元，考虑到该公司的预测准确性一贯比较高，这个数字应该是比较可靠的。然而，这确实意味着通用电气公司当时的股价几乎是其预期每股收益的 45 倍，是现金流的 36 倍。对于一家成熟的、在所处的每个市场上都数一数二的公司来说，这些倍数很高了。该分析师并没有被吓到，他认为如果该公司下一年的预期每股收益使用 48 倍的市盈率，那么其 70 美元的目标价位就是合理的。

引起普里斯注意的既不是报告中的买入建议，也不是市场对通用电气的乐观预测，即赋予了其高市盈率。两者都是意料之中的。相反，他转而关注业务部门的分解，并用每个部门的运营收益乘以一个现实的市盈率，从而给出了自己的估值（只把通用电气公司的金融业务排除在外）。

根据他的计算（见表 14–1 所示），通用电气公司非金融部门的平均税前市盈率为 10.8 倍，相当于税后营业收益的 17 倍左右。这些部门主要是制造业部门，其中一些主要是没什么吸引力的家用电器业务，另外一些多少有点儿高科技含量，但是没有一项业务能够在几乎没有额外投资的情况下实现爆炸性增长。2000 年 11 月，美泰克公司（Maytag）的市盈率为 9 倍，惠而浦公司（Whirlpool）的市盈率低于 7 倍，这些都是税后比率。电力部门更没有吸引力，以至于西屋公司（Westinghouse）最终放弃了该业务。尽管有人可能不认同普里斯给出的倍数，但是要想在大幅提高这些倍数的同时保持不动声色是很难的。我们假设通用电气公司的非金融部门在该报告发布时的价值为营业收益的 15 倍，或者 2000 亿美元。通用电气公司的市值目前为 5700 亿美元，那么剩下的 3700 亿美元的窟窿将由通用资本服务公司填补，该公司的运营收益为 52 亿美元。如何才能将一家金融服务公司 52 亿美元的税前收益转化为 3700 亿美元的市值，使其市盈率超过 70 倍呢？我们知道答案：被投资银行业务的潜力所激发的华尔街魔法。

表 14–1　　通用电气公司部门分析

	2000 年预计营业收益	息税前利润倍数	价值
飞机引擎	2415	12	28 980
家电	595	10	5950
广播	1780	15	26 700
发电	2640	10	26 400
照明设备	770	9	6930
运输	560	9	5040
工业系统	875	9	7875
通用电气供应	120	6	720
原材料	1910	10	19 100
医疗系统	1600	10	16 000
通用电气信息系统	125	8	1000
总计	13 390	10.8	144 695
通用电气资本	5200		
流通股	10 068		
每股价格	56.65 美元		
市值	570 151		

注：除了每股股价，所有的美元数字单位均为百万美元。

这很明显是一个道德问题，首次公开募股现象给出了以下的教训：信任华尔街要自担风险。华尔街需要激发人们的热情，这样才能使投资公司得到回报。当游戏开始并且公众的动机更多的是出于贪婪而不是恐惧时，价值投资者将被冷落并被抛在身后。当与那些以增长为导向的同行相比时，价值投资者的业绩显得微不足道。抛弃原则、随波逐流的压力是巨大的，尤其是对那些得不到机构支持的管理人来说。但是，对于那些能够等到热情退潮的人，即那些有耐心又有安全意识的人来说，当激情消退、恐惧再现时，机会也将大量涌现。

估值：这家公司到底值多少钱

为了估计一家公司的内在价值，普里斯提出了一个问题：一个信息完备的买家愿意花多少钱购买整家公司？他通过研究并购交易找到了答案。每笔交易都会产生大量的文件，交易双方在这些文件中详细地说明了所商定价格的基础：将为被收购公司的每一笔收入流支付多少钱？制作这些文件的投资银行家提供了一系列倍数。普里斯和他的同事们将这些信息汇总成一个信息库，这个信息库能告诉他们在并购市场上的现行价格是多少。并购市场是指公司控制权交易市场。新的交易使他们能够更新信息库，同时仍然坚持交易价格决定倍数的原则，而不是相反的原则。因为每家大公司都经营不止一条业务线，必须基于业务细分来组织相关信息。没有哪两家公司是完全相同的，但是每家公司都是由一些部门组成的，对于这些部门来说，普里斯可能获得了充分的关于它们换手价格的最新信息。

普里斯不排除更传统的估值方法，比如资产的重置成本、它们获得的保险金额、现金流倍数法甚至是账面价值法。但是，他将这些数据作为交易定价法的验证，这些估值是他通过研究市场控制权得出的。他更喜欢交易定价法，它是当前的估值，反映了消息灵通的买家对该企业的估值，而且其中包含控制权溢价。对于那些发现自己的投资正在产生收益的股东来说，这种溢价可能价值不菲。

寻找廉价股

对于普里斯来说，报纸是一个稳定且丰富的信息来源。他很少注意任何有关整体经济的信息（他认为其他专家也是如此），而是重点关注真实公司的具体项目。当然，他观察所有的交易，但也关注那些没有达到收益预期、面临困难的公司以及股价跌至新低的公司。他对廉价股的定义是以比他对其内在价值的估计低40%的价格卖出的股票。他发现许多公司的股价还没有跌到那么低，因此他会一直等到股价跌至符合他的标准。

在此期间，他会对这些潜在的投资做足功课。他想要一个部门一个部门地了解公司，这样他才能够对自己的估值有信心。他也对公司的管理层感兴趣。他们是公司的所有者吗？他们是否为股东利益着想？他们从事过自我交易吗？也就是说，向自己支付咨询费或者租用自有大楼办公吗？董事会成员都有哪些人？普里斯能指望他们为股东的利益着想吗？他们是现任管理层中的一员吗？还有其他原因使该公司难以被收购吗？没有人会收购通用电气或者思科公司，它们实在是太大了。普里斯注意到还有额外的阻碍因素，比如资产负债表上的债务太多，使买家无法为收购融资，或者是公司持有无法在公开市场上交易的控制权股票。通用汽车公司可能属于这种公司，但是福特汽车似乎是坚不可摧的，因为福特家族拥有控制权股票。普里斯不认为所有的廉价股都会被控制权买家获得，但是他会尽量把这些问题都考虑进来。控制权溢价可以将普通的投资变成非凡的投资。

他的搜索战略还能识别出那些处于整合阶段的行业。经济环境、政府法律法规以及技术方面的变化都可能刺激兼并。当房地产投资信托基金（REITs）成为一种时尚的投资时，其数量从30只增加到了350只左右。华尔街会供应市场需要的一切东西。但是，由于没有合理的商业理由让如此多的房地产投资信托基金存在，因此只要可以消除大量的日常管理费用，那么整合就比较好。当许多房地产投资信托基金的股价下跌时，它们就会成为廉价的股票和良好的并购对象，从而引起普里斯的注意。这些特征显然是相互联系的，即便是控股买家也喜欢便宜货。

破产投资就是价值投资，只会更好

使普里斯关注廉价股的报纸和杂志又让他关注到了潜在破产的公司。他正在寻找的基本上是同样的东西：以低于内在价值的价格（由控制权市场决定的）出售的资产。不同之处在于，那些已经申请了破产保护的公司有更严重的问题，这些问题的产生通常有两个原因：要么是这些公司承担了太多的债务，无法偿还利息；要么是它们被起诉了赔偿巨额款项，所以申请破产保护，以免被索赔。无论哪种情况，只要投资者知道自己在做什么，破产就是一个机会。这意味着投资者既要能够分析资产负债表的负债部分，也要能够分析资产部分，并且了解破产公司在重组或者清算时要采取的法律途径。

普里斯希望在企业申请破产之前就能发现那些注定要破产的公司，不是要立即买入它们，而是要建立起自己的信息储备。在债务方面，关键是确定索赔的状况以及是否有特定资产可以抵押。在清算时，资产或许不足以偿还所有的债务，所以最好拥有优先受偿权。如果公司重组并且确实避免了破产，那么债权人将获得现金或者新的证券，这要视债权人持有的债务类型而定。在破产程序初期，在任何人都能够明确地预测结果之前，持有优先债务要安全得多。普里斯的规则是只在价格已经跌至企业价值的 30% 或 40% 时才买入。随着事件的展开，重组架构开始形成，聪明的投资者可能会决定沿着优先级台阶往下走，并承担更高的风险，以获得更好的回报。

大多数破产案例要经历以下四个主要阶段。

1. 在提交破产申请之前，公司可能正试图使债权人就解决方案达成共识（这意味着债权人将接受低于他们所持有债务面值的金额，以换取更快速、更确定的结果）或者努力吸引新资本。
2. 提交破产申请时，可能有解决方案（在业内被称为“预先包装”），也可能没有。
3. 破产公司首先提出重组计划，并与众多债权人谈判，直至达成协议。
4. 公司免于破产，已有新的资本架构且发行了新的证券。

投资者在以上每个阶段都可以获利。在提交破产申请前，公司会竭力避免破产，有现金的人可以与正面临巨大压力的公司谈判，争取以极优惠的条款购买该公司的大量股权或者债务。如果新注入的资金能够挽救该公司并使其重新盈利，那么这笔投资无疑是成功的。这是大笔资金的一个用武之地。如果该公司只需要少量注资，那么它一开始就不会处于如此窘迫的境地。

在提交破产申请后，一些债务持有者基于其投资政策将会出售这些债务，那些卖 85 美分的面值 1 美元的债券现在可能跌至 70 美分甚至更低。一些银行可能急于或者被迫出售其贷款，尽管这些债权在受偿优先级上可能高于大多数优先债券，但是其价格可能会跌到低于优先债券的价格。这是规模具有优势的另一个领域，因为银行想将它们的贷款整体出售给一个现成的买家。与此同时，所有级别的有担保的债务要在市场上被重新定价。在这个动荡时期，有准备的投资者可能愿意交易受偿级较低的债务，因为这种债务已经变得太廉价了。在此期间，该公司每个月都要向破产法庭提交文件，详细说明公司目前所做的事情。相比对任何一家每季度都会提交一份 10Q 表格的健康公司的了解，那些不辞劳苦地阅读这些文件的投资者对该破产公司的了解要更详细。

公司在提交重组计划时可以先发制人。各类证券的持有者一直在试图预测该计划看起来将是什么样的，尤其是满足债权人要求的计划。提前算清楚，并且持有价格与付款额差距最大的那类证券是能够赚到钱的。根据破产法，每类债务 2/3 的所有者都可以使重组计划通过。此时，规模也可能是一种优势，因为投资者只要持有任何一类债务的 1/3 就能够阻止协议达成。债权人之间的谈判可能是激烈的，因为他们正在瓜分一块有限的馅饼，每个人都想为所投资金获得可观的回报。普里斯试图拥有足够大的一块，以便在谈判中拥有发言权，甚至拥有否决权，而不用成为正式的债权人委员会的一员，那会使他在程序进行中无法交易该债券。

最后一个阶段要么是清算，要么是避免破产。如果该公司实施清算，那么事情就结束了，债务持有人将依据受偿等级，从出售资产的收益中获得清偿。如果它以新公司的形式出现，那么情况会更有趣。在破产期间，该公司无须支付利息或者税款，因此其现金状况总体上会有改善。它可能已经卖出了土地或者建筑物等资产，从而增强了其流动性。亏损的部门可能已经被关闭或者解散了，使新公司拥有了更好的业务。该公司已经重组了债务，并且将债务负担降至新公司的现金流能够承受的水平。所有这些原因都有可能使新公司比其前身更强大。

就华尔街而言，该公司也从人们的视野中消失了。没有分析师追踪它，老公司的股票持有者所得的回报（如果有的话）可能很少，他们对新公司充满了敌意。债券持有人可能获得了新的股权，其中许多人可能想要处置这些股权。因此，消息灵通的价值投资者购买大量廉价股的条件已经成熟。他们可能已经因为自己持有的债券而获得了一些股票，这也是他们当初购买这些债券的原因之一，现在他们将能够从卖家手中买入更多。将破产的所有阶段以及相应的获利方式联系起来的是知识：有关该公司及其资产内在价值的知识，有关各类债务以及支持这些债务的资产的知识，有关破产过程以及债权人可以影响决策的方法的知识，以及有关新公司及其基本价值的知识。知识越多越好，投资者越早搞清楚可能发生的事，回报就越大。这不是量子物理学。这个领域近年来已经变得人满为患，普里斯已经开始在别处寻找获得廉价股的方式。但是，任何想要从破产投资中获利的人都应当确信，他们确实了解与破产相关的所有要素。在公司债务处于历史高位的情况下，他们将不会缺少实践的机会。

鼓励公司做正确的事情

1995 年，有关麦克尔·普里斯的报道从金融版面转移到了头版，这是由于他投资了大通银行并采取措施抬高了其股价。当时大通银行的股价为 34 美元。该银行 1994 年的每股收益为 5.87 美元，其普通股的账面价值为 38 美元。普里斯也计算出，在该银行的信用卡、抵押贷款服务以及若干其他业务中，另外有相当于每股 30 美元的隐性资产由于会计规定，根本没有记录在资产负债表中。根据这个估计，大通银行的股价被严重低估了。该银行肯定认同这一看法，它们在 1994 年买了 850 万股自己的股票。现在，大通银行将要发行 1100 万股股票，以便从美国信托公司收购一项有 3 亿美元收入的业务。也就是说，正如普里斯看到的那样，该银行将要用股票购买的业务，其价值达不到大通银行要支付的 3.8 亿美元股票的市场价值，更达不到其 7 亿美元的内在价值。

对于消极投资者（通常包括养老金、保险公司及共同基金等大资本持有者）来说，应对糟糕的管理决策的方法是，如果你持有股票，就卖掉它；如果你没持有，就别买它。他们认为生命太短暂，在有数百甚至数千家公司可供收购的情况下，不要陷入与管理层的争论，因为结果太不确定了。普里斯采取的是一种不同的方法。因为大通银行的股票很便宜，所以他买了 1100 万股，占其流通股的 6%。当投资者买入一家公司超过 5% 的股份时，他们必须向美国证监会申报 13D 表。许多投资者从未达到 5%，他们不想让全世界都知道他们正在做什么。普里斯并没有保持沉默，他在提交的 13D 文件中声称大通银行的股价被市场低估了。他在试图引起大通银行管理层的注意。不仅如此，他还希望他们放弃收购。

为了支持他的计划，他开始拜访该银行的其他大股东，向他们解释他认为其股票值多少钱以及为什么管理层提议的收购是个错误。大通银行的高管们进行了同样的游说，他们主张投资者应当保持耐心，而且他们关于大通银行的计划应当会产生更大的价值。但是，普里斯并未因此受影响。他做出了法律上必需的安排，购买额外的股份并且在董事会中争得席位。在此期间，所有这些活动都给经纪公司的分析师留下了深刻的印象，他们开始就大通银行与另一家货币中心银行合并的好处撰写文章。大通银行的股价开始上涨，几个月后，大通银行和纽约化学银行（Chemical Banking）发出了合并公告，这是纽约化学银行收购大通银行的委婉说法。在这笔交易中，大通银行的股东获得了每股价值大约为54美元的纽约化学银行的股票。那些继续持有纽约化学银行股票的人发现，股价在接下来的两年中涨了一倍以上。

这个故事传递出若干信息，其中第一个信息当然是（只要管理者知道如何运用杠杆），规模能带来盈利。在大通银行的案例中，首先，要使该银行改弦更张，仅仅给首席执行官打一个电话是不够的。普里斯必须与其他大股东协商，并威胁获得董事会席位以迫使管理层采取行动。他看到，在过去十年左右的时间里，管理层已经变得越来越关注股东的意见，这已经是一种普遍的趋势，他毫不迟疑地在这一变化中发挥了自己的作用。其次，他对大通银行的估值可能并不完美，但是远远好于管理层的估值。当纽约化学银行以高于交易价格20美元的价格收购了大通银行时，普里斯的估值得到了验证，而且该银行在此次合并后的成功更说明了这一点。然后，激发人在实现投资价值方面有重要的作用。最后，普里斯通过成为自己的激发人而在大通银行案例中获得了成功。然而，大多数时候，扮演这个角色的是企业买家，至少在他投资组合中的廉价股部分是这样的。这笔交易为他的整体业绩增色不少，因为他进行分析时总是会考虑到交易前景。那些没有人买入的公司最终不会出现在他的投资组合中。对大通银行的投资是在银行整合期间进行的，这是他发现这笔投资吸引人的另一个原因。

尽早做足功课

普里斯的投资方法有四个特点。

第一个特点是原则。不要偏离估值标准，在市场充满诱惑的时候更要保持冷静。而且，不要仅仅因为其他方法目前更受人青睐，就改变你已经为投资组合构建的策略。普里斯自己的架构经过了精心设计，既能控制风险，又能提供良好的回报。

第二个特点是耐心。在完成分析并确定了内在价值之后，不要追逐股票。重要的是等待市场给出一个足够大的折扣价格，保持足够的安全性。

第三个特点是专注。不要被全球预测或者宏观预测分散注意力，要么听信这些预测，要么自己做出预测。了解一只证券比了解经济要容易得多，而盈利的方法就是利用这种了解。

第四个特点就是一定要提前做足功课。每一笔投资都是与交易另一方进行的一场赌博。你们中只有一个是正确的，并且奖品通常是给予那位对该证券了解更多、更早的人。对投资者来说，最佳策略是拓宽和深化相关的知识储备。普里斯所关注的每一个领域，包括廉价股票、套利以及破产投资，都促使他以一位控制权买家的眼光来审视这些业务。套利头寸通常是并购，它们提供了有关收购方为哪种业务支付了多少钱的有用信息。破产增加了额外的信息。当重组公司廉价出售资产时，普里斯记录了这些资产转手时的价格。廉价股票（比如 1995 年的大通银行）以及高价股（比如 2000 年的通用电气）都可以参考买家购买类似业务支付的价格来定价。随着每笔交易、每次股票购买和每笔套利头寸的进行，知识库也不断地得到了丰富。有了大量且最新的知识基础，价值投资者可以迅速行动，以抓住稍纵即逝的机会。对于投资者来说，耐心当然是一种美德，但当形势需要时，敏捷也是一种美德。

第 15 章

Value Investing: From Graham to Buffett and Beyond

沃尔特·施洛斯和埃德温·施洛斯：简单，廉价

沃尔特·施洛斯在 1955 年年中开始了他的有限合伙企业。他从 1956 年 1 月 1 日起开始跟踪自己的业绩，这个日期足够有历史意义，使他成为在投资领域工作时间最长的投资人——与同级别管理人和机构相比。他也是最好的投资人之一。从 1956 年到 2000 年的 45 年间，沃尔特和他的儿子埃德温为他们的投资者提供了每年 15.3% 的复合回报率。埃德温于 1973 年加入了沃尔特的团队。同一时期，标准普尔工业指数[①]的可比总回报率为 11.5%。1956 年初，委托施洛斯投资的幸运的投资者的每一美元到 2000 年年底已经增长到了 662 美元，其中包括所有的管理费用（如图 15–1 所示）。而投资于标准普尔指数的一美元价值 118 美元。施洛斯父子的成就甚至比这里的比较数字更好。在整整 45 年中，他们的投资组合有七年出现了亏损，标准普尔指数有 11 年出现了亏损。施劳斯合伙企业的平均亏损为 7.6%，标普指数则为 11.6%。现代投资理论认为，回报是对风险的补偿，只有增加投资组合的波动性，才能获得更高的回报。施洛斯父子的投资成功并没有印证这种理论。

施洛斯父子是极简主义者。他们的办公室是施洛斯城堡中一个很小的房间；他们不拜访公司；他们很少与管理层交流；他们不与分析师交谈；他们不使用互联网。他们不想受人影响去做一些他们不应当做的事情，他们限制了自己的交际。投资界有很多能言善辩且聪明的人，其中大多数人都能够说出购买这只股票或者那只

---

① 沃尔特·施洛斯从 1955 年开始使用标准普尔工业指数，因为在没有公共事业公司或运输公司的情况下，该指数更准确地匹配了他投资组合中的投资。即使当标准普尔 500 指数已经成为可供选择的替代品时，他也一直将其作为自己的对比基准。对比这两个指数在过去 20 年的表现，我们发现它们之间的联系非常紧密，并且标普工业指数的回报略高于标普 500 指数。

单位：美元

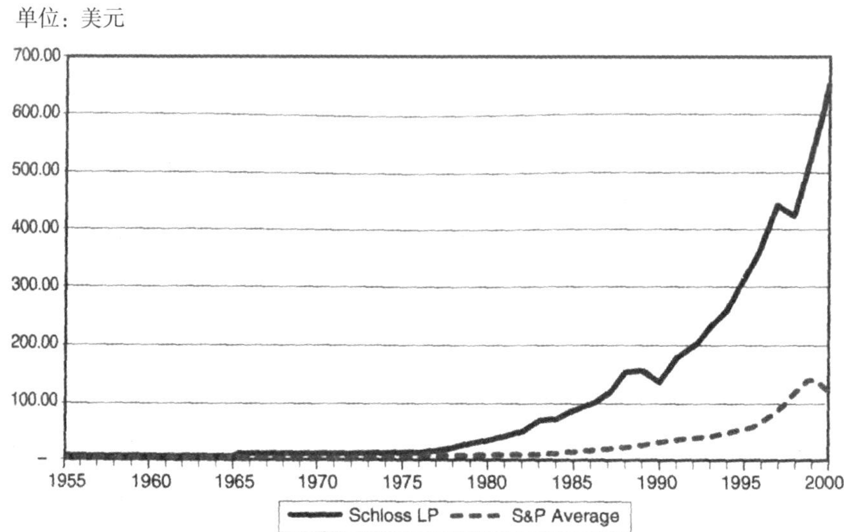

图 15–1　投资于施劳斯合伙的一美元的价值与标准普尔工业指数（1956 年至 2000 年）

注：Schloss LP 是施劳斯有限合伙公司，S&P Average 是标普平均数。

债券具有说服力的理由。施洛斯父子相信自己的分析，他们长期一来的惯例是购买廉价股票。这使他们几乎完全专注于上市公司每个季度必须发布的财务报表。他们从查看资产负债表开始，会弄清楚是否能够以低于扣除债务后的资产价值的价格买下这家公司。如果能，那么这只股票就会被列入候选股清单。

这听起来可能很耳熟。如果说沃尔特·施洛斯在最开始进行价值投资时没有现身，那么此后不久他就露面了。1934 年，18 岁的他在大萧条时期进入了华尔街。20 世纪 30 年代末，施洛斯在纽约证券交易所学院（New York Stock Exchange Institute）参加了本杰明·格雷厄姆的课程。他和同学们相处良好，其中有高盛公司套利部门主管格斯·利维（Gus Levy），曾担任纽约证券分析师协会主席的亚伯拉罕·赛·温特斯（Cy Winters of Abrahanm），以及其他的华尔街重量级人物。施洛斯在卡尔·M. 洛布公司（Carl M. Loeb and Company）工作时，格雷厄姆的兄弟利昂是这家公司的客户经理，格雷厄姆把自己的账户放在该公司，这使施洛斯确信格雷厄姆的确实践了他在课堂上讲解的内容。格雷厄姆宣扬的是价值，即在扣除所有负债后，以低于公司流动资产价值的价格购买股票的优势。1946 年，沃尔特·施洛斯刚从原公司离开，格雷厄姆就聘用了他。

格雷厄姆喜欢的教学策略之一是并列分析两家公司，并比较它们的资产负债表，即使这两家公司属于不同的行业。他会把可口可乐公司与高露洁公司放在一起分析（这两家公司的关联仅仅是字母拼写很接近），并会问相对于资产净值，哪只股票更便宜。格雷厄姆主要关注的是安全边际，这使他没有意识到可口可乐公司巨大的增长潜力。格雷厄姆的策略也有不成功的。他会购买一家在行业内领先的公司，比如伊利诺伊中央铁路公司（Illinois Central Railroad），并做空次等公司，比如密苏里－堪萨斯－得克萨斯公司（Missouri Kansas Texas），以套期保值。事实证明，这两只证券并不相关，而且套期保值没有用。格雷厄姆经常使用的另一种套期保值方法是购买一支优先股并做空普通股。如果普通股上涨，他就会从优先股中获得补偿。如果普通股下跌，他就做空赚钱。无论哪种情况，他都拿到了股息。这种方法已经成为业内的一种标准做法，尽管它已经不再像过去那样享有税收优惠。施洛斯将格雷厄姆视为一个天才，他有很多独到的想法，尽管这些想法与常理相背。施洛斯认为，格雷厄姆是靠智慧来投资的。相比金钱，他对好点子更感兴趣，当然，好点子自然也会带来回报。

寻找廉价股

如果问施洛斯父子的投资战略是什么，你将获得简洁的回答：我们购买廉价股。要识别“廉价”，就要将价格与价值进行比较。通常，价格下跌的股票会引起施洛斯父子的注意。他们会仔细研究股票名单，以找到那些股价已经下跌的股票。如果他们发现某只股票的价格处于两年或三年来的低点，那就更好了。一些与他们有多年生意往来的经纪人会给他们打电话，以寻求建议。施洛斯父子特别青睐那些股价下跌的股票，尤其是价格急剧下跌的股票。这些股票与大部分经纪人大力推荐的股票截然相反。

施洛斯父子的偏好是与大众观点相悖的。当投资者感到失望时，股价就会下跌，而这可能是因为公司收益低于预期，或者公司业绩持续不如人意，最终导致即使最有耐心的投资者也放弃了这只股票。施洛斯父子在管理资金的过程中会投资不同行业的大型、中型和小型公司。他们的投资对象既有股价大幅下跌的公司，也有股价持续下跌的公司。有一点不变，那就是他们买入的东西正在被廉价出售。

他们策略中的另一点同样重要。他们只购买股票，不购买衍生品、指数或者大宗商品。他们不做空股票，即使他们过去做空过股票，也赚了一些钱，但是这种经历让他们感到不舒服。他们不会尝试控制市场，尽管他们确实会借助市场来知道哪些股票是廉价的。在职业生涯的某些时刻，施洛斯父子确实投资了破产债券，而且有机会的话他们可能会再次投资。但是，这个领域目前已经过于拥挤了，而且像大多数价值投资者一样，他们不想拥有太多的公司。至于普通的固定收益投资，他们是避而远之的。潜在回报是有限的，如果利率上升，回报可能变成负的。他们的生意是通过投资廉价股为客户赚钱。

当发现一只廉价股的时候，他们甚至会在分析研究完成之前就买入。他们对很多公司都有基本的了解，并且可以查阅价值线（Value Line）官网或者标准普尔股票指南，以迅速查看该公司的财务状况。施洛斯父子都相信，真正了解一只股票的唯一方法是持有它，因此他们有时会标明他们的初始对象，然后派人去找这家公司的财务报表。瞬息万变的市场要求他们行动迅速。

它值多少钱？为资产、收益和公司估值

在沃尔特·施洛斯为本·格雷厄姆工作的九年半时间里，以及在他离开公司后经营自己的企业的几年里，他都能够找到一些售价不到运营资本 2/3 的股票。但在 1960 年后的某个时候，随着大萧条的过去，这些机会都消失了。如今，那些符合这些要求的公司要么为沉重的债务所累，要么正在大幅亏损，以至于未来堪忧。这已经不是安全边际的问题了，而是是否值得持有的问题。

尽管如此，沃尔特保持了他用资产估值的偏好，因为公司的资产比其盈利更稳定。如果一家公司每股有 15 美元的有形账面价值，那么即使它目前不赚钱，其资产价值未来也可能不会急剧下跌。一位以每股 10 美元甚至 12 美元购买了该股的投资者会感到些许安慰，因为他知道这些股票有资产支撑。根据施洛斯的长期经验，股票以低于其资产价值的价格被收购的那些公司，通常要么会恢复盈利，要么会被另一家公司收购。所有这些都需要时间来验证，他们持有一只股票的平均时间大约为四年。沃尔特有耐心坚持下去。他的基本思路是，市场的过度反应已经给他提供了一个便宜货，只要有足够的时间，他就会得到回报。“会有好事发生的。”他总喜欢这样说。在此期间，资产价值为该股价格的另一次急剧下跌提供了某种保护。他倾向于在股价触底之前首次买入，也喜欢在更低的价位补仓，如果他的股票已经跌

破底线，他夜里一定会睡得很香。

埃德温·施洛斯关注资产价值，但是他更愿意关注一家公司的盈利能力。他确实想要一些资产保障。如果一只股票的价格用标准盈利能力计算还算廉价，却是其账面价值的三倍的话，他通常就不会考虑它了。在食品、国防甚至是传统制造业中存在一些老牌公司，即使当它们的股价低迷时，它们也能被以高于其账面价值的价格卖出。埃德温根据自己对这些公司盈利能力的估计，仍然可能找到足够便宜的股票买入。

当施洛斯父子开始认真研究一家新公司时，他们一定会确保自己已经透彻地阅读了该公司的年报。财务报表无疑很重要，但脚注也很重要。他们要确保公司不存在严重的财务负债。他们会研究公司资本的历史支出状况，以了解固定资产的情况。已经充分计提了折旧的公司的报告收益可能高于新成立的竞争对手，但是如果该竞争对手花钱谨慎，它很可能会拥有一种更现代化、更高效的运营方式。10 年的广告支出不会出现在资产负债表上，但是如果该公司知道如何利用这些支出的话，它们确实能为品牌创造一些价值。施洛斯父子正在寻找复兴的潜力。他们购买的股票变得廉价是有原因的，他们的成功在于他们有能力对市场是否反应过度做出足够精确的判断。他们不会试图介入这家公司的经营活动。了解生产经营状况比进行管理更重要。他们不会声称自己有这样的专长，也不想要这样的专长。相反，他们将限制自己过多地接触任何一家公司，并且运用自己丰富且深厚的投资经验来指导自己做出决策。

由于施洛斯父子身处这个行业已经很长时间，随着市场状况的变化，他们不得不调整自己的准则。当市场价格上涨的时候，他们对廉价的定义多少会变得更灵活、更相对。随着某些策略（比如投资破产债券）的流行，他们转向了其他领域。像许多伟大的运动员和其他价值投资者一样，他们会让游戏来找他们。他们的核心原则不会变。他们购买廉价股票，并且喜欢持有这些股票直至其价格复苏。另外，他们愿意接受市场提供给他们的东西，理由是如果他们买对了（即该股票足够廉价），好事就有可能发生。

保持跟踪

施洛斯父子开玩笑说，他们会去参加在他们办公室 20 个街区范围内举行的公司年会。他们搬到曼哈顿中区（纽约，不是堪萨斯）办公后，这个限制就不如最初那么严格了。他们喜欢独自行事，不希望被分析师和投资经理包围。他们曾拥有美国熔炼（Asarco）公司的股票，这是一家铜矿开采和冶炼公司。他们参加了该公司的年会，当时房间里坐满了人。仔细一看，他们发现与会者还有该公司董事的妻子、公司员工以及与该公司有投资关系的公司的员工。不用说，这个廉价股还未被发现。在这种情况下，这家公司的股票确实从价格下跌中复苏了，并且最终被墨西哥铜业集团（Grupo Mexico）收购。

因为施洛斯父子持有头寸的平均时间为四到五年，所以他们有足够的时间熟悉这些公司。他们会继续研究这些公司的季度报告，不会为日常的股价波动或者每股收益 2 美分而感到失望或者惊喜。正如我们所说，他们是极简主义者。如果一家公司宣布了一项他们认为愚蠢的收购，并引起了关注，那么他们可能会决定出售。由于他们的方法引导他们关注的是那些处于非快速变化行业的公司，因此他们可以原地不动地等待机会。

他们并不是完全被动的。他们会先运用自下而上的方法，找到廉价股并买入，然后从侧面观察，以分析该行业中的其他公司。这些公司也是廉价的吗？是因为同样的原因吗？他们可能认为其中一家比他们最初购买的公司更好。也许那是一家品质更高的公司，利润更高或者债务更少。如果是这样，他们可能会卖掉品质差的换成品质好的，前提是他们仍然可以利用该行业的低迷状况。

何时买进，何时卖出

买入价格已经触底的股票常常只是投资者的构想。没有人能够精确地预测顶部、底部或者任何介于两者之间的价格。通常情况下，价值投资者会在股票下跌过程中开始买入。使股票变得廉价的悲观情绪或者对股价下跌的预期不会很快消失，当价值投资者首次买入的时候，仍然会有股票的持有者不愿意抛售。如果是在接近年底的时候，那么卖出股票避税的做法可能导致股票价格进一步下跌。因为价值投资者们意识到他们接住的是（用行业内的俗话说）一把滑落的刀，也就是说，他们很可能会试图加仓，分阶段买入。对于沃伦·巴菲特这样的人来说，这可能并非易事。一旦伯克希尔哈撒韦公司打算买入一只股票的消息传出，这只股票的价格就会迅速上涨。据沃尔特·施洛斯回忆，格雷厄姆本人就面临过这个问题。他曾在一次午餐时向一位投资者透露打算购买某只股票，当他回到办公室的时候，这只股票的价格已经上涨了许多，以至于他因保持自己的价值准则而无法买入更多。这也是施洛斯父子限制自己与他人谈话的原因之一。

不过，当埃德温·施洛斯被问及他最常犯的错误时，他承认有时候最初买入的股票太多，以至于股价下跌时没有足够的空间买入更多。如果他第一次买入后股价没有下跌，那么他就做出了正确的决定。但很多时候形势对他不利。他经常有机会降低平均成本（即以更低的价格买入更多的股票）。施洛斯父子长期从事这一行业，他们相信自己不会看错市场动向，相信自己选择的股票将只会上涨。投资是一项谦卑的职业，但是当数十年的良好收益证实了他们决策的明智时，谦逊就会转变为更多的自信。

价值投资者买得快，卖得也快，施劳斯父子也不例外。廉价股票通常会变得更廉价。当它们复苏并开始上涨时，它们会达到某一点，从而不再是便宜货了。施洛斯父子此时会将这些股票卖给那些对价格上涨感到高兴的投资者。许多时候，这些股票会继续上涨，甚至是大幅上涨，但价值投资者已经在寻找新的便宜货了。施洛斯父子若干年前曾以低于账面价值、每股 15 美元的价格买入了投资银行雷曼兄弟的股票。当该股达到 35 美元时，他们全部抛售。几年后，该股已经超过了 130 美元。显然，最后的 100 美元并没有落入价值投资者的口袋。多年来，他们在买入浪琴威娜欧（Longines-Wittnauer）、克拉克石油（Clark Oil）以及其他那些从被低估到合理估值，再到被高估的股票时都有类似的经历。用投资界的一句名言说就是：落袋的钱能让你睡个好觉。

卖出一只价格低迷的股票比卖出一只见涨的股票需要更多的判断力。在某种情况下，人人都会抛售。对于像施洛斯父子这样的价值投资者来说，当资产或者盈利能力的恶化超出了最初预期时，他们会抛售这只股票。这只股票可能仍是廉价的，但其复苏的可能性渺茫。即使最有耐心的投资者也可能会失去耐性，从而转战其他投资项目。另外，损失至少给投资者带来了一些税收优惠，低迷的股价就算是一个经验教训。

留有余地的投资组合

在一些资金管理人看来，投资组合多样化是一种对无知的防御。那些消息灵通的投资者对行业、公司甚至整个经济的状况都很了解，在充分掌握信息的情况下，他们可以选择持有更少或更多的头寸。尽管价值投资者都认为积极的证券选择很重要，但他们在证券多样化的问题上意见不一。施洛斯父子管理着一个多样化的投资组合，但是他们没有限制持有头寸的规模。尽管他们可能拥有 100 只证券，但通常其中最大的 20 种头寸在投资组合中的占比约为 60%。他们偶尔会将 20% 的资金投到一只证券上，但是这种情况比较少见。我们必须记住，他们买入的是廉价股票，而不是前途无量的大公司。尽管历史证明，他们的大多数投资都获得了不错的收益，但始终有一些投资没有达到预期效果。很难提前预料到投资会是什么结果。投资组合多样性是一种对不确定性的防御，是施洛斯父子的成功策略的一个基本特征。

与他们的方法的其他方面一样，他们依靠的是判断，而不是固定的准则。尽管他们不会仅仅投资于一两个行业，但是当他们发现在那些不受欢迎的行业里聚集了大量的廉价股票时，他们会增持这些股票。这时，他们能够在这些被抛弃的证券中挑选到较好的进行投资。如果铜等大宗商品的价格已经暴跌，那么与铜相关的股票将会被廉价抛售。除非铜作为工业原料和通信材料的用途永久性地消失，否则供求周期自有其调整之道。此时，那些负债的低成本公司是安全的选择，主要是因为没有人想持有它们。低廉的价格能够弥补在周期、操作甚至管理上的许多缺陷。

爱护客户

当沃尔特·施洛斯已经在商界经营了 20 年（包括与埃德温共同经营）时，沃伦·巴菲特给一些朋友写了一封信，描述了施洛斯公司。巴菲特告诉他的读者们：

> 施洛斯于 1955 年离开了格雷厄姆–纽曼公司。格雷厄姆–纽曼公司于 1956 年关门。这些事情之间的联系，我不想做出太多阐述。
>
> 在任何情况下，许多投资者开始都只有一本股票指南月刊，带着从与我的交往中学到的老练风格，从特迪、布朗尼或者一些在《埃利斯岛》上列名的合伙人手中转租一部分股票。但是沃尔特直接与标普作战了。

我们已经看到了这场竞赛的结果。

除了长达 25 年的出众业绩，施洛斯几乎没什么变化。施洛斯父子已经搬到了条件更好的办公室，但仍然与特迪、布朗尼分租。除了股票指南月刊，他们还参考价值线和报价机的信息。而且，他们的客户非常忠诚，这也是施洛斯公司区别于大多数类似结构的一个特点。基金中有些股东的父母曾是该基金的股东，有些人甚至是第三代客户。从有限责任股东的标准来看这个群体，他们算不上特别富有。投资给施洛斯父子的钱对这些股东来说很重要，这是施洛斯父子决心不让这些钱亏损的原因之一。这也可以解释为什么施洛斯父子没有向其股东披露他们所持有股票的公司的名称。总的来说，他们投资的证券拿不出手，没有人想在鸡尾酒会或者其他任何地方炫耀这些股票。因为不愉快的经历，他们发现，泄露秘密并不能增加客户的舒适度。有些人由于害怕投资组合中的高风险股票而退出了该基金。尽管他们有价值投资经验，也知道施洛斯父子是如何践行价值投资准则的，但他们还是无法接受这一观点：在合适的（非常低的）价格下，一家陷入困境的公司的股票会是一笔不错的投资。

施洛斯父子非常关注股东的纳税金额。如果卖出股票只有短期资本利得，他们就不会卖出。这偶尔会使一笔投资面临某些风险：在短期资本利得变成长期之前，目前的税法很难使投资通过套期保值维持稳定的收益。如果短期所得和长期所得的税率不同，施洛斯父子就愿意承担风险。

施洛斯公司遵循两个经营理念，这使他们不同于有类似结构的投资基金的经理。第一，他们假设每年都会把实现的收益分配给股东。如果股东要求把这些钱存入基金，他们自然会答应。一般来说，无论是否实现了收益，大多数股东都会提前数周提交赎回申请。施洛斯父子并没有将委托给他们的钱视为需要合伙人解救才能自由使用的。这项方针也有助于他们为基金的规模设定一个大体的上限。他们不想管理数十亿美元的基金，所以他们每年都会将收益的一大部分返还给合伙人，就像把灌木修剪到想要的高度一样。第二，施洛斯父子会抽取一定比例的投资回报作为报酬。这是投资公司的典型做法。和标准做法不同的是，他们也会承担同等比例的损失。如果在这一年中，该基金的价值下跌了，股东账面价值的跌幅会低于基金本身。施洛斯父子会按损失比例分摊费用。此外，他们不收取基金管理费，而大多数同行都会收取。他们只因业绩表现获得报酬。正如他们的长期经营历史所显示的那样，在 45 年里，他们有七年在年末时比年初时糟糕。这种管理方式是激励他们不亏钱的另一个因素。

案例 1：美国熔炼公司：寻找买家的廉价资产

美国熔炼公司是一家铜业公司，该公司曾有过辉煌的历史，其股票曾经是道琼斯工业平均指数的成份股之一。1998 年，该公司每股亏损 1.7 美元，低于 1995 年 5.65 美元的涨幅。当该股跌破每股 15 美元时，其市值跌至 6 亿美元以下，低于其账面上 8.85 亿美元的长期债务。虽然麻烦缠身，美国熔炼公司的账面价值依然能达到每股约为 40 美元。其资产包括持有秘鲁南方铜业公司（Southern Peru Copper Comany）50% 的股权，相当于每一股美国熔炼公司股票持有一股秘鲁南方铜业公司的股票。1999 年的大部分时间里，秘鲁南方铜业公司股票的交易价格在 10 美元至 14 美元之间。基于账面价值计算，在 15~20 美元之间的任何价位买入美国熔炼公司的股票都会给投资者留出至少 50% 的安全边际，扣除秘鲁南方铜业公司股票的价值之后，投资者将为美国熔炼公司的潜在收益支付 5~10 美元。

沃尔特和埃德温实际上从 1993 年起就一直在投资美国熔炼公司的股票。他们在 20 美元左右时买了一些，第二年以 30 美元以上的价格全部卖出。当该股在 1999 年下跌时，他们重新介入。这带来了很好的结果。美国熔炼公司同意与塞浦路斯 Amax 矿产公司进行对等合并。更大的铜业公司菲尔普斯・道奇公司（Phelps Dodge）随后对这两家公司进行了竞购，试图在合并前收购它们，但是它们拒绝了菲尔普斯・道奇公司，尽管该公司对美国熔炼公司的出价约为每股 22 美元。既然美国熔炼公司参与进来了，那么更高的出价迟早会出现 。施洛斯父子最终以几乎每股 30 美元的现金价格将他们持有的美国熔炼公司股票卖给了墨西哥铜业集团。正如沃尔特常说的那样，如果资产还在，好事就会发生。

案例 2：J. M. 斯马克公司：卖糖给美国人

据我们所知，沃伦・巴菲特并没有这样说过，但是他对可口可乐、时思糖果（See's Candies）、奶品皇后（Dairy Queen）等公司的投资说明了他的投资理念：卖糖给美国人的公司从来都不会破产。多年来，斯马克家族都以制作果酱、果冻和其他形式的甜食为主业。尽管该公司一直在盈利，但是其外部客户的经营却不那么好。该公司的股价在 1992 年达到了 39 美元的高点，但是从那时起至 1999 年，该股就很少卖到 30 美元的高价。在此期间，公司的收益几乎没有多少变化，从 1993 年的每股 1.27 美元到 1999 年的每股 1.26 美元；其账面价值从每股 7.55 美元增加至 11 美元。其股价与账面价值的比率从未跌破 1.5：1，而市盈率也只是在 1999 年的一个糟糕的日子才到 15 以下。不论是基于资产和市盈率的估值，还是基于收益的估值，J.M. 斯马克公司都不具备进行价值投资的资格。

在 2000 年，该股的股价跌至每股 15 美元以下。当时，食品类股票总体上都处于低迷状态，J.M. 斯马克公司的股票与其他公司的股票一起下跌。施洛斯父子买了一些该股。按照这个价格，该股的股价是其每股收益的 10 倍，远低于历史水平。尽管它不是一家拥有特许经营权的公司，但它确实拥有一个成熟的品牌，在一些超市有专门的货架。基于盈利能力计算，该股票足够廉价，可以持有。

有两件事说明这次投资是值得的。第一，当百事福（Best Foods）公司被联合利华收购时，其他食品股的价格也随之上涨。后来，斯马克家族作为 J.M. 斯马克公司的控股股东，决定简化股权结构，废除特级投票权。由于特级投票权被废除，这次重组提高了该股的流动性，同时为该公司带来了被收购的机会。多亏了联合利华和斯马克家族，该公司的股价在七八个月的时间里从 15 美元涨至 25 美元。施洛斯父子现在不得不在两种选择中做出选择，一种是接受他们不喜欢的短期资本利得，另一种是在股票不再廉价并且很可能已被高估之后继续持有股票。他们采取了理性的做法，因为支付税款总好过看着股价跌至 15 美元。该股在这一年年底之前就涨到了 27 美元，这个更高的价格水平对施洛斯父子而言已经无关痛痒了。

第 16 章

Value Investing: From Graham to Buffett and Beyond

保罗 · D. 索金：小就是美，对丑者更是如此

旧时代的影响

保罗 · D. 索金（Paul D.Sonkin）的职业生涯比本书介绍的其他投资者都要短，但这只是因为他是这些人中最年轻的。像他们许多人一样，他在开始刮胡子之前就已经买了人生的第一只股票。如今，他不再看报纸的体育版面，以便节省时间，而且他也不会询问最热门的餐厅或者最新的小说。但是，如果你想要了解一家最近股价暴跌的小公司，索金就是最佳人选。这只股票很可能已经在他寻找廉价公司的过程中出现了。如果该股已经引起了他的注意，他就已经对其进行了充分的调查研究，结果要么是忽略（大多数情况下都是这样），要么是投资。在对该股感兴趣的情况下，他会静下心来了解更多的东西。不管怎样，他都已经将该股加入了他所了解的公司名单。他将一直持有这些股票的信息，他的名单会越来越长。

索金毕业于哥伦比亚大学商学院，在那里，他讲授证券分析和高级价值投资课程。在进入哥伦比亚大学之前，他在美国证监会和高盛公司工作过。毕业后，他加入了 Royce & Associates 公司，这是一家专注于小微价值证券的基金管理公司，他在该公司担任分析师和投资组合经理。后来，他从这家公司跳槽到曼哈顿第一公司（First Mahattan Company），这是另一家价值投资机构，关注的是大型公司的股票。从 1999 年 11 月开始，他成为蜂鸟价值基金（Hummingbird Value Fund）的投资总监。蜂鸟价值基金是一家有限合伙企业，在该基金中，索金能够回到他钟爱的小型和微型资本世界。

第16章
保罗·D. 索金：小就是美，对丑者更是如此

价值投资者的“旧约”无疑是本杰明·格雷厄姆和大卫·多德于1934年撰写的《证券分析》一书。索金和许多价值爱好者更青睐早前的版本。对索金来说，1954年出版的第三版最重要。这个版本是真正由格雷厄姆撰写的最后一个版本，受益于他在大萧条和第二次世界大战战后复苏期间丰富的个人经历。索金也欣赏格雷厄姆写给格雷厄姆–纽曼合伙企业投资者的信，正如他欣赏巴菲特在伯克希尔哈撒韦公司成立之前写的信一样。巴菲特在运营巴菲特合伙企业时，帮助他的许多投资者变成了真正的富人。索金对于伯克希尔的年度信兴趣不大，至少是毫不关心。这些信件可以追溯到一个时期，当时巴菲特有很多钱可以投资，因此他被迫专注于他可以永远持有的大盘股。尽管在这些情况下价值规律依然适用，但是要复杂得多。如今，投资者正在与一些消息最灵通、最聪明的游戏参与者对赌，因此，误差幅度（如果不是安全边际的话）已经被大幅缩减。与其他价值投资者一样，索金更喜欢与少数人参与游戏。

和格雷厄姆一样，索金喜欢在资产负债表中寻找价值。在这里，现金和应收账款在资产清单中所处位置越高越好。如今，尽管找到格雷厄姆的实净值要比在1934年难得多，但是人们唯一有机会找到它们的地方就是在小型资产领域，尤其是微型资产领域。没有哪家规模尚可的公司能够逃过价值投资者的搜寻，小公司也不例外。管理大型基金的人仍会躲在一边，有时候实净值可能会下降。

还有更好的办法找到一家虽然不符合净流动资产价值法标准，却仍然有充裕现金的公司。索金喜欢找出如下这种情形。假设公司的市值为2000万美元，收益为100万美元。通常，这看起来像是市盈率为20倍，而且在大多数情况下，这只股票不便宜。但是，如果该公司有1500万美元的净现金（扣除所有贷款），那么用500万美元就能买下整家公司。实际的市盈率接近5倍（1500万美元的利息必须从净收入中减去），该股就成了引人注目、值得买入的股票。索金用资本化率（cap rate）作为衡量工具来找到这些公司。在资本化率等式中，分母是债务的市值加上股权的市值减去现金或者现金等价物。分子是息税前利润乘以（1–税率）。计算资本化率的目的是揭示投资者需要支付多少钱，才能拥有该公司全部的税后营业收入。索金运用资本化率进行分析相当于进行一种筛选测试，可以检验该公司是否值得进一步研究。与市盈率或者市净率等更常用的指标不同，资本化率区分了不同的资产，它关注的是营业收入，而不是可能会误导投资者的净收入。

如果没有跌到底就不要买

众所周知，尽管所有的价值投资者都是逆向投资者，但并非所有的逆向投资者都是价值投资者。两者的区别很简单。尽管两者都在寻找价格最低的股票，但是逆向投资者会对低市盈率或者低市净率等指标感到满意，他们喜欢看到图表显示当前的价格明显低于高点，这就是他们的目的。而价值投资者不仅想要将该证券当前的价格与其此前的高点进行比较（这意味着一些投资者会感到极度失望），而且想将它与该公司的内在价值进行比较（这意味着评估公司的资产和盈利能力）。证券价格的波动可能是价值投资的一个必要条件，但远不是充分条件。

在这方面，索金喜欢研究所谓的“跌停的 IPO”。在股市大涨期间，促使新公司上市的因素有很多。第一个因素是该公司的早期投资者，这些投资者可能是公司经营者的家人和朋友，或者这是一家风险投资公司，他们最终会套现。第二个因素是该公司的经营者，他们几乎总是拥有该公司较大比例的股权，IPO 使他们能够以相对便宜的费率为扩张筹集现金。第三个因素是从事承销业务的投资银行家。他们从一次 IPO 中获得的费用大约是 IPO 金额的 7%，这可以冲抵他们在其他交易中的支出。向客户分销（出售）新股的经纪人会努力推动这些 IPO，持有热门股票且能在新股上市的首次买卖中获得高额利润的大型投资者也是如此。

为了协调所有这些利益，上市公司必须竭尽全力去面对这些问题。它可以在上市前一年控制员工招聘，以降低开支。其他的随意性支出将被推迟，并且尽可能增加收入。公众对 IPO 的兴趣如此强烈，以至于那些几乎没有盈过利的公司也能够发行股票，直到 20 世纪 90 年代末这些做法才消失。不过，任何购买新股的人都应当摸清公司的情况是否属实，避免价格虚假。

以 SCC 通信（SCCX）公司为例，它是一家为电话公司提供专业软件的公司，于 1998 年 6 月上市，由罗伯森·斯蒂芬斯（Roberson Stephens）和 Hambrecht&Quist 等高科技股的一级发行银行承销。截至 1997 年 12 月，SCCX 公司的持续经营活动净收入为 245 万美元，尽管间或有些亏损。从 1995 年到 1996 年，从 1996 年到 1997 年，公司的销售额连续翻番。招股说明书显示，该公司计划以每股约 12 美元的价格发行 210 万新股，以筹集大约 2400 万美元。该公司计划用来自此次发行所得偿还 400 万美元的银行债务，其余资金将用于一般规划，包括研发。除了该公司出售的 210 万股，早期投资者也要出售 120 万股，卖出这些股票的钱都不会返还该公司。尽管这些卖家只会卖出其所持股份的一小部分，但内部人士出售哪怕一小部分股票套现，也从来都不是什么好事。

此次发行后，该公司的流通股将大约为1000万股，账面价值约为每股3.5美元。换句话说，SCCX 股票的一部分买家用 12 美元的投资获得了该公司在偿付债务后用来产生利润的价值 3.5 美元的资产。截至 1998 年 12 月（如图 16–1 所示），不计特殊项目或者股权稀释，其每股收益大约为 0.5 美元；如果将特殊项目或者股权稀释都计算在内，每股收益则为 0.29 美元。这两个数字都很难让价值投资者心动。

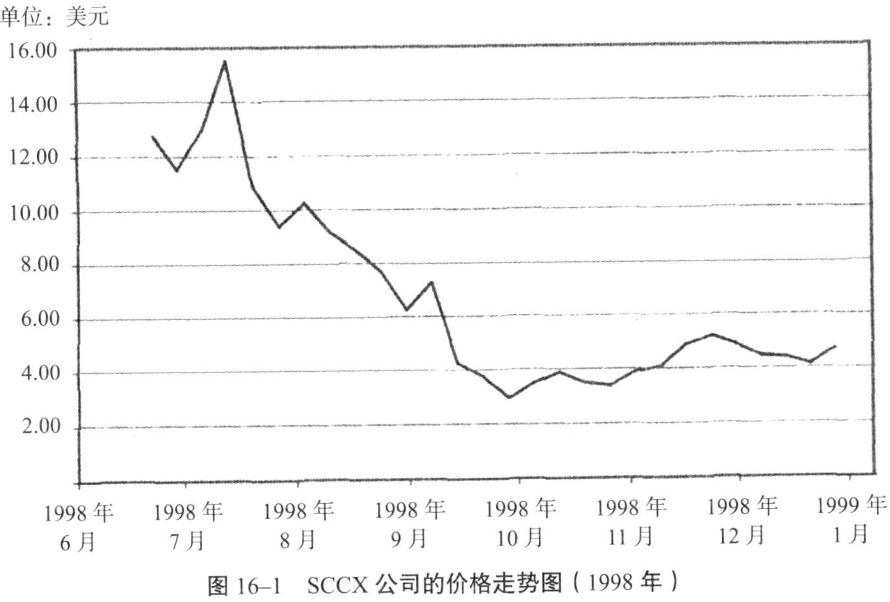

图 16–1　SCCX 公司的价格走势图（1998 年）

像大多数 IPO 一样，SCCX 公司的股价从初始价开始上涨。一个月后，股价接近 16 美元。但随后外界开始对它进行攻击。当该公司宣布其 1998 年第二季度的业绩时，投资者可以看到公司的收入和利润增长率都开始趋于平稳。尽管这可能不会对一只股价涨幅较小的股票造成重大影响，但是对于 SCCX 公司来说，这是股价下跌的开始。截至 1998 年 8 月底，该股的股价约为 7 美元。之后股价继续走低，直至 1998 年 9 月跌破了 3 美元。此时，由于俄罗斯债务危机、长期资本管理不善以及市场疲软，整个股市暴跌。SCCX 公司的股价到年底略有恢复，1998 年低时，该股达到 4.7 美元左右。该公司的这次 IPO 显然是失败的。

然而，最糟糕的事情还没有结束，在1999年的头几个月里，该股股价继续下跌（如图16–2所示）。索金把它列入了每日备忘录中的新走低公司名单中。在他对该公司进行了一些研究之后，他开始相信至暗时刻已经结束。该公司的收入和利润增长放慢的原因之一是，美国国会推迟了要求电话公司必须使用SCCX公司提供的服务的立法。索金确信这只是一次暂时的衰退，当该股在3月份跌破4美元时，他开始买入。该股价格在春天开始上涨，然后在夏天下跌，期间他一直持有。该公司的业绩依然平平，但是美国国会在秋天确实通过了相关立法，SCCX公司也开发了新的服务项目，销售给那些电话公司。在2000年前三个月中，几乎电信行业的所有公司都表现得分外乐观，SCCX公司的股价从8美元飙升至16美元以上。对于价值投资者来说，这简直令人狂喜。索金也乐于让市场先生分享他的快乐，有些股票是在13美元的价位卖出，有些是在15美元的价位卖出，还有一些是在该股下跌时的8美元价位卖出的。

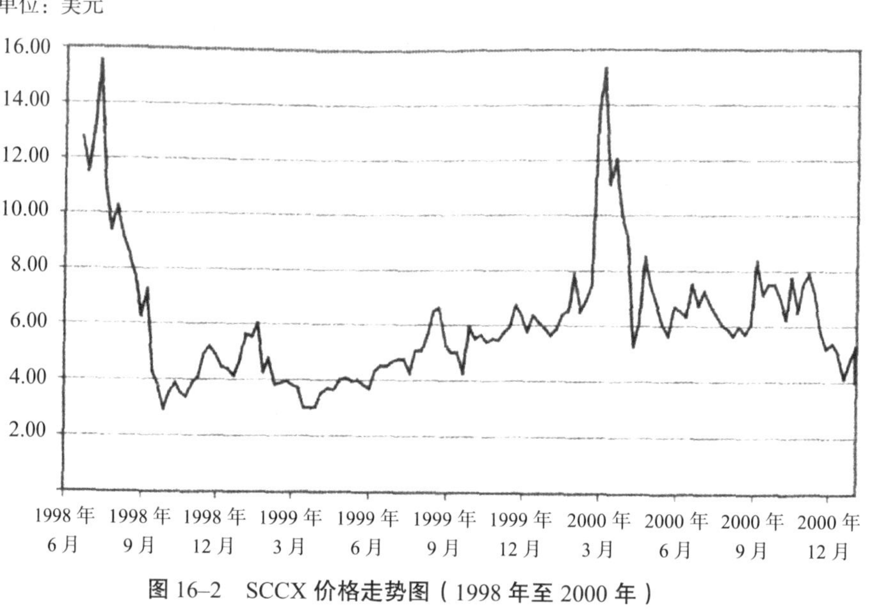

图16–2 SCCX价格走势图（1998年至2000年）

这笔投资之所以成功的一个原因是索金一直等到股票市场超出了承销商的最低期望值，此时股票价值到了一个合理的水平。另一个原因是在2000年股票市场虚假繁荣的时候，他并没有买进，而是卖出了股票。作为一位优秀的价值投资者，他已经学会了适应市场先生。

增量信息的价值

青睐小公司的理由通常是：第一，它们比那些规模已经很大的公司有更好的成长前景；第二，它们可以更灵活地利用市场中的新机会或者新变化；第三，由于许多基金被禁止持有小公司的股票，所以它们的股票可能是便宜货；第四，因为很少有分析师跟踪小公司，所以其股价很可能并未考虑到有关该公司的信息或者分析。如果有 500 位分析师跟踪通用电气公司（这并不是夸张的估计，这是基于持有该股的机构账户的数量、为经纪公司跟踪该股的卖方分析师以及其他专家数量计算出来的），那么第 501 位分析师不太可能增加多少有关该公司的信息或者知识。如果只有一位分析师跟踪该公司，那么第二位分析师肯定有机会发现一些重要的东西。而且如果该分析师不公布其研究结果，而是运用这些结果来做出投资决策，那么研究和分析的价值就会在投资组合的业绩中体现出来。

索金赞同所有这些理由，并补充了另一个理由：小公司更容易了解。它们的财务报表和商业模式往往都是很简单的。通常，它们只在一个行业中经营，而不是像标准普尔 500 指数的成份股公司那样在 5 个或 15 个行业中经营。它们可能有一些竞争对手和一些主要的客户。分析师们几乎不需要花时间给公司打电话了解，这种公司的业务状况没什么担心的。用经济学的术语说就是，研究一家小公司所花费时间的边际价值远远超过研究大公司所花时间的边际价值。

小股票，大投资

许多价值投资者都做过集中型的投资组合。关于投资组合的争论主要来自现代投资理论。现代投资理论将风险分为系统性风险和非系统性风险。非系统性风险是指持有任何单独的一只证券所固有的风险（不确定性）。通过分散投资，即持有数量足够多且变化趋势不同的证券，可以降低甚至消除这种风险。系统性风险是无法通过分散投资消除的风险，这一风险源于市场本身，或者更准确地说，源于市场回报的不确定性。根据这个理论，如果没有风险，就没有收益，所以最好是创建投资组合。这通常意味着持有 20 家或者更多公司的股票，或者在全球更多的市场上投资。许多价值投资者质疑现代投资理论的一些原则，他们并不接受分散投资的观点。他们认为：第一，证券价格波动并不是衡量风险唯一的，甚至不是最合适的标准，他们可以通过获得更多的信息和更好的分析来降低风险，以更高的安全边际来购买股票。第二，他们觉得自己没那么好的想法，他们不想在投资组合添加一些表现平庸的股票，以免抵销明星股票的潜在收益。

索金不是集中型价值投资者“阵营”的一员。事实上，他热情地拥抱分散投资。他运营的投资组合分为两大部分，每个部分分成三个小部分（如表16–1所示）。在本杰明·格雷厄姆之后，他将其中的一个部分称为一般组合操作。在这类操作中，他投资传统的价值型股票，即失去华尔街青睐或者起初就不受青睐的小型和微型资产。他将这些股票列入他每日查看的新淡季股票列表，并运用各种方法来确信那些股票相对于银行现金、其他有形资产或者正常收益而言都是便宜的。他也购买那些价格低迷的混合证券，通常是优先股或者可转换债券，前提是价格低廉。

表16–1　**分散的投资组合**

	套利操作			一般投资组合操作		
	微型资产套利	清算	分拆和重组	中度忽略	深度忽略	混合
时间段	1至3个月	1至18个月	1至18个月	1至3年	3年或更长	3年或更长
内在价值	固定	从固定到增长	从固定到增长	增长	增长	从固定到增长
内在价值的折扣	小幅	不定	不定	大幅	巨幅	大幅
时间表	可预测	可预测	可预测	不可预测	完全不可预测	不可预测
市值	微型到小型	微型到小型	微型到中型	微型到小型	微型到小型	微型到小型
市场相关性	低	低	低	中等	低	低
流动性	从糟糕到好	从糟糕到好	从低到极好	从一般到极好	从糟糕到低	从糟糕到低

该投资组合的另一部分则是各种类型的套利机会。索金大量使用了“套利”这一术语，统一的要素是某些突发事件将改变股票的价格。宣布收购、分拆、公司清算、公司重组以及类似事件都可能是套利的宝贵机会：回报高，风险低。能够获得这些意外套利机会的原因是，索金在一个利基市场中经营，该市场对较大的套利资金没什么吸引力。除了套利部分的每笔头寸都有高回报和低风险特征外，套利投资组合与一般投资组合的差异使得将它们组合起来能够产生价值。

根据定义，套利部分的所有头寸对于价值实现都有催化作用。当某些会触发价格变化的事件已经发生或者将要发生时，它们就会起作用。相反，一般投资组合中的股票可能需要很长时间才能等到市场价格等同于内在价值。如果这些股票受到投资者青睐，它们一开始就不会出现在这个投资组合中，而且可能需要几年的时间，它们的运营或者资产才能获得足够的关注，从而推高价格。当然，这也可能在一夜之间发生。索金在他的“深度忽略”部分中持有一只股票，这是一家不受重视的公司。但是在一周的时间里，该公司的股价从1美元左右涨至接近4美元，因为一则新闻报道称，美国可能放宽对古巴的贸易禁运，而该公司是潜在的受益者。该股票之所以被纳入投资组合是因为它代表了价值，索金预计该股票在未来两年的价格可能会翻倍或者增长两倍。当所有这些变化被压缩到一周之内时，他卖出了大部分头寸，以满足市场先生的胃口。几周后，在谣言平息之后，新的持有者开始怀疑他们当初为什么要买入这只股票，该股的价格回落至每股2美元以下。在这个价位上，索金买回了一些股票。

然而，在一般情况下，如果为投资组合提供了稳定的现金流，套利头寸的周转速度会更快。因为该投资组合是通过不同的选择过程、出于不同的原因来选择的，所以这两个部分彼此并不高度相关，而且套利部分与整体市场也不相关。因此，分散投资的主要目的是抑制投资组合中的价格波动，而不仅仅意味着持有30只股票并确保它们都不在同一个行业。

Centennial 科技公司：不受欢迎的、未抛补、被低估

1999年11月，Centennial科技公司的股票进入了新低名单，并引起了索金的注意。他知道这家公司是因为几年前，当一起重大会计丑闻被揭露时，该公司上了新闻头条。公司股价暴跌，并被提起了集体诉讼，之后被摘牌。和许多其他投资者一样，索金以为该公司已经倒闭了。当它出现在新低名单中时，索金感到很惊讶。他决定做一些功课，看看该公司是否值得更多的关注。

他发现，该公司通过向法律诉讼中的索赔人分发将近500万股股票，已经于1999年5月解决了法律纠纷。这些股东中有许多人因为之前的不愉快经历，在接下来的几个月里卖出了他们的股票。截至9月底，在公司基本业务没有任何变化的情况下，该股已经从7美元跌至4美元，这显然不是公司经济状况的原因，而是投资

者受到了其他因素的刺激，这种局面是极好的。Centennial 科技公司生产系列 PC 卡以及其他使用闪存芯片的电脑相关产品。公司投资资本获得了高额回报，现金流量大且不断增长。为了证实 Centennial 科技公司是一只真正的价值股，索金做了一次粗略的计算（如表 16–2 所示）。

表 16–2　　Centennial 科技公司的资本化率

价格	4.313
已发行的股票	3.250
股权市场价值	14.016
总负债	0.0
现金	6.4
Century Electronics 公司的利息	6.7
企业价值	0.916
前 12 个月的营业收入	1.3
资本化率	142%

注：除了资本化率，其余数字单位为美元。

他发现，该公司约值 90 万美元，包含它自己的现金和所持另一家公司的股份。用这笔钱，所有者就可以获得这家在过去 12 个月中有 130 万美元营业收益的公司。该公司目前的年增长率大约为每年 240 万美元。由于将 5000 万美元的净营业亏损结转，该公司在未来许多年里都无须为这些收益支付税金。

为了证实该公司已经起死回生，并且得到了良好的管理，索金查阅了其新任首席执行官的背景资料，发现该首席执行官已经成功经营了另一家上市公司多年。索金仍然不相信一家公司可以看起来这么好而售价却如此低，于是他与该公司的首席财务官进行了交谈，确信该公司经营良好并持续向好。然后，索金又做了一次计算，他粗略估计了公司的内在价值。他运用过去 12 个月 0.4 美元的每股收益，给了它们 10 倍的市盈率，得出每股价值 4 美元。在此基础上，他加上了 4.03 美元的净现金和证券，得出内在价值总计约为每股 8 美元。该股目前的售价略高于 4 美元，安全边际也为 4 美元，即占内在价值的 50%。在他第一次买入该公司的股票后不久，该股票在没有任何消息的情况下最低跌至 3 美元，这促使他再次给该首席财政官打了一次电话，得到的回复是公司的业务处于正轨上。作为一位优秀的价值投资者，索金增加了他的头寸。

进入催化期。1999 年 12 月 30 日星期四，Centennial 科技公司宣布以 60 万股股票和 600 万美元的现金及支票（如表 16–3 所示）收购了英特尔公司的一个部门。索金在上午 8:30 又给该公司打了一次电话，从而确信此次收购将立即增加公司的收益，但增加的固定资产很少。Centennial 科技公司购买的是存货和客户，它有足够的生产能力来支撑产量的增长。索金重新进行了内在价值计算，将从英特尔公司手中购买的业务以及支付的现金和支票都计算在内。

表 16–3　Centennial 科技公司在收购英特尔某部门之后的内在价值

企业价值计算	
股价	4.625
已发行股票	3.85
股权市场价值	17.806
总负债	0.0
现金	0.4
Century Electronics 公司的利息	6.7
企业价值	10.706
盈利能力价值计算	
假设目前企业的运行率为 60 万美元，预计息税前利润	2.4
英特尔 2000 万美元的收益，经营利润率为 8%	1.6
预计营业收入	4.0
税（净营业亏损结转）	0%
净收入	4.0
已发行股票	3.85
每股收益	1.04
市盈率	10.0
每股盈利能力价值	10.39
现金和证券	7.1
已发行股票	3.85
每股现金加证券	1.84
每股总的内在价值	12.23

注：除了市盈率和税之外，其余数字单位为美元。

索金预计，一旦消息被市场消化，该股的股价将会上涨，于是他在开盘时以4.63美元的价格买入了一些。到中午时，该股涨至5美元。之后他离开办公室去赴一个约会，等他在下午1:30左右回来时，该股已经攀升至9美元。起初，他以为这是千禧虫病毒早来了一两天，但是给交易员打的电话使他打消了这个念头。这9美元的价格是真的。市场先生又饿了，已经吃掉了大多数安全边际。因此，在1999年的最后两天，索金以大约9美元的平均价格卖出了他60%的头寸。

这个故事能给我们很多启示。正如人们可能预料的那样，价值投资者往往会过早卖出。他们的估值是基于资产及当前的盈利能力做出的，他们对于有利可图的增长潜力持怀疑态度。当股票的价格上涨至接近全部资产或者盈利能力价值时，价值投资者就要套现了。安全边际不仅是购买股票时的要求，而且也是持有股票的要求。当安全边际消失时，价值投资者也就退出了。在Centennial科技公司的案例中，索金认为盈利能力价值的增长可能是合理的，因此他坚持保留了40%的股票。他卖出其余部分主要是因为随着股价的快速上涨，该股票在其投资组合中所占的比例已经变得过高，他的头寸限制规则迫使他卖出该股。

继续持有该股的好处是，它能迫使投资组合经理提高警惕。索金仔细查看了Centennial科技公司截至2000年6月24日的季度10Q表。收益比任何人的预期都要强劲。销售额增长了，利润增长甚至更多。该公司有望全年获利至少800万美元，合每股收益1.6美元。考虑到该公司历史上存在的问题，其首席财务官向索金保证，该公司在业绩估算上是谨慎保守的。尽管该公司把大部分现金都用在了收购英特尔公司的业务上，但是由于收益的增长，其内在价值也有所上升。而且，该公司账面上按成本计的存货价值已经显著提高，提供了没有反映在资产负债表上的安全边际。索金修订了他对该公司内在价值的估计（如表16–4所示）。

表16–4　　2000年7月Centennial科技公司的内在价值

企业价值计算	
价格	11.250
已发行股票	4.800
股权市场价值	54.000
总负债	0
现金	0

续前表

Century Electronics 公司的利息	0
企业价值	54.000
盈利能力价值计算	
预计息税前利润	8.000
税款（净营业亏损结转）	0
净营业收入	8.000
已发行股票	4.800
每股收益	1.67
市盈率	10
盈利价值	16.67

注：除了市盈率，其余数字单位为美元。

2000 年 7 月和 8 月上半月，该公司的股价在 10 美元附近波动。由于内在价值超过了 16 美元，该笔投资现在有大约 40% 的安全边际。索金分别在 8 美元和 9 美元的价位上买入了该股。新的信息需要新的估值，一家在 1 月看起来估值完全合理的公司可能到 6 月就成了便宜货。

事实证明，重新估值是值得的。2001 年 1 月 23 日，电子行业中的一家大型代工厂商旭（Solectron）电子公司以相当于每股 21 美元的价格收购了 Centennial 科技公司。在一年的时间里，Centennial 科技公司的股价已经上涨了五倍，从 4 美元涨至 20 多美元；同期，纳斯达克指数下跌了 15%。正如索金喜欢说的那样，价值投资者常常有意外的收获。

Value Investing:From Graham to Buffett and Beyond.

ISBN:0-471-38198-5

北京阅想时代文化发展有限责任公司为中国人民大学出版社有限公司下属的商业新知事业部，致力于经管类优秀出版物（外版书为主）的策划及出版，主要涉及经济管理、金融、投资理财、心理学、成功励志、生活等出版领域，下设“阅想·商业”“阅想·财富”“阅想·新知”“阅想·心理”“阅想·生活”以及“阅想·人文”等多条产品线，致力于为国内商业人士提供涵盖先进、前沿的管理理念和思想的专业类图书和趋势类图书，同时也为满足商业人士的内心诉求，打造一系列提倡心理和生活健康的心理学图书和生活管理类图书。

《索罗斯传（白金珍藏版）》

- 他以平均每年 35% 的综合成长率令华尔街同行望尘莫及！他空前绝后投入大量资金，只为推动实现开放社会梦想！他似乎拥有控制市场的超级能力！某种商品或货币的市场价格会随着他的言论上升或下跌！
- 他的一生毁誉参半。他到底是“市场驱动者”“金融界的超级明星”，还是“投机客”？他到底是投资界的“魔鬼”，还是悲天悯人的“慈善家”？为什么他又自诩为“金融哲学家”“无国界的政治家”？罗伯特斯莱特将引领我们进入这位大师的思想深处，让我们看到一个真实的索罗斯。

《巴菲特投资与经营哲学》

- 一本投资者必读的、系统而全面分析巴菲特投资思想、解秘“伯克希尔哈撒韦帝国”经营神话的书。
- 本书作者首次揭示了巴菲特 60 年来能够保持 20% 回报率的秘密，以及巴菲特的核心财富驱动力的经营哲学，全面解读了这位商界奇才的投资理念和商业思想。

《跟大师学指数投资》

- 全球十位投资管理行业终身贡献奖获得者之一、全球备受尊敬的投资家为你梳理指数投资从无人问津到笑傲江湖的发展历程，用事实证明只有了解指数投资优越性的投资者才可能成为真正的投资赢家。
- 高瓴资本集团创始人、董事长兼首席执行官张磊，美国投资大师伯顿马尔基尔（Burton G. Malkiel）作序推荐。

《聪明的期权投资者：期权交易中的价值投资策略》

- 一本系统、有效学习期权投资策略、完善投资组合、改进投资结果的实战指南书。
- 本书作者以一种深入浅出的方式，用通俗易懂的大众语言为投资者梳理期权投资中的有效策略，并介绍了通过期权完善个人投资组合应具备的一切要素。

《学会投资：让未来无忧的博格投资课（第 2 版）》

- 本书的三位作者基于博格先生的投资智慧，通过幽默的文笔以及睿智的讲解，详细介绍了博格先生的投资原则和价值观，并总结出了投资的简单原则。
- 无论你是刚刚开始投资的新手，或是进行投资决策时会产生些许不安、具有有限投资经验的投资者，还是正在寻找正确的理财方向、具备长期投资经验的投资者，都能通过对本书的学习提高投资能力以及对个人资金的管理能力，让自己的财富保值、增值，以达成财务自由的梦想。

《企业债投资市场数据分析：从入门到精通》

- 在企业债数据分析中，无论是新进入市场的参与者，还是经验丰富的老手，都需要运用数据方法以及最先进的数据分析技术来优化评估和选择企业债权投资。
- 美国杠杆融资战略领域领导者权威著作。从风险控制师到信用分析师、基金经理、投资银行家，从资本市场交易员到销售、资产配置经理，一本投资界从业人员决胜企业债投资市场必读的数据分析师。